高等学校教师岗前培训教材

丛书主编　刘纯龙

高等教育法规概论

Introduction to higher education regulations

主编　崔明石　赵丹红　宋雨泽

教师是教育事业发展的基础，是提高教育质量、办好人民满意教育的关键

世界上唯有两样东西能让我们的内心受到深深的震撼，一是我们头顶上灿烂的星空，一是我们内心崇高的道德法则

高等教育出版社·北京

内容提要

本书是高等学校教师岗前培训教材。全书分理论篇和实践篇，共13章。理论篇包括教育法治化与教育立法发展、教育法的基本原理、教育法律关系、教育法中的基本权利、高等教育行政机关、高校、高校教师、高校学生、教育法律救济；实践篇包括对《教育法》《高等教育法》《教师法》《学位条例》的介绍和法律适用。

本书适合大学入职新教师作为岗前培训教材。也适合关心高等教育法规的高校工作者阅读参考。

图书在版编目(CIP)数据

高等教育法规概论／崔明石，赵丹红，宋雨泽主编．一北京：高等教育出版社，2019.10（2022.7重印）

ISBN 978-7-04-052658-5

Ⅰ.①高… Ⅱ.①崔… ②赵… ③宋… Ⅲ.①高等教育法-中国-高等学校-教材 Ⅳ.①D922.16

中国版本图书馆CIP数据核字(2019)第187465号

Gaodeng Jiaoyu Fagui Gailun

| 策划编辑 | 杨利平 | 责任编辑 | 杨利平 | 封面设计 | 赵 阳 | 版式设计 | 张 杰 |
| 责任校对 | 王 雨 | 责任印制 | 赵义民 | | | | |

出版发行	高等教育出版社	网 址	http://www.hep.edu.cn
社 址	北京市西城区德外大街4号		http://www.hep.com.cn
邮政编码	100120	网上订购	http://www.hepmall.com.cn
印 刷	北京中科印刷有限公司		http://www.hepmall.com
开 本	787mm×960mm 1/16		http://www.hepmall.cn
印 张	17		
字 数	320千字	版 次	2019年10月第1版
购书热线	010-58581118	印 次	2022年7月第4次印刷
咨询电话	400-810-0598	定 价	38.00元

本书如有缺页、倒页、脱页等质量问题，请到所购图书销售部门联系调换
版权所有 侵权必究
物 料 号 52658-00

前　言

2018年9月10日，全国教育大会在北京召开。习总书记指出，教育是国之大计、党之大计，是民族振兴、社会进步的重要基石，是功在当代、利在千秋的德政工程。教师是人类灵魂的工程师，是人类文明的传承者，承载着传播知识、传播思想、传播真理，塑造灵魂、塑造生命、塑造新人的时代重任。在高度重视教育发展、强化教师队伍建设的过程中，法治具有非常重要的作用。

1978年，党的十一届三中全会开启了改革开放的序幕。全会讨论并着重提出了加强社会主义法制的任务，重新确立了法制在国家政治生活中的重要地位，教育法治建设很快步入正轨。1999年全国第九届人民代表大会第二次会议通过的宪法修正案规定："中华人民共和国实行依法治国，建设社会主义法治国家。"这是我国明确将依法治国列入宪法，为法治在包括教育领域在内的全方位实施提供了强有力的保障。2014年中共中央又发布了《关于全面推进依法治国若干重大问题的决定》，明确指出全面依法治国就是在中国共产党领导下，坚持中国特色社会主义制度，贯彻中国特色社会主义法治理论，形成完备的法律规范体系、高效的法治实施体系、严密的法治监督体系、有力的法治保障体系，形成完善的党内法规体系，坚持依法治国、依法执政、依法行政共同推进，坚持法治国家、法治政府、法治社会一体建设，实现科学立法、严格执法、公正司法、全民守法，促进国家治理体系和治理能力现代化。教育法治化是全面依法治国战略在教育领域的重要体现。1978年改革开放至今四十多年来，伴随着法治建设的全面推进，教育法治由恢复、发展，到不断进步、完善，取得了重大的成就。依法治教、依法治校贯彻与实施需要高校教师具备从事教育教学工作所必要的教育法规、教育科学、心理科学等方面的理论知识，树立依法从教的观念和科学的教育观念，熟悉教育活动中的心理现象，懂得教育规律，具备良好的职业道德。本书的编写就是根据教育法治化发展的需要，从理论和实践两个层面对高等教育相关法律法规进行了阐释，以期高等学校的教师能够掌握法律，充分维护学校、教师和学生的权利。

本书编写的体例按照厚植教育法治理念和突出问题导向的实践要求拟定。理论篇部分以教育法的基本原理为基础,帮助学习者了解《教育法》《高等教育法》《教师法》等法律规范,明确教育权、受教育权、学习权和教育平等权等权利保护的理念和意义,推动教育行政机关、高校、高校教师和学生等教育法律关系主体形成依法治教、依法治校、依法治学的教育法治思维,健全权利的救济机制,切实推动教育法治化的贯彻和落实。实践篇部分以《教育法》《高等教育法》《教师法》和《学位条例》等司法实践中教师和学生关心的问题为重点,强化问题导向,帮助学习者熟悉教师和学生的相关权利和义务,熟悉高校办学自主权等相关问题。本书的理论篇由崔明石和赵丹红编写,实践篇由宋雨泽编写,崔明石对全书进行了统稿。在编写的过程中,我们在现有理论和研究成果的基础上,参考和借鉴了劳凯声的《高等教育法规概论》、黄崴的《教育法学概论》、苗正达的《教育法学论纲》等研究成果,我们在此一并表示谢意!本书在编写和出版的过程中得到高等教育出版社的大力支持,编者在此表达诚挚的谢意!受编写时间和主编能力所限,本书尚有不完善之处,请读者提出宝贵意见,我们一定在今后的编写过程中加以修订。不尽之处,敬请谅解!

编者

2019 年 7 月 24 日

目 录

第一篇 理 论 篇

第一章　教育法治化与教育立法发展 ·· 3
　　第一节　教育法制与教育法治 ·· 4
　　第二节　国外教育立法的发展与沿革 ·· 10
　　第三节　我国教育立法的发展与沿革 ·· 12
第二章　教育法的基本原理 ·· 17
　　第一节　教育法概述 ·· 17
　　第二节　教育法的地位与功能 ·· 24
　　第三节　教育法的渊源 ··· 29
　　第四节　教育法律体系与效力体系 ·· 37
第三章　教育法律关系 ·· 45
　　第一节　法律关系 ··· 45
　　第二节　教育法律关系含义与特征 ·· 53
　　第三节　教育法律关系的要素 ·· 56
第四章　教育法中的基本权利 ··· 59
　　第一节　教育权 ·· 59
　　第二节　受教育权 ··· 63
　　第三节　学习权 ·· 69
　　第四节　教育平等权 ·· 74
第五章　高等教育行政机关 ·· 80
　　第一节　高等教育行政机关概述 ··· 80
　　第二节　高等教育行政机关的法律地位、权利和责任 ···················· 84
第六章　高校 ·· 94
　　第一节　高校的法律地位 ·· 94

第二节　高校的权利和义务 …………………………………………… 98
　　第三节　高校的管理 …………………………………………………… 102

第七章　高校教师 …………………………………………………………… 107
　　第一节　高校教师的法律地位 ………………………………………… 107
　　第二节　高校教师的权利和义务 ……………………………………… 113

第八章　高校学生 …………………………………………………………… 119
　　第一节　学生的法律地位 ……………………………………………… 119
　　第二节　高校学生的权利和义务 ……………………………………… 121

第九章　教育法律救济 ……………………………………………………… 134
　　第一节　教育法律救济的概述 ………………………………………… 134
　　第二节　教育行政复议 ………………………………………………… 136
　　第三节　教育行政诉讼 ………………………………………………… 145
　　第四节　教育申诉制度 ………………………………………………… 154

第二篇　实　践　篇

第十章　《中华人民共和国教育法》概览与法律适用 …………………… 165
　　第一节　《教育法》概览 ……………………………………………… 165
　　第二节　《教育法》适用中的主要法律问题 ………………………… 184

第十一章　《中华人民共和国高等教育法》概览与法律适用 …………… 200
　　第一节　《高等教育法》概览 ………………………………………… 200
　　第二节　高校自主权与校长责任制相关法律问题 …………………… 206

第十二章　《中华人民共和国教师法》概览与法律适用 ………………… 226
　　第一节　《教师法》概览 ……………………………………………… 226
　　第二节　《教师法》适用中的主要法律问题 ………………………… 234

第十三章　《中华人民共和国学位条例》概览与法律适用 ……………… 244
　　第一节　《学位条例》概览 …………………………………………… 244
　　第二节　《学位条例》适用中的主要法律问题 ……………………… 250

第一篇 理 论 篇

第一章　教育法治化与教育立法发展

内容提要

本章介绍了教育法制和教育法治这两个核心概念及其区别,并从微观和宏观两个层面对我国高等教育法治化进行了深入的分析。在此基础上,本章简要介绍了国外教育立法的沿革和发展,并对我国近现代及当代教育立法的发展历程进行了介绍。

学习目标

1. 掌握教育法制和教育法治的基本含义。
2. 了解国外教育立法的历程。
3. 了解我国近现代及当代教育立法发展的基本状况。

习近平指出"教育决定着人类的今天,也决定着人类的未来。人类社会需要通过教育不断培养社会需要的人才,需要通过教育来传授已知、更新旧知、开掘新知、探索未知,从而使人们能够更好认识世界和改造世界、更好创造人类的美好未来"。[①]教育关乎国计民生,教育水平已经是一个国家是否强大、是一个民族能否傲立世界民族之林的重要标志。教育兴则国家兴,教育强则国家强。对教育的社会管理是现代国家的一种基本功能和活动。世界各国发展教育的一个重要经验就是必须通过一种社会的理性手段,保证教育的协调发展,其中法律这一高度专门化的社会组织手段可以实现对教育事业发展的保驾护航。党的十八届四中全会提出建设中国特色社会主义法治体系和社会主义法治国家的发展目标,体现出我国在探索中国特色社会主义道路发展的过程中已经从根本上把握"法治"这一关键性路径。在教育领域实现法治化,从本质上说是国家治理模式转变在教育领域的体现,即从既往的行政管理转向法律管理,必将促进我国教育的良性发展。

---

① 习近平.致清华大学苏世民学者项目启动仪式的贺信[N],人民日报,2013-4-22.

第一节　教育法制与教育法治

一、教育法制

（一）法制与法治

"法制"一词在我国古代就出现了,最早见于《礼记·月令》,"命有司,修法制,缮囹圄,具桎梏"。这里的"法制"是指设范立制,使人们有所遵循的意思。林向荣先生指出,"法制"是两个词。"法"的本义为"刑",与"律"互用,也就是今日我们所用的法律一词。"制"的本义为"正",与"政"相通,含有制裁、节制、统制、法令、权威、秩序、制书等含义,非今日所理解的制度的含义。①先秦法家著作中,多见有"法制"一词。《管子·法禁》上写道:"法制不议,则民不相私"。《商君书·君臣》上写道:"民众而奸邪生,故立法制,为度量以禁之"。韩非也有"明法制,去私恩"的说法。法家们主张的"法制"是针对儒家的"礼治"与"人治"的主张而提出的一种治国方略,主要是指君主要制定法律,依法裁断。汉代贾谊《新书·制不定》云:"仁义恩厚,此人主之芒刃也;权势法制,此人主之斤斧也。"古人对法制的理解在今天来看,更多意味着一种统治的手段,与今天我们对于法制的理解尚有一定的区别和差距。

自西法东渐以来,在寻求民族独立与发展的过程中,西方的制度观念开始逐步影响我国对于法律的理解。而由于日本与我国历史形成的文化相似性、地理位置相近及其基由变法图强的客观事实,我国一些法律词语的理解深受到日本的影响。②以日本的解释为准,将法制理解为法律制度,相沿不改,俨然形成"定论"。但随着新中国的成立以及对西方国家法律观念认识的不断深化,我国法学界对法制概念的理解渐次加深。以往法学著作里,以下几种法制概念的解释最具代表性③:

（1）"法制就是国家的法律制度"或"是指法律制定、遵守、适用、监督及实施保障等一系列制度"。"法制就是通过国家机关创制的,代表工人阶级和全体人民意志的法律和制度。"这是从静态角度理解法制,也是狭义理解法制的含义。

（2）"法制是严格执行和遵守法律和制度、依法进行活动的一种方式。"这是从动态角度理解法制,是广义理解法制的含义。

（3）"法制既应把社会主义法制理解为法律和制度,又应把它理解为对法律和制度的执行和遵守。""它不仅包括静态的法律和制度,而且包括法律制定、法律实

---

①② 林向荣.法制一词含义的初步探讨[J].现代法学,1979(2):21-25.
③ 张琦.高等教育法规概论[M].北京:首都师范大学出版社,2007:34.

施、法律监督等一系列动态的活动过程,包括立法、执法、守法和法律监督等内容的有机统一体,其中心环节是依法办事。"这是从动态和静态两者结合的角度来理解法制。在此意义上理解法制,意味着法制不仅仅是静态意义上的一套法律或法律制度,还是按照民主的原则把国家事务制度化、法律化,并严格地依法办事的一种国家治理模式。

从以往我国法学界的理解来看,法制的含义包括以下三个方面:其一,狭义的法制,认为法制即法律制度,即掌握国家政权的社会集团按照自己的意志、通过国家政权建立起来的法律和制度;其二,广义的法制,是指一切社会关系的参加者严格地、平等地执行和遵守法律,依法办事的原则和制度;其三,法制是一个多层次的概念,它不仅包括法律制度,而且包括立法、司法、执法和法律监督等一系列活动过程。上述对于法制概念的理解,间接地影响了教育学界对教育法制概念的认识。

但以今日法学界通说来看,法制的英文是"Legal System",为了和"法治"含义进行区别,它一般就是法律制度的简称。[1] 法治与法制的区别主要表现为以下方面。第一,法制是法律制度(系统)的简称,它包括以法为核心的整个法律上层建筑系统,是起法律调整作用的实体工具,构成法制基本要素的是具体的规则;法治要求政治民主和普遍守法,是掌握这种实体工具,充分发挥其作用的原则,其基本构成要素是原则,如程序正当、私法自治、法律面前人人平等、公平正义等。第二,法制是与国家政权相伴而生的,有国家就有法制;法治则是与民主政治相伴而生的,有国家、有法制不一定有法治。第三,法制本身是中性词汇,是对一国法律制度完善与否的客观事实判断,在强调法治社会建设中甚至具有负面评价意义;而法治则是一个具有明显价值判断的词汇,承载着文明、自由、民主等现代价值观念,具有文明属性。

(二) 教育法制

基于以往法学界对"法制"一词的解释、用法及适用范围的不一致性,教育学界通常在以下三种意义上使用"教育法制"。一是指国家制定的关于规范教育活动的法律和制度,是国家有关教育的法律制度的总和。这是从法的表现形式和调整对象上认识、揭示教育法制。二是指有关教育的立法、执法、司法、守法和法律监督的活动过程。这是从法律实施过程的角度来理解教育法制。三是将其理解为"依法治教",即国家按照民主原则将教育事务法制化和制度化,依据法律来管理和规范各种教育活动。这一含义是从法律的本质和教育的本质双重角度来认识教育法制,更确切地说,将教育法制等同于"教育法治"。

我国的教育法制是与我国社会主义法制建设相联系的。进行教育法制建设主

---

[1] 张文显.法理学[M].北京:高等教育出版社,2011(4):331.

要内容和直接目的在于维护公民受教育权,保障学校及其他教育机构正常运行,促进行政机关在教育活动中依法行政。其根本目的是以国家名义建立和维护反映统治阶级意志的教育秩序,实现建立在该时代物质生活条件基础上的教育公平,提高教育的总体效益。中国教育法制是有中国特色的社会主义法制的有机组成部分。党的十八大以前,我国社会主义法制建设的总体要求是"有法可依,有法必依,执法必严,违法必究"。因此,延伸到教育法制建设领域,"有法可依"是指各类教育和教育的各个方面都确立完备的法律规范,使整个教育法体系基本上覆盖应运用法律手段调整的教育活动和教育现象。这是实现社会主义教育法制的前提。"有法必依"是指在教育活动和处理有关教育事务中,一切国家机关及国家工作人员必须依法行政,所有党派、社会团体、学校及其他教育机构和全体公民必须遵守教育法,依法办事。这是实现社会主义教育法制的中心环节。"执法必严"是指执法机关和执法人员严格执行教育法,维护其权威。这是实现社会主义教育法制的关键。"违法必究"是指对一切违反教育法的公民、团体机关,必须依法追究法律责任。不允许任何单位和个人有凌驾于教育法之上的特权。

综上,对于教育法制含义的理解离不开从建设法制到厉行法治这一中国"法治"观念变迁的基本脉络。这种变迁的基底是理念与观念的变换——不再是单纯的教育法律、法规的制定,而是在"科学立法、严格执法、公正司法、全民守法"的理念指导下,注重对基础权利的保障,强化对行政权力的制约,强调程序正义与公平,并逐步发挥司法的力量,从单纯教育立法走向法的综合治理。因此随着法治观念的变化,我国的教育法制化建设已经转变为在依法治国的背景下,在教育领域全面开展教育法治化。

二、教育法治

2018年11月29日,教育部陈宝生部长在全国教育法治工作会议上指出,全面推进依法治教是贯彻落实习近平总书记全面依法治国新理念新思想新战略的重大政治任务,是加快教育现代化、建设教育强国的迫切要求,也是长期以来教育事业改革发展的经验总结。要把全面依法治国基本方略落实到教育改革发展稳定的实践和教育工作各环节中,把总书记关于依法治教的明确要求转化为教育法治工作的生动局面,充分发挥教育法治的引领性、基础性、规范性、保障性作用,真正为教育改革发展开拓道路并保驾护航。因此实现教育法治化已经成为新时代教育发展的重要课题。

(一) 微观意义上的教育法治化

微观意义上的教育法治化是指教育活动的法治化,即通过对教育关系、教育行为和教育发展的协调、规范和引导,以保障教育秩序、达成教育目的的实践过程。因此,教育法治化的内涵要素主要可以概括为以下三个方面[①]:

1. 教育关系法治化

教育关系是人们在教育活动中结成的以教育者和受教育者为主体的、具有广泛社会参与性的一种普遍而又特殊的社会关系。教育关系法治化,实质上就是通过法律理顺教育关系框架,使各教育关系主体的权利得到保障,行政权力得到有效限制,按照教学规律推动整个教育活动按照既定目的、有条不紊地进行,以最大限度地实现教育目标。教育关系法治化的前提是建立一套教育法律制度,通过法律规范教育主体之间的权利关系。教育法律关系的主体包括政府机关、学校、教师、学生、家长等。如以学生主体为核心,则产生了教育权和受教育权的法律关系,如我国《宪法》规定:"中华人民共和国公民有受教育的权利和义务。"《义务教育法》开宗明义地指出:"为了保障适龄儿童、少年接受义务教育的权利,保证义务教育的实施,提高全民族素质,根据宪法和教育法,制定本法。"《教育法》和《教师法》基于立法宗旨对学校、教师、学生的权利和义务都做了明确规定。教育活动中学校、教师、学生这三者主体间的权利与义务关系,对于提高学校办学的自主性及教师教学的积极性,促进学生全面、健康地发展,确保教育事业的顺利进行,有着极为重要的现实意义。

由于教育活动自身的特殊性以及国家对教育的管理,导致政府对于学校、学校对于教师、教师对于学生,存在着相应的管理与被管理、教育与被教育的关系,需要通过法律加以规范。管理与被管理、教育与被教育在一定意义上说是一种权力关系。如何用权利来约束权力的行使,是法学界关注和探讨较多的问题,也是实现教育法治化不能规避的问题。在教育教学中,教师和学生之间的关系是管理与被管理、教育与被教育关系的集中反映。在教育教学活动中,教师与学生是教育与被教育的关系。按照国家的教育方针对学生进行教育是教师的法定职责。《教育法》第6条第二款规定:"国家在受教育者中进行爱国主义、集体主义、中国特色社会主义教育,进行理想、道德、纪律、法制、国防和民族团结的教育。"《教师法》第8条第三款规定"对学生进行宪法所确定的基本原则的教育和爱国主义、民族团结的教育,法制教育以及思想品德、文化、科学技术教育,组织、带领学生开展有益的社会活动。"因此,在教育教学中应建立教师正常开展教学保障机制,确保教育目标的贯彻和落实。为了达到教育教学目的和国家教育质量标准,需要教师在教育教学中对学生实施有效的管理。在教育教学活动中教师对学生进行管理是教师的法定职责,也是教育教学活动的重要形式。但管理权力的实施应以保障学生的权利为界限,即教师的管理方式和手段应当是科学的,是符合教育学和心理学原则的,是建立在了解学生、尊重和

---

① 张国霖.教育法治化的内涵要素[J].教育评论,2001(3):15-17.

爱护学生基础上的,管理应当是促进学生发展的手段而不是目的。

2. 教育行为法治化

教育行为是基于教育关系出现的、围绕着教育权力的获得和运用以及教育权利的获得和实现而展开的社会活动。教育行为作为教育关系的直接动态体现,主要表现为教育行政、学校管理、教育实施和教育参与等多种形式。① 因此教育行为法治化体现为教育行政法治化、学校管理法治化和教育教学法治化。

(1) 教育行政法治化主要是指教育行政部门严格按照法律的规定,在法定的许可范围内,在行政立法、行政执法、行政监督、教育救济等领域实现法治化。如《教育法》第 14 条和第 15 条,对国务院、地方各级人民政府、各级教育行政部门领导和管理教育工作的范围作了大致的划分,为教育行政部门按照属地管理的原则依法行政提供了依据。

(2) 学校管理的法治化主要体现为学校内部管理的法治化,学校应结合办学实际对学校内部人、财、物、事等的管理建章立制并按照学校制度的要求实施有效的管理。学校的制度不应与国家的法律、法规相抵触。如《教师法》对教师这一"履行教育教学职责的专业人员"的权利和义务以及教师的法律地位作有专门的规定,具体的学校管理行为不能侵犯教师的职业权利,妨害教师的教学积极性。

(3) 教育实施过程的法治化也就是教育教学的过程中,教师施教,学生受教,应有章可循、有法可依。教育教学过程中教师的权威地位及其权力运用,既由受教育者的有关义务来保障,又受到受教育者的各项权利所制约。总而言之,教师和学生的权利都能得到充分有效的保障,是教育实施过程法治化的基本要求。

3. 教育发展法治化

习近平总书记在党的十九大报告中对"优先发展教育事业"作出新的全面部署,明确提出:"建设教育强国是中华民族伟大复兴的基础工程,必须把教育事业放在优先位置,深化教育改革,加快教育现代化,办好人民满意的教育。"推动教育发展的法治化,就是要严格落实国家促进教育发展的各项政策和法规。陈宝生部长指出:《教育法》明确规定,"国家保障教育事业优先发展",教育财政经费支出"三个增长"由政策上升为法律硬性要求。4%目标的实现,连续 6 年持续保持,法治在其中发挥了重要作用。"教师的平均工资水平应当不低于或者高于国家公务员的平均工资水平,并逐步提高",《教师法》的这一规定,为解决教师地位待遇问题提供了基本原则、基本依据。② 法律的完善保证了教育重大改革于法有据,确保教育改革在法治的轨道上推进。同时及时将改革的成果法治化,巩固改革成果,也是教育改革顺利推进的

---

① 张国霖.教育法治化的内涵要素[J].教育评论,2001(3):15-17.
② 陈宝生.全面推进依法治教 为加快教育现代化、建设教育强国提供坚实保障:在全国教育法治工作会议上的讲话[N].中国教育报.2018-11-29.

一个重要原因,更是将教育优先发展落到实处的重要保障。

(二) 宏观意义上的教育法治化

法治是现代教育治理的基本特征。党的十八大报告中提出"科学立法、严格执法、公正司法、全民守法"新的16字方针,表明我国社会主义法治建设进入了新阶段。因此,从宏观的意义上说,实现教育法治化意味着强化教育法治的价值理念,并从立法、执法、司法、守法各方面推进教育法治现代化。

1. 科学立法

所谓科学立法是指立法过程中必须以符合法律所调整事态的客观规律作为价值判断,并使法律规范严格地与其规制的事项保持最大限度的和谐,法律的制定过程尽可能满足法律赖以存在的内外在条件。这就意味着在教育领域科学立法首先要符合、尊重教育教学的基本规律。其次要立法时广泛吸收法学界和教育界专家的意见和建议,要深入调查研究,总结实践经验,采取书面征求意见、座谈会、专家论证会、听证会等形式广泛听取有关机关、社会组织和广大公民的意见。目前我国已建立较为完备的教育法律法规体系,但在某些方面仍存在滞后性,不能充分反映依法治国的要求和教育法治化发展的规律。确保教育改革事业在法治轨道上推进,需要建立健全教育法律制度,完善规范性文件、重大决策合法性审查机制,健全规范性文件备案审查制度,建立健全推进教育领域综合改革的法定程序。

2. 严格执法

严格执法意味着按照法律程序,依法依规履行法定职责,做到严格、公平、公正。对于权力行使,法无授权即禁止。在学校与教育行政部门的关系中,学校是权利的主体和行政相对方。因此,为了有效和最大限度地保障学校的自主办学权利和约束政府权力的行使,政府教育行政部门必须依法履行职能,推进机构、职能、权限、程序、责任法定化,推行政府权力清单制度,不得法外设定权力。高等教育治理"简政放权"的重点领域应是教育法和高等教育法所规定的高等学校自主办学权。过去的主要问题,是政府对高校在教育法上的办学权利,例如学科、教学、人才培养的过程和方式等管得太多,因此"简政放权"是教育行政部门规范权力行使、落实严格执法的重要举措。

3. 公正司法

公正司法的基本内涵是在司法活动的过程和结果中坚持和体现公平与正义的原则。公正司法是社会正义的重要组成部分,也是法治社会的重要标志。司法公正包含两方面的内容——实体公正和程序公正。实体公正是指司法裁断的结果公正,当事人的权益得到了充分的保障。程序公正主要是指司法过程的公正,司法程序具有正当性,当事人在司法过程中受到公平的对待。在涉及教育行政纠纷的处理时,学校和学生之间的法律纠纷显得较为突出和多发,学校作为行政管理一方,在行使管理职权时需要合理、合法地处理教育行政纠纷。因此,在处理学生的违规行为时,首先要求学校做到处理程序规范合理,重视调查取证、重视听证、重视处理结果的公告和备案。其次,严格按照学校和国家的规章制度给予学生违纪行为公正的评价。

4. 全民守法

全民守法是依法治国的基础,只有大力推进全民守法,才能增强整个社会的法治观念和法治意识,才能形成自觉、主动守法的良好道德风尚,才能让公民的法治素养得到真正的提升。高校作为法制教育的重要承担主体,对法制教育起着举足轻重的作用。全面提升广大师生法治意识,首要是提高教师的法治素养。教师要认真学习和掌握教育法律法规,真正做到知法、懂法,正确履行教师的权利和义务。在教学中要以教育法律法规为准绳,规范教育教学行为,在生活中务必依法律己,规范自己的一言一行,做一名维护法治信仰的楷模。学校要着力发挥法治教育主阵地的作用,突出宪法教育的核心地位,依据课堂这一教学主渠道,加强以法治教育为核心的思想政治教育,培养具有法治信仰的合格公民。

第二节 国外教育立法的发展与沿革

一、起步阶段

西方国家的教育法最早起源于古希腊。柏拉图在《理想国》中提出:"全部教育公有,教育由国家负责,由国家控制"。亚里士多德在其名著《政治学》中也提到教育立法的重要性,"少年的教育为立法家最应关心"。究其原因在于,一个国家如果不重视教育,这个国家就没有了希望。因此,国家应该通过教育的途径,培养熟悉本国政治制度的合格公民。同时,人要获得生存和发展,也要通过教育的途径获得必要的技术和技能。亚里斯多德认为,"教育应该定有规程以及教育应该由城邦办理这两点已经明白论定"。欧洲启蒙时期的思想家孟德斯鸠也指出:"教育的法律应该是我们最先接受的法律"。这些教育法律思想为现代意义的教育立法提供了思想指南。[①]

现代教育法是伴随着现代社会和现代教育的产生发展而出现的产物。由于社会经济、科学文化发展和普及的需要,世界主要发达国家,如美、德、法、日、英等在18世纪中叶之后,先后颁布法令,以立法的方式实施义务教育。如德意志普鲁士在1763年和1794年先后颁布义务教育法律。美国马萨诸塞州在1852年颁布义务教

---

① 黄葳.教育法学概论[M].北京:高等教育出版社,2007:21.

育法令。英国议会于 1802 年通过《学徒健康和道德法》,1833 年通过《工厂法草案》,后者存在法律形式的教育条款。英国最终在 1870 年颁布《初等教育法》。法国在 1881 年和 1882 年先后颁布教育法令。日本在 1886 年颁布教育法令。同一时期,这些发达国家的思想界也强化着国家对教育的管理,进一步推动教育法制化的进程。据《教育思想的演进》一书记载,行政管理学的创始人施泰因首次倡导国家运用法律来实现对教育事业的管理,并从法理学角度对其合理性进行了论证。他认为,教育事业是公共事业,故国家应以立法的形式对其进行管理。随后,美国的贺拉斯·曼认为为了培养符合强大国家需要的合格公民,势必要普及义务教育,为此应建立相应的公共教育制度,并从自然法的角度论证了免费公共教育制度的合理性。1904 年法国巴黎大学"教育法学"讲座教授迪尔凯姆(又译涂尔干)以"教育法"为题开设了专题讲座,讨论了教育法的制定、实施和基本内容等。① 总体而言,这些思想主要围绕开展义务教育的必然性、法律维护教育发展的必然性等主题展开,涉及通过法律确立普及义务教育实施的重要问题,有力地保证和推动了义务教育法的产生和发展。

二、发展阶段

大工业生产的兴起与发展使教育和生产劳动日益紧密地联系在一起,为教育的发展创造客观条件。这一时期主要体现为各个发达国家开始大力实施义务教育,并通过法律的形式要求一定年龄范围的儿童实施一定年限和一定程度的强制性教育。普及义务教育立法主要围绕强制性、免费性和世俗性三大主题展开。1870 年英国颁布了《初等教育法》,也称《福斯特法案》,确立了英国现代国民教育制度的基础。1872 年普鲁士为主体的德意志帝国制定了《普通学校法》,把 6~14 岁的 8 年初等教育规定为强迫义务教育阶段,并对原有的初等教育系统进行了调整和改革。1881 年法国颁布了《费里法》,确立了国民教育制度及其义务性、免费性和公共性三项重要原则;1882 年又颁布法律,把义务教育年龄规定为 6~13 岁。日本分别于 1872 年和 1879 年颁布了《学制》和《教育令》,奠定了日本现代教育制度的基础。1890 年颁布了《教育敕语》,此后又先后制定或修改了《小学校令》《中学校令》《师范学校令》《帝国大学令》《高等学校令》《实业学校令》《专科学校令》《幼儿园令》,日本的教育法规体系初步建立。上述国家通过法律确立了普及义务教育及其法律关系主体之间的权利与义务关系,并以维护义务教育的强制性、免费性和公共性为第一要务。

---

① 苗正达,孙芳.教育法学论纲[M].北京:首都师范大学出版社,2017:28.

三、成熟阶段

20世纪初,西方发达国家普遍开始加强行政的控制力。在教育上,这些国家由过去的消极作为转变为积极作为,加强了对教育的全面干预和控制。各国纷纷建立和健全教育行政部门,对从初等教育直至高等教育的整个教育领域实施行政管理。国家通过立法手段干预教育的意愿极为强烈,大量有关教育的法律相继产生,丰富了教育法制的内容,从而大大推进了教育的普及与发展。另外,基于法律规范对教育发展的促进作用,一些国家为了提高行政效率,将一部分教育立法的任务交由相应的行政机关来完成,从而使教育法规数量激增。1902年英国颁布《巴尔福法案》,是英国进入帝国主义阶段后第一个重要的教育法案。它确立了由地方教育机关负责地方教育的管理体制,并对中等教育发展规定了相应的促进措施,还对童工的劳动时间进行限制,对义务教育的年限做了新的规定。同年,法国也通过立法改革了中等教育,并加强理科与现代外语的教学,废止了1850年的《法鲁法》,关闭了3 000多所教会学校。1919年德国共和时期制定的《魏玛宪法》,根据"民主"的原则,废除了等级性双轨制的学校教育制度,建立统一的学校系统,规定了公民受教育机会均等的原则,对现代教育制度的形成产生了重大的影响。美国1917年颁布了旨在发展职业教育的著名的《史密斯-休斯法》,规定由政府拨款支持各州发展职业教育。1940年美国国会通过了《国防职业教育法》,规定由政府拨出专款举办与军事工业有关的职业技术教育。[①]

第二次世界大战之后,世界范围内的教育法获得了空前的发展,教育立法在深度和广度上都取得了前所未有的发展。首先许多国家纷纷制定了教育基本法或具有基本性质的学校总法,对已有的教育法规进行整理、汇编,使之系统化,以便更好地协调本国的教育立法,并在此基础上形成完备的教育法体系,有效地对教育发挥着综合调节作用。其次,教育法制建设表现为自觉地、主动地适应社会整体发展的需要,在加强教育法制建设的同时注重教育法治工程与整个社会工程的协调。第三,各种类型及学制的教育蓬勃发展。传统的学制向各个方向延伸,出现了学前教育、研究生教育、回归教育、业余教育等新的教育领域,学校教育正在向终身教育的方向发展。

第三节 我国教育立法的发展与沿革

一、新中国成立前的教育立法

中国先秦时期的法家主张以法治国,其法治思想中含有教育发展的内容。秦商

[①] 苗正达,孙芳.教育法学论纲[M].北京:首都师范大学出版社,2017:29-30.

鞅曾云:"圣人之为国也,壹赏、壹刑、壹教。壹赏则兵无敌;壹刑则令行;壹教则下听上。"① 这里的"壹教"指的是从法律制度上统一思想,以杜绝"二心"。韩非和李斯进一步提出了"以法为教"②"以吏为师"③。一方面进行法治教育,使各种法制深入人心;另一方面"为法令置官也,置吏也,为天下师"。④ 这里的吏就是指法官,人们要向法官学习国家的律法,保证国民的法治教育得以实施。

我国封建社会时期具有近代法律意义的教育立法,始于清政府1902年拟定的《钦定学堂章程》,这是近代中国第一个教育法规。该法规主要是参考当时日本教育制度而制定的。主要包括《京师大学堂章程》《考选入学章程》《高等学堂章程》《中学堂章程》《小学堂章程》《蒙学堂章程》等6个法规。这些法规对各级各类学校的办学宗旨、办学条件、学习年限等进行了规定。《钦定学堂章程》的制定,是中国有了系统的教育体系和学制的重要标志。但由于《钦定学堂章程》自身有许多不完备和不成熟的地方,无法适应教育的发展,颁布两年之后,便被废止了。随之,清政府于1904年又颁布了《奏定学堂章程》,这是清末最重要的一个法规,它宣布科举考试制度的废除和现代学制的建立。对推行新教育,统一学制有着重要的影响。《奏定学堂章程》共有22件各类章程、通则,包括《学务纲要》《各学堂管理通则》《各学堂管理通则》《各学堂奖励章程》《任用教员章程》等,对各级各类学校的办学宗旨、学校设立、办学类型、入学资格和学科设置等进行了详细规定。我国的义务教育立法也肇始于上述两个法规。清政府于1905年设立学部以后,还制定了一些教育法规。1911年辛亥革命后,中国教育开始从传统旧教育走向现代教育。民国初年成立教育部,改清末学部一切由"钦定"或"奏订"的旧例,剔除封建思想的遗留,确立新的教育宗旨,制定了民初新的学制以及各级各类学校的法规。1912年南京临时政府成立,教育部于1912年1月19日颁发《普通教育暂行办法》14条和《普通教育暂行课程标准》11条,作为实施教育教学活动的重要依据。同年颁布了《壬子癸丑学制》,这是中国现代一个重要的学制,按照民主主义的思想,改革清末旧学制的弊病,承继了其合理性的内容。《壬子癸丑学制》将整个教育修业年限规定为三段四级。第一段为初等教育,其中初等小学校四年,为义务教育,高等小学校为三年。第二段为中等教育,设中学校四年。第三段为高等教育,预科三年,本科三至四年。配合学制的制定,对高等教育、师范教育、中等教育、初等教育等先后颁布一系列的法规,对入学资格、课程设置、修业年限、行政管理等方面进行了相应的规定。以高等教育为例,如1929年公布了《大学组织法》《大学规程》,1931年颁布了《专科学校组织法》,1948年又颁布了《大学法》《专科学校法》。可以说国民政府时期,按照现代教育要求的学

---

①④ 商鞅.商君书[M].北京:中华书局,2011.
② 韩非.韩非子[M].北京:中华书局,2016.
③ 司马迁.史记·李斯列传[M].北京:中国华侨出版社,2016.

制及教育教学运行法律法规基本成型。

二、新中国成立至改革开放之间的教育立法

1949年,中国共产党发表了《废除伪宪法、伪法统等八项条件的声明》,又发布了《关于废除国民党六法全书与确定解放区的司法原则的指示》,宣布废除旧法,建立新法,开启了新中国的法制建设。1949年9月通过的《中国人民政治协商会议共同纲领》规定"有计划有步骤地实行普及教育",为新中国的教育发展指明了方向。至改革开放以前,中国针对各级各类教育颁行了一系列规章、规程和办法,以加强对教育的制度化管理。1951年10月政务院颁布了《关于改革学制的决定》。1952年9月又颁布了《关于接办私立中、小学的指示》。在高等教育方面,1950年颁布了《高等学校暂行规程》和《专科学校暂行规程》,1961年草拟了《教育部直属高等学校暂行工作条例》,1976年重新颁发了《高教六十条》。在初等教育方面,1963年制定了《全日制小学暂行工作条例》,1976年又重新制定了《小学四十条》。在中等教育方面,教育部于1952年颁发了《中学暂行规程》(草案),中共中央于1962年发布了《全日制中学暂行工作条例》(草案),1976年制定了《中学五十条》。以上就是被称之为"高教60条""中教50条"和"小教40条"的三个重要法规。毫无疑问,这些条例和规章对中华人民共和国成立后30年的教育发展起到了一定的保障和推动作用,对于教育秩序的规范和教育改革的开展具有深远影响。但由于认识上的原因,我国一直存在着一种轻法治、重人治的倾向,很多法律条例没有得到实施,导致法律对教育的推动作用并没有发挥出其应有的价值。同时由于法制不健全,更由于受极"左"路线的干扰,这时期我国的教育发展基本上处于无法可依的状态,学校工作经常受到冲击,其正常运转得不到保障,教师的人身和思想自由受到限制。

三、改革开放之后的教育立法

1978年,十一届三中全会开启了我国社会主义法制建设的新时代。1980年,全国人大常委会制定通过了《中华人民共和国学位条例》,成为新中国第一部由国家最高权力机关制定的教育法律,标志着我国的法制建设开始步入正轨。国务院于1981年制定了《中华人民共和国学位条例暂行实施办法》,作了进一步的细化,更具操作性。1982年第五届全国人民代表大会第五次会议通过了新的《宪法》,其中对于法制建设的重视和教育的规定为以后教育法制建设提供了重要指南。1985年,我国制定颁布了《关于教育体制改革的决定》,对我国教育的目标、内容、结构和管理改革提出了系统的思路和要求。1986年,第六届全国人民代表大会第四次会议通过了《中华

人民共和国义务教育法》，是我国教育法治化的真正开端，其原因就在于，这是第一部由全国最高权力部门制定并用来专门指导教育的法律，对于义务教育领域的方方面面做了明确而具体的规定。全文共18条，对义务教育的性质、范畴、管理体制、运行规则、法律主客体以及各级各类教育利益者应承担的权利和义务做出了具体规定。各级各类教育行政单位在此基础上制定了具体的实施条例和规章制度，实现了义务教育办学的规范运行。此外，根据国家制定的教育法律法规内容和地方教育发展实践，各级地方政府制定了众多的地方性教育行政和学校管理法规。1986年《义务教育法》的颁发在整个教育法治化体系构建中起着承上启下的作用。在此之前，还找不到专门指导某一基本教育种类的法律，而之后则陆续出台了一系列教育立法以及教育基本法，逐步形成规范严谨能够调整各种类型教育的法律体系。

1986年到1995年，教育领域内部的各种基本法律逐渐出台。1993年，《中华人民共和国教师法》在第八届全国人民代表大会第四次会议上通过。同年，中共中央国务院颁布了《中国教育改革和发展纲要》，其中明确提出，争取到20世纪末期，初步建立起教育法律、法规体系的框架，这是国家层面首次提出清晰明确的关于教育法治化体系构建的规定。可以说，20世纪90年代以来出台的各种教育法律法规都受到《中国教育改革和发展纲要》的推动。1995年，《中华人民共和国教育法》由第八届全国人民代表大会第三次会议通过，称为指导我国教育立法的根本法，奠定我国教育法治化的基础。

1995年到2000年，各类教育基本法律法规也逐步出台，基本形成了一个以《宪法》为指导，以《教育法》为基础，以《高等教育法》《义务教育法》《职业教育法》等为分支的教育法律框架，教育工作基本实现了"有法可依"。1996年，第八届全国人民代表大会常务委员会第十九次会议通过《中华人民共和国职业教育法》，成为指导职业教育的基本法律。1998年，第九届全国人大常委会第四次会议通过《中华人民共和国高等教育法》，成为指导高等教育的基本法律。此外，中共中央国务院和教育部等部门依据相关法律制定的具体法规、规章和条例，对于各个教育类别的具体教育问题作了行政性的规定。

进入到21世纪，我国教育法治化建设进入崭新的时代。2002年，为了更好地解决民办教育和公办教育的和谐关系，实现全社会关心教育的局面和推动民办教育的持续快速发展，第九届全国人大常委会第三十一次会议通过了《民办教育促进法》，成为社会力量参与办学的基本法律依据，赋予了民办教育与公办教育同等的法律地位。针对目前学前教育发展中存在的保教人员数量不足、水平不高，普惠性幼儿园不足，财政保障和成本分担机制没有建立，管理和安全存在漏洞和薄弱环节，幼儿教育观念需要进一步转变等一系列社会关注度极高、亟须立法加以规制的问题，教育部2018年工作要点明确提出，推进学前教育立法，通过立法进一步明确各级政府和有关部门发展学前教育的责任,加大对办园违法违规行为的惩治力度,依法保障学前教育健康可持续发展。2018年9月7日,公布的十三届全国人大常委会立法规划中,学前教育法已纳入全国人大常委会立法规划的一类立法项目,拟在十三届全国人大常委会任期内提请审议。

思考题:

1. 教育法治和教育法制的区别是什么?
2. 国外教育立法对我国教育立法的借鉴意义。
3. 如何理解新时代我国的教育法治化?

第二章 教育法的基本原理

内容提要

本章重点介绍了教育法的含义和特征,对规范教育发展的教育法与教育政策进行了分析和阐述。同时,本章对教育法的地位、功能及作用进行了介绍,对教育法各个层级的渊源进行了剖析。在此基础上对教育法律体系及其效力体系进行了梳理。

学习目标

1. 掌握教育法的含义和特征。
2. 掌握教育法律体系的本质和内容。

党的十八大报告指出,"要运用法治思维和法治方式深化改革、推动发展。"而法治思维就是指按照法治理念、原则、精神去思考问题,分析问题。法治方式则是要求以法律为准绳,按照法律要求办事。法治思维和法治方式从思想和实践两个层面为高等教育的改革和发展指明了方向。规范高等教育发展的法律主要有《中华人民共和国教育法》《中华人民共和国高等教育法》《中华人民共和国教师法》《中华人民共和国民办教育促进法》等法律规范。每个从事高等教育教学的教师应该了解和熟悉上述法律规范的内容和效力,真正地用法治思维和法治方式指导自身的教育实践。

第一节 教育法概述

一、教育法的含义与特征

(一) 教育法的含义

法的含义有广义与狭义之分。广义的法是指国家按照统治阶级的利益和意志制定或者认可并由国家强制力保证其实施的行为规范的总和。狭义的法是指具体的法律规范,包括宪法、法令、法律、行政法规、地方性法规、行政规章、判例、习惯法等各种成文法和不成文法。

教育法作为法的组成部分,也存在广义和狭义之分。根据制定教育法的主体不同,广义的教育法是指国家制定或认可并由国家强制力保证实施的教育行为规范体系及其实施所形成的教育法律关系和教育法律秩序的总和。广义的教育法的制定主体是多元化的,包括全国人民代表大会及其常委会、地方各级人民代表大会及其常委会,以及国务院和地方行政机关。在我国,全国人民代表大会及其常务委员会制定教育法律,国务院制定行政法规,省级人民代表大会制定地方性教育法规,国务院所属各部委制定部门规章,省级人民政府制定行政规定等。狭义的教育法是指由全国人民代表大会及其常务委员会所制定的教育法律。

根据教育法所调整的教育活动范围或对象的不同,广义的教育法指规定和调整所有正规教育活动和教育关系的法律规范。这包括政府及其教育行政部门的教育活动和学校的教育活动,公立学校教育和私立学校教育,教师的教学和学生的学习,等等。狭义的教育法主要是指"调整教育行政关系的法规的总称。它以国家教育行政机关的组织、职权职责、活动原则、教育管理制度和工作程序为主要的规范内容,调整在管理教育活动的过程中发生的,国家行政机关之间、国家行政机关同其他国家机关、各级各类教育机构、企业事业单位、社会团体和公民之间的种种教育行政关系"。[①] 把教育法看作是行政法的分支,即意味着将教育法所调整的对象限制在教育行政关系方面。

一般而言,教育法是体现统治阶级在教育方面意志的,由国家制定或认可并以国家强制力保证实施的在教育活动中普遍遵守的行为规则的总称。这一定义可以从以下几个方面来理解:

1. 教育法是调整和规范教育活动和教育关系的规则

人的任何社会活动都需要按一定规则进行。这些规则为主体活动的方向、程序、条件和执行提供了标准。教育法就是教育主体在教育活动中的行为规则体系,为教育法律主体参与教育教学及相关活动提供行为指引。只要参与教育活动就必须按教育法所规定的规则进行。如我国《教育法》就是为规范教育教学行为而构成的规则体系,以权利和义务为其表现形式,规定了教育活动中教育行政机关、学校及其他教育机构、教育者、受教育者、社会团体等各主体的权利与义务,明确了各个教育法律主体作为和不作为的行为模式,并指明了相应的责任后果。对于教育关系而言,教育法不仅调整包括教育行政机关与学校、学校与教师、学校与学生、教师与学

---

① 包秀荣.试论教育法及其与行政法的关系[J].高等师范教育研究,1996(6):43-46.

生的关系,也调整学校内部的行政管理关系。

2. 教育法是国家制定或认可的教育活动规范

教育法是以规范性文件的形式出现的,具有形式上的程序性和正式性、内容上的合理性和可行性。教育活动规范可以多种多样,可以出自教育行政部门,也可以出自学校和教师,还可以出自社会团体。有些是制定的,有些是约定俗成的,这些对教育活动同样有制约作用。但教育法是由有立法权或立法性职权的国家权力机关通过法定程序制定的关于教育活动的规范。其途径有两个:一是制定成文法,成文法是由国家机关依照法定的职权,并经过法定的程序制定出来的,表现为教育基本法、教育法律、教育法规等具有不同法律效力的规范性文件。二是认可,即国家经一定程序,直接赋予某种实际存在并为人们所遵守的行为规则以法律效力,承认它是现行的法律规范。国家制定或认可教育法律的主要目的是要在全社会范围内协调私人的教育利益与社会的教育利益或共同的教育利益间的矛盾,采用设定教育权利和教育义务的方式来确立人们的教育活动方式,把教育主体追求教育利益的行为限制在国家意志许可的范围内。

3. 教育法是由国家强制力保证实施的规则

道德规范、宗教戒律、社会习俗等社会规范对人和社会组织都有一定的约束力,有些还有一定的强制性。道德规范是靠社会舆论和个体的自觉发挥其约束作用的,其中舆论对道德规范的实施具有重要的强制力。宗教戒律一方面靠信徒的信仰去遵守,另一方面靠宗教组织的戒律的强制性约束。社会习俗如乡规民约对该地的人也有约束力。但这些规范的强制力与法律存在着本质的区别。法律是以国家的强制力为后盾,是由专门的国家强力机关以强制力保证实施的。这些专门的国家强力机关包括军队、警察、法院、监狱等有组织的暴力部门。教育法必须靠国家的强制力作为实施的根本保证,这是由教育法作为法的一般性特征所决定的。违反了教育法,损害了教育法所确定的学校、教师、学生等方面的权利,或是不履行自己的法定义务,就要受到法律的制裁。

4. 教育法是国家统治阶级意志在教育方面的体现

教育法是国家制定或认可的,又是由国家强制力保证实施的教育行为规范,它自然就要体现国家统治阶级的意志。从内容上讲,教育法规体现了国家统治阶级在教育方面的意志,这种意志是通过立法上升为国家意志。同时,这种意志也是本国绝大多数公民的共同愿望和要求。如我国《义务教育法》规定普及九年制义务教育,这是国家的意志,是大多数公民的要求,也是每一个受教育者发展的需要,任何人都不能违背这一意志。

5. 教育法是教育规律的法律体现

教育法虽然是国家意志的体现,但它必须反映教育规律,必须依据教育规律来制定。教育规律同其他规律一样,是不以人的意志为转移的客观事物(教育内部诸因素之间、教育与其他事物之间)内在的必然的本质性联系,以及事物(教育)发展变化的必然趋势。教育规律是教育活动的内在的必然关系和客观的运行法则,这是任何人和组织都不能违背的。教育规律主要包括两个部分:一是教育与社会发展关系的规律,称为教育的外部关系规律;二是教育和人的发展关系的规律,称为教育的内部关系规律。就前者而言,教育目的、教育制度、教育内容与教育方式,以及教育发展的规模与速度都要受到社会生产力发展水平、经济制度与科学文化等因素的影响和制约,教育法的制定要符合社会发展的需要,通过立法的方式为经济社会发展培养合格的人才。就后者而言,教育法的制定要符合人的发展要求,即通过合理的配置权利与义务关系,调整教育系统的各个要素促进人的全面发展。

(二) 教育法的特征

教育法的特征,是指其作为独立的法律部门与其他社会规范相比所具有的自身的特点,主要表现为以下几个方面:

1. 实质上的国家意志性、强制性、规范性、普遍性的统一

(1) 教育法具有国家意志性

同其他社会规范相比,教育法具有国家意志性。其他社会规范也有一定的意志性,表达了某种意志或愿望,如某一党派的党规党纪就体现了该党的共同意志,某一职业群体的职业规范就体现了该职业的要求,某一宗教派别的教条就体现了该宗教的宗旨,等等。但这些社会规范在范围上仅限于本团体、本职业、本教会,不能代表其他人的意志。教育法则体现了国家在整个教育领域的意志,任何人都不能违背这一意志。这表明,国家的意志在本国具有超地域、超团体、超个人的普遍性、统一性和不可违性。

(2) 教育法具有强制性

教育法既然是国家的意志,就要坚决执行,所以教育法具有强制性。其他社会规范也有一定的强制性,如某一党派的纪律对该党的成员就有一定的强制性约束作用,不守党纪会受到一定的处分。道德规范也有一定的强制力,如不遵守某些道德规范就会受到社会舆论的谴责,感受到一定的压力。宗教戒律也有很大的强制力,主要表现在精神上,如不遵守教规就会受到处罚等。但这些社会规范的实施并没有相应的强力执行部门。如果有了强力作后盾,这些规范就要被依法取缔。而教育法和其他社会规范不同,它是由强大的国家强力部门作后盾来实施的,如警察、法院、检察院、军队等。

(3) 教育法具有规范性

教育法通过权利和义务的设定,为教育管理和教师教学等设定了一定的标准和要求以及违反法律后果所应承担的法律责任,规范并指引整个教育教学活动。与其他社会规范相比较,教育法在形式上是通过国家法定的立法程序制定的。非经合法程序制定的法律,即使内容正确,由于没有国家强制的保障也不能被执行。按照立法程序制定的法律经过正式颁布便具有法律效力。教育法在内容上,法律条文具有语言的精确性、逻辑的严谨性、内容的完整性、时间的稳定性、实践的可操作性、与其他教育法律的一致性,其他社会规范并没有这些严格的要求。

(4) 教育法具有普遍性

教育法在其规定实施的区域和适用的对象方面具有普遍的适用性,例外情况都要在该法中加以确定。如我国《教育法》第一章第2条规定:"在中华人民共和国境内的各级各类教育,适用本法。"第十章附则第84条规定:"军事学校教育由中央军事委员会根据本法的原则规定。宗教学校教育由国务院另行规定。"第85条规定:"境外的组织和个人在中国境内办学和合作办学的办法,由国务院规定。"这就是说,除了军事学校教育(军事学校教育也要符合本法的原则)和宗教学校教育以及境外组织和个人办学按专门的规定办学外,所有其他在中华人民共和国境内的有组织的教育活动必须在本法的规范下开展。

综上所述,教育法的国家意志性、强制性、规范性和普遍性是由法的根本属性所决定的,它们集中体现在教育法实施过程中法的效力上。这就意味着,与其他社会规范相比,教育法的效力在适用对象、适用范围、条件保障等方面都是其无法比拟的。因此,教育法在效力上是国家意志性、强制性、规范性和普遍性的统一。

2. 对象上的确定性与广泛性的统一

尽管教育法的内容是广泛的、复杂的、易变的,但其调整和规范的对象是明确的,调整和规范的始终是教育行政机关、学校以及其他办学组织、教师、学生、学生家长的教育行为以及由此所引起的各种教育关系。正是教育法调整的对象和范围的稳定性,决定了教育法可以作为独立的法律部门。同时,教育法调整的对象具有广泛性。教育活动包括举办教育、管理教育、实施教育、接受教育、参与和支持帮助教育等诸多方面。这些活动涉及教育行政机关、其他国家机关、社会组织(包括企业、事业单位、农村集体组织)、学校、社会团体、家庭和公民。这些公民、法人、组织在教育活动中享有广泛的权利和承担着多方面的义务,从而使教育法的主体呈现多元性。

3. 形式上的分散性与集中性的统一

教育法的表现形式不外有两种:一种是集中式,另一种是分散式。集中式也称为法典式,即以法典的形式相对集中了教育法律规范并作系统安排。这表现为对教育进行一般性的法律规定。如我国《教育法》就具有法典性质。但由于教育的复杂性和变动性,一部法不可能囊括所有的教育法律规范。这就需要用分散式。分散式就是以分散的法规来表达教育法律规范。目前大多数国家的教育法律都采用这种方式,我国教育法也主要采用这种方式。首先是《宪法》规定了我国最基本的教育法律规范;其次是《教育法》相当于我国教育的母法,是教育法律规范集中的、原则性的体现;再次就是各种单项法、其他教育法规等。这反映出一种集中式和分散式相统一,而以分散式为主的表现形式。

4. 内容上的稳定性与易变性的统一

教育法的内容涉及以权利和义务为核心的教育行政活动、学校管理活动、教师教学活动、学生学习活动以及由这些活动所引起的各种教育关系,即政府及其教育行政部门与学校的关系、学校与社会的关系、学校与师生的关系、师生关系、学校与家长的关系、教师与家长的关系等。这些活动和关系具有一定的稳定的形态。同时教育法的内容也是变化的、发展的,在不同的时代和不同的时期,教育法的内容可能有所不同。如我国《义务教育法》现在规定:"国家实行九年义务教育制度。"但随着我国经济的发展,到若干年后就可能会实施十二年的义务教育。所以,教育法要反映教育活动和教育关系的发展性和变化性,不能使教育法成为阻碍教育发展的障碍。

二、教育法与教育政策

教育政策是政党和国家为实现一定历史时期的教育发展目标和任务,依据党和国家在一定历史时期的基本任务、基本方针而制定的关于教育的行动准则。教育法与教育政策既有共性,也有差异性。二者在目的上是一致的,在性质上、形式上和手段上又有所不同。在很长的时间里,我国主要是运用党的政策来管理国家的各项活动,特别是教育方面长期以来就没有法律规范。改革开放之后,我国逐步加强教育法规的制定,为今天依法治教打下了坚实的基础。应充分厘清教育法与教育政策的区别和联系,使二者更好地协调起来,发挥其互补作用,共同调整教育活动和教育关系。

(一) 教育法与教育政策的联系

教育法律与教育政策有着密切的关系,二者在本质上是一致的。教育政策的基本内容体现着政治和经济的要求,要在实际教育工作中得到贯彻落实,就需要通过各种形式进行,如道德、文艺宣传及社会舆论。教育政策只有上升为国家的法律,才具有普遍的效力。教育法和教育政策的联系主要体现在三个方面:

1. 一致的目的

教育政策和教育法律都决定于上层建筑,具有共同的目的。二者都是上层建筑的重要组成部分,因而其目的都是为了调整和规范教育活动和教育关系,规范和调整教育主体的权利和义务,使教育有效地发展。如 2001 年出台的《关于基础教育改革与发展的决定》、2003 年出台的《关于进一步加强农村教育工作的决定》、2010 年出台的《国家中长期教育改革和发展规划纲要(2010—2020 年)》等,为我国教育事业的发展提供了鲜明的方向指引,也是教育法律法规应予以保障和促进的目标。

2. 共同的意志

教育政策和教育法所体现的意志是相同的,都是国家和人民在教育领域意志的重要体现。教育具有公共性和普遍性的特征,针对教育领域的亟待解决的公共问题,党和国家可以制订相应的教育政策和教育法规予以应对。如 1985 年《中共中央关于教育体制改革的决定》就是党对教育体制改革的教育政策,它指导了我国《义务教育法》和《教育法》的制定,并体现在上述教育法律之中。另外,教育政策和教育法都要以宪法为依据。宪法是我国的根本大法,它由全国人民代表大会制定,集中了中国共产党、国家和人民的意志。所以,在我国教育政策和教育法律所体现的意志是相同的,都是国家和人民意志的体现。

3. 相互依存

教育政策和教育法律是相互依存的。教育政策是教育法律法规的雏形,而教育法则是教育政策的依据。立法往往需要一个较为漫长的过程,对于一些新出现的社会问题,需要国家出台相应的政策来予以解决。只有在执行过程中不断完善、成熟的教育政策,才能通过政策法律化的途径,上升为国家的教育法律、法规,成为教育法律的重要来源。教育政策的制定和实施应该符合宪法、教育法的立法精神和宗旨,政策合法化是政策得以有效实施的前提。

(二) 教育法律与教育政策的区别

1. 制定主体不同

我国《立法法》规定,全国人民代表大会和全国人民代表大会常务委员会行使国家立法权。全国人民代表大会制定和修改刑事、民事、国家机构的和其他的基本法律;全国人民代表大会常务委员会制定和修改除应当由全国人民代表大会制定的法律以外的其他法律;在全国人民代表大会闭会期间,对全国人民代表大会制定的法律进行部分补充和修改,但是不得同该法律的基本原则相抵触;国务院根据宪法和法律,制定行政法规;省、自治区、直辖市的人民代表大会及其常务委员会根据本行政区域的具体情况和实际需要,在不同宪法、法律、行政法规相抵触的前提下,可以制定地方性法规。如《教育法》就是全国人民代表大会通过的,《普通高等学校设置暂行规定》是由国务院根据宪法和法律制定的。而政策既可以由政党制定,也可以由国家机关和政府部门制定。如《中共中央关于教育体制改革的决定》是中共中央制定的,《中国教育改革和发展纲要》则是由中共中央和国务院共同制定和发布的。另外各级政府也根据上级的政策和有关法律、法规制定一系列具体的政策。

2. 执行方式不同

教育法律的执行是以国家的强制力为后盾的,任何组织和个人都必须遵守,不得违反。而政策的执行主要是依靠行政力量或党的纪律,运用号召、宣传、教育、解释、动员等方式贯彻落实,其强制力是有限的。如违反了党的某项纪律会受到党纪的惩罚,但触犯法律就要受到法律的制裁,在性质上发生了根本性的变化。

3. 调整范围不同

法律和政策调整的教育关系和规范的教育活动有相同的、交叉的地方,但也有区别。政策制定的灵活性和及时性决定了政策调整的范围是特定的,有一定的时间性。如 1993 年 2 月 13 日印发的《中国教育改革和发展纲要》以及 1994 年 7 月 3 日公布的实施意见中的不少方面是教育法律、法规所没有的,如高等教育实施 "211 工程"及我国近些年实行的高校扩招政策等。相对于政策而言,教育法更具有稳定性和长效性,适用的范围更广,对教育活动以及教育法律关系的规范是根本性的。

4. 要解决的问题不同

对于那些急于要解决的、暂时的、尚未定型的教育问题,采用制定政策的方式去协调和解决为好。比如我国现行的教育人事制度还不能适应市场经济发展的需要,但又没有形成一套行之有效的模式来解决,只能有赖于制定一些暂时性的政策来规范我国教育人事制度的改革,等到积累了相当成功的经验并找到了一套有效的办法后,就可以通过立法的形式来确定我国的教育人事制度。但是,对于那些需要严格界定的、严肃对待的、比较稳定的教育关系,需要用教育法作出具体的、明确的、稳定的、可操作的规范和调整。如对高等教育中学位的问题要有严格的法律规范,这样才能保证学位授予的严肃性和教育质量。

第二节 教育法的地位与功能

一、教育法的地位

教育法在法律体系中的地位可以概括为:教育法是行政法的一个分支;教育法是宪法的实施法。

(一) 教育法是行政法的一个分支

法律体系是一个国家各个部门法所组成的有机整体。各个法律部门相互配合,共同维持一个国家的法律秩序,缺少任何一方面的法律都难以建立完整且有效的法律秩序。在我国,人们通常把国家的法律划分为宪法、行政法、民法、商法、刑法、经济法、环保法、劳动与社会保障法、诉讼法及军事法等十大法律部门。每个法律部门是以法律的调整对象和调整方法为标准加以划分的。如行政法调整国家行政机关在行使其行政职权过程中发生的各种社会关系,即行政关系。民法则调整平等主体之间的财产关系和人身关系。教育法是国家管理教育的法,而教育管理权只是国家行政权的一个组成部分,教育法所调整的正是国家教育行政机关在行使教育管理权过程中所发生的各种社会关系,即教育行政关系。因此,在法学理论上,一般认为教育法只是行政法的一个分支,而不是一个独立的法律部门。当然,行政法除了包括教育法或称教育行政法这个分支外,还包括公安行政法、体育行政法、卫生行政法等分支,教育法只是其中的一个组成部分。

还有必要指出的是,我国教育法所调整的社会关系尽管以教育行政关系为主,实际上也调整着一些具有明显教育特征的民事关系。在我国,这类关系伴随着教育体制、改革的深入而日益突出。例如,由于扩大了学校的办学自主权,学校在执行国家政策、计划的前提下,有权招收自费生和捐资生,学校相互之间或者学校和其他主体可以联合办学。这类关系的调整仅有民法是不够的,必须由教育法和民法来共同完成这一任务。随着教育体制改革的深入和教育行政机关职能的转变,可能会产生一些新的社会关系,或是教育领域原先的社会关系发生分化和改组,相当大的一部分行政关系将发生性质上的变化,成为具有民事性质的关系,从而使得教育法的调整对象呈现出复杂性、特殊性的特点。

(二) 教育法是宪法的实施法

宪法是一个国家法律体系中最重要、地位最高的法律,它规定国家的基本制度和公民的基本权利和义务。但宪法在许多方面的规定是抽象和原则性的,不可能十分具体,这就需要其他形式的法律使之具体化。所以可以说行政法、民法、刑法等都是宪法的实施法。教育法作为行政法的一个分支,无疑也具有这方面的作用。例如我国宪法规定了我国的基本教育制度,规定了公民在教育方面的权利和义务,假如没有教育法将这些规定具体化,那么国家的基本教育制度和公民的教育权利义务就无法落实,宪法也就难以实施。从这个意义上看,教育法不仅是国家管理教育的法,也是完善宪法制度、维护宪法尊严、保证宪法实施的重要法律。

教育法作为相对独立的法律分支,与国家宪法和其他法律部门有明显而密切的关系。从教育法与宪法的关系来看,宪法是国家的根本大法,宪法中有关教育的条款是制定和规划教育法规体系的法律依据。因此,宪法是教育法的最高原则,教育法是宪法对教育各方面原则规定的具体化,是实现宪法确立的教育权利和义务的切实保障。

二、教育法的功能

教育法的功能指的是教育法的属性、内容及其结构所决定的教育法潜在的效用。它是教育法具有生命力的内在依据。如果教育法没有这种内在的能力,就会失去其存在的价值。教育法的主要内容是对教育权利和教育义务的确认和规定,其实质就是掌握国家政权的阶级对教育权利与教育义务的分配和运用,以确认不同的教育主体(社会集团和个人等)的权利和义务的归属和范围,并规定如何享受权利、履行义务及承担法律后果。这些就决定了教育法具有规范功能、标准功能、预示功能和强制功能。

(一) 规范功能

教育法是通过规定教育主体在法律上的权利和义务及其实施后所承担的责任来调整教育活动和教育关系的。它具有普遍性。这就决定了教育法具有在一定区域和时间内规范人们的教育行为的能力。实际上,教育法就是由各种规范组成的,这些规范当然具有约束人们的教育行为的功能。如古代教育是少数人的特权,这种教育是对少数人而言的,就不可能用法的形式来确定教育秩序。现代教育已经成为人民大众的活动,每个人都要受教育,教育是人类、国家和个人最重要的事业。这就有必要对教育进行规范,教育法就起到规范各类教育活动的作用。

(二) 标准功能

教育法之所以具有规范功能,其中重要的原因是教育法律规范是人们教育行为的标准,人们是否进行教育行为是以教育法为准绳的。教育行政部门对教育活动的管理,学校开展教育活动,司法部门办理教育方面的案件,也都是以教育法为最高标准的。它既是教育行为的标准,也是判断人们行为正确或不正确的标准。同时这些标准不是对某些人,而是对所有的人,是一种普遍的标准和尺度。比如我国实行九年制义务教育是对所有人而言的,每个人都必须接受九年制义务教育;各级各类学校都有统一规定的办学要求;同类且同级别教育的水准基本上是一致的。

(三) 预示功能

根据教育法律规范和教育法的实施过程,人们可以预先知晓或估计如何开展教育活动或在什么范围内开展教育活动。这就是法律的预示功能在起作用。教育活动是人与人之间复杂的互动活动,如果没有一定的公认的规范供人们预见自己的行为和后果,教育活动就会处于无序状态。教育法的预示功能可以使人们预先对自己的活动作出计划和安排,以减少教育活动的偶然性和盲目性,提高教育活动的实际效果和质量。例如《学位条例》规定了达到什么样的条件可以获得什么样的学位,这就可以使那些想获得学位的人根据不同层次学位的要求安排自己的教育活动,以便获得学位。教育法的预示功能主要通过教育法律的颁布和实施表现出来,使全社会所有的人明白教育法律规范提倡什么、反对什么。

(四) 强制功能

法律是国家意志的体现,尽管要依靠教育使人们自觉地遵守,但仅仅依靠教育是不够的,必须以强制力为后盾,使其得以坚决贯彻执行。法律制裁可以保证权利得以实现,义务得以履行,使教育活动有序化。教育法律制裁是多种多样的,有行政制裁,如警告、宣告无效、没收、取消资格、停止招生、行政拘留等;有民事制裁,如停止侵害、排除妨碍、消除危险、返还原物、赔偿损失、支付违约金等;有刑事制裁,如管制、拘役、有期徒刑、无期徒刑、死刑等。教育法律制裁大多属于行政制裁。这些制裁具有强制功能。

三、教育法的作用

教育法的作用指教育法内在生命力的外部表现,是其内在功能作用于教育实践所引起的实际效应。教育法的功能转化为外部效应的过程就是教育法实施的过程。这一实施过程需要许多环节和条件,否则,教育法的功能就发挥不出来或达不到理想的效果。所以,教育法的功能和教育法的作用既相互联系又有所区别。

(一) 指引作用

教育法的指引作用指教育法体现了国家教育发展的目的、政策,指引人们按照国家的目的和要求开展教育活动。它是教育法的规范功能在教育实践过程中发挥作用的外部表现。教育法是国家统治阶级教育意志的体现,是国家以法律的形式向各种社会团体和个人宣布的教育规定和指示,明确要求各有关机关、团体和个人必须执行这些条文。教育法明确规定哪些法律行为是国家赞成、鼓励、可以做的,哪些是国家命令必须做的、不该做的、禁止做的。这就反映出一个国家统治阶级的价值取向和政策指引,体现出一个国家或一个民族的文化特点。这种指引有两个方面:一是正向指引,正向指引指教育法能够从正面或积极的方面指引人们按照国家赞成或规定可以做的方面去做。如《教育法》第 4 条规定:"全社会应当关心和支持教育事业的发展。全社会应当尊重教师。"这就是从正向方面对人们的教育行为起指引作用。二是负向指引,负向指引指教育法能够从消极的方面指引人们不能做和不该做什么。《教育法》第71条规定:"违反国家有关规定,不按照预算核拨教育经费的,由同级人民政府限期核拨;情节严重的,对直接负责的主管人员和其他直接责任人员,依法给予处分。"这就是从负向方面起指引作用。正向和负向指引都是以承担法律责任为条件的。也就是说教育法律关系的相关主体没有履行教育法的法定义务或违反了教育法规定所禁止的行为,责任人都要承担法律责任。

(二) 评价作用

教育法作为国家的一种普遍的强制性教育行为标准,具有判断、衡量人们的教育行为的作用。这种作用就是评价作用。教育法的评价作用是教育法的标准功能的外部表现。对教育活动和教育关系价值的判断有多种标准,如道德规范、宗教规范、风俗习惯、社会团体的规范、教育活动的基本原则等,其中最基本的标准是教育法律规范。教育法律规范的评价作用有两个特点:一是教育法律规范的评价具有突出的客观性。教育法律规范明确规定哪些是可以做的,哪些是不可以做的。教育法律标准是针对所有人和所有机关的,任何组织和个人的教育活动或教育行为都是以教育法为准绳的。虽然在运用教育法对教育活动进行评价时,会出现法律解释的差别,但大体上是相同的或相近的,不会因人而异。而其他标准的评价会有很大的差别。例如同是宗教规范,不同宗教的规范可能大相径庭。二是教育法律规范的评价具有普遍的有效性。教育法律规范和其他教育规范的不同在于只要人们的行为进入教育法的范畴,教育法律规范的评价对他们来说就是有效的。如不想受到法律的制裁,他们的行为就必须与教育法律一致。这两个特点说明教育法律规范的评价是一种绝对评价。

(三) 教育作用

教育法律规范的预示功能决定了教育法具有教育作用。教育法的教育作用主要体现在两个方面。首先,国家把人们对教育的普遍要求凝结为稳定的教育行为规范,并向人们灌输这些规范,使其内化为人们的教育思想意识,并借助于人们的教育行为使其得以传播。如教育机会均等、教师职业化、尊师爱生等规则,通过法可以深入人心,并转化为人们的行为。这一过程就是教育法教育作用的显示。国家制定教育法的目的在于用法律调整和规范人的教育行为,只有使人们理解法律,提高法律意识,自觉地遵守和维护法律,并形成行为习惯,法律的效果才能提高。所以,法律颁布的过程实质上就是教育人们学习、遵守法律并运用法律保护自己的过程。其次,通过教育法律的实施从正负两方面对人们产生教育作用。从正面来说,教育法对合法教育行为的保护和鼓励,对行为人和他人有示范和激励作用;从负面来说,教育法对不合法行为的制裁会警告行为人和他人,如果再为此类行为也同样会受到惩罚。

（四）保障作用

依法治教是现代教育发展的重要特征。依法治教就是根据法律来规范教育活动的范围、形式、内容、方法，以保障教育事业的顺利发展。教育法的保障作用指教育法保证各种教育主体的教育权利得到实现，教育义务得到履行，从而使教育活动有序、有效进行。这种作用是教育法的强制功能的表现。其一，就教育权利来说，国家的教育管理权、人民的平等受教育权、教师的教育教学和学术研究权等，如果没有法律的认定和保证，就不可能顺利实现。其二，对教育义务来说，国家在义务教育阶段免费入学、父母或其他监护人必须使适龄儿童接受规定年限的义务教育等，如果没有法律的规定就不可能得到落实。如《义务教育法》第2条规定：国家实行九年义务教育制度。义务教育是国家统一实施的所有适龄儿童、少年必须接受的教育，是国家必须予以保障的公益性事业。实施义务教育，不收学费、杂费。因此任何适龄儿童都要接受法律规定年限的义务教育，国家和家长要履行教育义务，这就从法律上保证了儿童接受教育的基本权利的实现。

第三节 教育法的渊源

法律的渊源可以简称为法源。法学家们对此有不同的分类和解释。它可以指法的实质渊源，即法是根源于社会物质生活条件还是神的意志、君主意志或人民意志；可以指法的形式渊源，即法的各种具体表现形式，如宪法、法律、法规；可以指法的效力渊源，即法产生于立法机关还是其他主体，产生于什么样的立法机关或其他主体；可以指法的材料渊源，即形成法的材料来源于成文法还是来源于政策、习惯、宗教、礼仪、道德、典章或理论、学说；可以指法律产生发展的源流，即按照法律传统和历史发展沿革来解释法律渊源，认为法律是历史地产生和形成的，并在既定的法律文化传统中延续和发展；等等。一般说来，法律的渊源指效力渊源，即根据法的效力来源划分法律的不同形式，如制定法（包括宪法、法律、行政法规等）、判例法、习惯法和法理等。制定法指国家机关根据法定职权和程序制定的各种规范性文件。判例法是指与制定法相对称的一种法律，是上级法院（特别是最高法院）对下级法院处理类似案件具有法律约束力的判例。根据以上理解，作为成文法国家，我国教育法的渊源主要是国家根据法定的职权和程序制定的关于教育方面的规范性文件，主要包括宪法、教育法、教育行政法规、地方性教育法规、教育规章、教育条例和规定。

一、宪法

宪法是国家最高立法机关制定的国家的总的章程,是制定其他法律、法规的根本依据。世界上大多数国家的宪法中都专门有关于教育的条款,这些条款对教育的指导思想、教育目的、教育基本制度、公民在教育方面的权利和义务、教育行政体制和管理权限等作出了基本的规定,具有最高的效力。我国《宪法》是由全国人民代表大会制定的,其他各种法律、法规都必须以《宪法》为根据,不得与《宪法》相违背。我国的宪法是指 1982 年制定的经过 1988 年、1993 年、1999 年、2004 年和 2018 年五次修改的现行宪法。宪法在中国法律渊源体系中具有最高的法律地位,是我国教育法律的基本法源。

(一)《宪法》规定了教育法的基本指导思想

我国《宪法》的指导思想也是我国教育立法的指导思想。2018 年第十三届全国人民代表大会第一次会议通过《宪法修正案》,对《宪法》"序言"第七自然段修改为:"中国新民主主义革命的胜利和社会主义事业的成就,是中国共产党领导中国各族人民,在马克思列宁主义、毛泽东思想的指引下,坚持真理,修正错误,战胜许多艰难险阻而取得的。我国将长期处于社会主义初级阶段。国家的根本任务是,沿着中国特色社会主义道路,集中力量进行社会主义现代化建设。中国各族人民将继续在中国共产党领导下,在马克思列宁主义、毛泽东思想、邓小平理论、'三个代表'重要思想、科学发展观、习近平新时代中国特色社会主义思想指引下,坚持人民民主专政,坚持社会主义道路,坚持改革开放,不断完善社会主义的各项制度,发展社会主义市场经济,发展社会主义民主,健全社会主义法治,贯彻新发展理念,自力更生,艰苦奋斗,逐步实现工业、农业、国防和科学技术的现代化,推动物质文明、政治文明、精神文明、社会文明、生态文明协调发展,把我国建设成为富强民主文明和谐美丽的社会主义现代化强国,实现中华民族伟大复兴。"以习近平同志为核心的党中央高度重视教育事业,坚持把教育摆在优先发展的战略地位,对教育工作做出一系列重大决策部署,推动了教育事业蓬勃发展,为社会主义现代化建设提供了有力的人力支持和知识贡献。党的十九大报告提出:"建设教育强国是中华民族伟大复兴的基础工程,必须把教育事业放在优先位置,加快教育现代化,办好人民满意的教育。"这是我国进入新时代,以习近平新时代中国特色社会主义思想为指导,优先发展教育事业,办好人民满意教育的新使命、新目标、新部署、新要求,为推进各级各类教育现代化提供了遵循,指明了方向。

（二）《宪法》规定了教育法的基本原则

教育法基本原则是指全部教育法必须遵循的基本要求和价值准则，体现了教育法的宗旨，是规范教育立法、执法、司法的基本依据。教育法除了应具有符合法治国家要求的合宪原则、民主原则、法制统一原则之外，根据教育法的性质、调整的范围和教育的属性与特殊性，其具有自己的基本原则。

《宪法》第 19 条规定："国家发展社会主义的教育事业，提高全国人民的科学文化水平。国家举办各种学校，普及初等义务教育，发展中等教育、职业教育和高等教育，并且发展学前教育。国家发展各种教育设施，扫除文盲，对工人、农民、国家工作人员和其他劳动者进行政治、文化、科学、技术、业务的教育，鼓励自学成才。国家鼓励集体经济组织、国家企业事业组织和其他社会力量依照法律规定举办各种教育事业。"《宪法》第 24 条规定："国家通过普及理想教育、道德教育、文化教育、纪律和法制教育，通过在城乡不同范围的群众中制定和执行各种守则、公约，加强社会主义精神文明的建设。国家倡导社会主义核心价值观，提倡爱祖国、爱人民、爱劳动、爱科学、爱社会主义的公德，在人民中进行爱国主义、集体主义和国际主义、共产主义的教育，进行辩证唯物主义和历史唯物主义的教育，反对资本主义的、封建主义的和其他的腐朽思想。"《宪法》第 46 条规定："中华人民共和国公民有受教育的权利和义务。国家培养青年、少年、儿童在品德、智力、体质等方面全面发展。"

从上述条文中我们可以提炼出宪法所规定的教育法基本原则：

1. 教育的社会主义方向性原则

教育的首要问题是要解决培养什么人、怎么培养人和为谁培养人的问题。党和国家的教育方针是培养社会主义事业的建设者和接班人。这就决定了我国教育的社会主义办学方向性。《教育法》第 3 条明确指出，国家坚持以马克思列宁主义、毛泽东思想和建设中国特色社会主义理论为指导，遵循宪法确定的基本原则，发展社会主义的教育事业。坚持社会主义的办学方向性意味着在思想上要着重加强社会主义核心价值观教育，在受教育者中进行爱国主义、集体主义、中国特色社会主义的教育。

2. 教育的公共性原则

《教育法》第 8 条第 1 款规定："教育活动必须符合国家和社会公共利益。"这一规定确立了我国教育的公共性原则。根据法律规定，国家制定教育发展规划，各级政府是办学的重要主体；各级各类学校必须接受国家的管理和监督；教育活动必须符合国家和社会公共利益，举办学校不得以营利为目的；教师应忠诚于人民的教育事业，教师的劳动应受到全社会尊重；整个社会和公民负有通过一定方式支持教育的义务；教育与宗教相分离。

3. 教育的平等性原则

《教育法》第 9 条规定:"中华人民共和国公民有受教育的权利和义务。""公民不分民族、种族、性别、职业、财产状况、宗教信仰等,依法享有平等的受教育机会。"这一规定确定了公民受教育机会平等的基本原则。为了保障公民的受教育权的平等,国家要对特殊地区、特殊教育对象予以扶助,主要是帮助和扶持各少数民族地区、边远贫困地区发展教育事业,扶持发展残疾人教育事业,保护女子在受教育方面的平等权利,对家庭经济困难的学生提供各种形式的资助等,以保障每个适龄公民都能有受教育的机会;学校内部管理体制应实行分权制衡,并通过建立以教师为主体的教职工代表大会或监事会、校务委员会等其他组织形式,实行民主管理和监督。

4. 教育的统一性与多样性相结合的原则

根据法律规定,国家制定统一的教育事业发展规划,保持各级各类教育事业均衡发展,同时从各地实际出发,分区规划,分类指导,形成社区教育特色;国家实行统一的学校教育制度,同时通过全日制和部分时间制、正规和非正规、普通和特殊,以及远距离教育等多种形式,满足公民对教育的不同需求;国家规定统一的教育方针和教育、教学标准,同时支持学校办出特色。

5. 教育与终身学习相适应的原则

按照教育的特点和现代科技知识发展的需要,教育体系要具有灵活性和适应性,满足公民不同时期的多种受教育需求;各级各类教育之间要相互沟通和联系。教育的对象是全体公民。为实现终身教育,要对传统教育进行改革,促进各级各类教育的协调发展。只有不断地建立和发展各级各类教育,促进它们的相互沟通和衔接,才能不断完善终身教育体系,进而保证终身教育的顺利实现。

二、教育法律

教育法律是国家最高权力机关或专门的立法机关制定的教育法规性文件。我国《宪法》规定,全国人民代表大会及其常务委员会有权制定法律。教育法律又分为教育基本法律和教育单行法律。

(一) 教育基本法律

教育基本法律是依据宪法制定的调整教育内部、外部相互关系的基本法律规范,可以说是教育法律体系的"母法"。教育基本法律通常规定国家的教育基本方针、基本任务、基本制度以及教育活动中各主体的权利义务。世界上许多国家都有类似于教育基本法的教育法律。如美国联邦法典第三十一章《教育法总则》、英国 1988 年的《教育改革法》、日本 1947 年的《教育基本法》、俄罗斯联邦 1992 年的《俄罗斯联邦教育法》等都属于教育基本法。

我国的教育基本法《中华人民共和国教育法》(以下简称《教育法》),是1995年3月18日第八届全国人民代表大会第三次会议通过并于同年9月1日施行的。该法共10章84条,规定了我国教育的地位、性质、方针、体制和教育活动的基本原则,规定了教育的基本制度,政府、学校及其他教育机构、教师及其他教育工作者、学生、学生家长等教育法律关系主体的法律地位及其权利和义务,教育与社会的关系,教育投入与条件保障,教育对外交流与合作,以及保护教育法律关系主体合法权益的法律措施。

(二) 教育单行法律

教育单行法律是国家根据宪法和教育基本法律的原则制定的规范和调整某一类教育或教育的某一具体部分关系的教育法律。教育单行法律门类可以根据教育的层级和类别制定。从层次上来说,教育依次可分为幼儿园教育、初等教育、中等教育、高等教育,中等教育可分为初中教育和高中教育,高等教育可分为专科层次、本科层次、硕士研究生层次、博士研究生层次。从类别来分,教育可分为普通教育和职业教育、全日制教育和非全日制教育等。从教育事项分,可把教育分为教职员、学生、教育行政、学校管理、教育财务等方面。可以根据这种分类来制定教育单行法律。我国关于某一类教育活动的法律有《义务教育法》《教师法》《学位条例》等。我国教育单行法律属于一般法律,根据《宪法》第67条的规定,一般由全国人民代表大会常务委员会制定。目前,我国已经制定并公布实施的教育单行法律有7部:

1.《中华人民共和国学位条例》(以下简称《学位条例》)

该法由第五届全国人民代表大会常务委员会第十三次会议于1980年2月12日通过,1981年1月1日起施行。该条例共有20条。把学位的层次分为学士、硕士、博士三级,对授予各级学位的条件、学位的评定、学位授予机关、授予程序和方法进行了明确的规定。《学位条例》的颁布和施行确立了我国学位制度,保证了我国学位的质量。

2.《中华人民共和国义务教育法》(以下简称《义务教育法》)

该法由第六届全国人民代表大会常务委员会第四次会议于1986年4月12日通过,1986年7月1日起施行。该法共有17条,对我国义务教育的性质、形式、学制、管理体制、保障措施等作出了规定,有力地保证了我国义务教育的实施。该法施行20年后,我国义务教育基本普及。为适应义务教育的均衡优质发展,我国2006年修订和颁布了新的《义务教育法》,该法有8章63条,对新时期义务教育发展做了全面的法律规范。

3.《中华人民共和国未成年人保护法》(以下简称《未成年人保护法》)

该法于1991年9月4日第七届全国人民代表大会常务委员会第二十一次会议

通过,1992年1月1日起施行。整部法共分7章56条。第一章"总则"对未成年人保护的基本原则做了规定,第二章"家庭保护"对未成年人的家庭保护做了规定,第三章"学校保护"就学校对未成年人的保护做了规定,第四章"社会保护"对社会各个部门如何保护未成年人做了规定,第五章"司法保护"对司法机关如何保护未成年人做了规定,第六章"法律责任"对有关部门和个人对未成年人造成伤害要承担的法律责任做了规定,第七章为"附则"。

4.《中华人民共和国教师法》(以下简称《教师法》)

该法由第八届全国人民代表大会常务委员会第四次会议于1993年10月31日通过,1994年1月1日起施行。该法共9章43条,主要就教师的职业性质、教师的权利和义务、教师的资格和任用、教师的培养和培训、教师的考核、教师的待遇、教师的奖励以及有关法律责任进行了规定。它是我国教师职业化和专业化的法律保障。这也是我国第一部以职业人员为对象的法律。

5.《中华人民共和国职业教育法》(以下简称《职业教育法》)

该法由第八届全国人民代表大会常务委员会第十九次会议于1996年5月15日通过,1996年9月1日起施行,该法共5章40条,规定了职业教育的地位、发展方针、职业教育的管理、职业教育体系、职业教育的实施、职业教育的保障条件等。

6.《中华人民共和国高等教育法》(以下简称《高等教育法》)

该法于1998年8月29日由第九届全国人民代表大会常务委员会第四次会议通过,1999年1月1日起施行,并于2015年12月27日和2018年12月29日进行了两次修正。该法共8章69条。第一章为"总则",第二章是"高等教育基本制度",第三章是"高等学校的设立",第四章是"高等学校的组织和活动",第五章是"高等学校教师和其他教育工作者",第六章是"高等学校的学生",第七章是"高等教育投入和条件保障",第八章是"附则"。该法对高等教育管理体制、高等院校内部管理体制、教师和学生的权利和义务等方面做了规定。

7.《中华人民共和国民办教育促进法》(以下简称《民办教育促进法》)

该法于2002年12月28日第九届全国人民代表大会常务委员会第三十一次会议通过,于2003年9月1日起施行,于2013年、2016年和2018年进行了三次修正。整部法分为10章67条。该法对民办学校的设立与终止、民办学校的组织与管理、民办学校教师和学生的权利和义务、民办学校的资产和管理以及教育行政部门对民办学校的管理与监督、扶持与奖励等涉及民办教育健康发展各领域,进行了全面的规范与指引,对于民办学校和受教育者的合法权益进行了全面的保障。

此外,全国人民代表大会及其常务委员会发布的教育方面的决定、决议等也属于教育法的范畴。

三、教育行政法规

教育行政法规是指国家最高行政机关为实施、管理教育事业,根据宪法和教育法律制定的规范性文件。教育行政法规在内容上是针对某一类教育事务作出的规范,而不是对具体问题作出的决定,具有相对的稳定性,其制定、审定、发布须经过法定的程序。我国《宪法》第89条规定国务院有权"根据宪法和法律,规定行政措施,制定行政法规,发布决定和命令"。教育行政法规一般有三种:

（1）条例:它是指对某一方面的教育行政工作比较系统、全面的规定。我国目前生效的属于条例的教育行政法规主要有:《普通高等学校设置暂行条例》《高等教育自学考试暂行条例》《幼儿园管理条例》《学校体育工作条例》《学校卫生工作条例》《残疾人教育条例》《扫除文盲工作条例》《教师资格条例》和《教学成果奖励条例》等。

（2）规定:它是指对某一方面工作的部分规定。属于规定的主要有:《国务院征收教育费附加的暂行规定》《高等教育管理职责暂行规定》。

（3）办法或细则:它是指对某一项行政工作的较为具体的规定。属于此类的有《中华人民共和国学位条例暂行实施办法》《中华人民共和国义务教育法实施细则》。

四、地方性教育法规

世界上许多国家都赋予地方(省、州、郡)一定的立法权,地方制定的法规在本行政区域内有效。这些地方的立法机关制定的教育规范性文件就称为地方性教育法规。我国《宪法》第100条规定:"省、直辖市的人民代表大会和它们的常务委员会,在不同宪法、法律、行政法规相抵触的前提下,可以制定地方性法规,报全国人民代表大会常务委员会备案。"《宪法》第116条规定:"民族自治地方的人民代表大会有权依照当地民族的政治、经济和文化的特点,制定自治条例和单行条例。自治区的自治条例和单行条例,报全国人民代表大会常务委员会批准后生效。自治州、自治县的自治条例和单行条例,报省或者自治区的人民代表大会常务委员会批准后生效,并报全国人民代表大会常务委员会备案。"地方性法规一般称为"条例",有时也采用"规定""实施办法""补充规定"等名称。地方性教育法规是我国教育法的重要渊源之一。从立法目的和立法的依据上可以分为两种:第一种是执行性、补充性的地方性教育法规。主要是为了执行宪法、教育法律和教育法规,根据本地区实际情况而制定的实施性的补充性规定和细则。如为了贯彻《义务教育法》,一些省市制定的本地区的义务教育条例等。第二种是自治性的地方性教育法规。对有些教育类别和情形,在国家尚没有制定出教育法规的情况下,有些地方在不违背宪法的前提下制定了本地区的法规。为了规范学前教育教学问题,山东省制定了《学前教育规定》;吉林省人大常委会制定了《校园、校舍管理保护条例》;天津市人大常委会制定了《职工教育条例》。地方性教育法规与一般性的教育法规比较有其特点:一是只在本地区适用,在其他地区则不适用;二是更具有可操作性,适应本地区教育工作的特殊性。

五、教育规章

根据我国《宪法》和《地方各级人民代表大会和地方各级人民政府组织法》规定,国务院各部委和省、自治区、直辖市以及省、自治区、直辖市人民政府所在地的市和经国务院批准的较大的市的人民政府,可以根据法律、国务院的行政法规,在自身权限内发布规定。这些规定一般都称之为"行政规章",属于教育方面的就称之为教育行政规章或教育规章。这类规章数量很多,涉及教育的方方面面,对教育活动和教育关系具有重要的规范作用。

按制定发布机关的不同,教育规章可分为两类:一类是国家教育部(原国家教育委员会)制定的教育规章,称部门教育规章,经常称之为"规定""办法""规程""大纲""标准"等。部门教育规章采用教育部或教育部与其他部委联合令的形式发布,在全国有效。如《普通高等学校学生管理规定》《普通高等学校教育评估暂行规定》《教育督导暂行规定》《全国中小学校长任职条件和岗位要求(试行)》《教师和教育工作者奖励暂行规定》《中学生日常行为规范(试行)》《小学生日常行为规范》。这些部门教育规章是对教育法律、法规的重要补充。另一类是省、自治区、直辖市人民政府所在地和经国务院批准的较大的市的人民政府所制定的规范性文件,这些文件称地方性教育规章。它在适用范围上只局限于本行政区域,但在内容和性质上应与国务院各部委制定的规章相一致。

除以上法源外,教育法律的渊源还有行政法、民法、刑法等。行政法的许多规范也适用于教育领域,主要适用于教育行政管理方面。教育行政管理属于行政管理的一部分,依法进行教育行政是我国行政管理的重要方面。行政法调整的范围包括国家所有的行政,教育行政也不例外,所以教育行政管理要依据行政法进行。这样,教育立法必须要和行政法律、法规保持一致,并要依照行政法有关原则进行。实际上,对教育关系的调整和对教育活动的规范主要依靠教育行政机关执法来完成。正因为如此,有不少人认为教育法属于行政法范畴。特别是在没有专门的教育法的时候,主要依靠行政法来规范。即便现在有了专门的教育法,行政法仍然适用于教育行政事务。如对违反教育法的某些条款的人或机关给予行政处罚等。所以说,行政法是教育立法的重要渊源。民法也同样是教育法的渊源之一。教育活动和教育关系中有不少内容属于民事性质,承担民事责任就需要运用民法来调整。另外,教育领域中情节严重的要用刑法来解决,所以刑法也是教育法的渊源。

此外,教育政策、教育判例也是教育法的渊源。党的教育政策通过法律程序由国家接受后就成为国家的法律。我国教育法律在很大程度上是在中国共产党的教育政策指导下制定的,其大部分内容来源于党的教育政策,也是党的政策的体现。中国共产党在领导中国人民进行革命的过程中,不仅在战争年代运用党的政策来处理各种事务,而且在新中国成立后的很长时间里也是用党的教育政策来指导国家教育事业的发展。随着我国法制的健全,这种现象逐渐减少,党的教育政策不再被直接当作"法律"使用,需要通过立法程序把党的政策转化为国家的法律,如我国《义务教育法》是在1985年《中共中央关于教育体制改革的决定》的指导下制定的,其中许多内容来源于该决定。值得注意的是,在没有国家政策或法律的情况下,党的政策实际上起着法律的作用。如中共中央、国务院于1993年2月13日正式印发的《中国教育改革和发展纲要》在一定意义上就起到了法的作用。执政党的教育政策只有通过立法程序被立法者认可,才是法律,否则就不能被当作法律对待。在普通法系国家,施行的是判例法制度。判例可以在两种意义上理解,一是指诉讼、案件或法院做出的判决;另一是指法院可以援引,并作为审理同类案件的法律依据的判决和裁定,即判例法。在英美法系,判例与判例法一般是区别使用的,判例主要指诉讼、法院判决,判例法则指构成法律渊源的先例,在法律渊源上表现为直接渊源。而在大陆法系,由于一般不承认判例法的存在,判例仅仅在第一个意义上使用,因此它只能成为法律的间接渊源。在我国,判例尚不构成法律的直接渊源,不能作为法院审判案件的直接依据,一般只能作为审判案件的参考。在此意义上,教育判例可以是教育法律的间接渊源。

第四节 教育法律体系与效力体系

一、法律体系

(一) 法律体系的含义

"法律体系"是法学理论中的一个基本概念。按照1984年出版的中国大百科全书法学卷中的界定:法律体系是指"由一个国家的全部现行法律规范分类组合为不同的法律部门而形成的有机联系的统一整体"。[①] 一般认为,这种对于法律体系的理

---

① 中国大百科全书编委会.中国大百科全书·法学[M].北京:中国大百科全书出版社,1984:84.

解,源自苏联关于法律体系的传统理论。尽管随着中国改革开放进程的深入,随着法制建设、法治实践和法学理论的发展,人们对法律体系的概念也提出过其他许多不同的理解和表述,诸如"比较完备的法律和法制""法律的合乎逻辑的独立整体""一个国家法律渊源的分类的体系""从立法到实施的法制体系、法治体系或法制系统工程"等等。但是,这种按照法律规范-法律部门-法律体系的概念序列,把法律体系视为不同部门法或法律部门的系统的看法,基本上构成了理论上的主流。综上,法律体系,法学中有时也称"法的体系",简称为"法体系",是指由一国现行的全部法律规范按照不同的法律部门分类组合而成的一个体系化的有机联系的统一整体。

(二) 法律体系的特点

从以上法律体系的概念来看,法律体系有以下几个特点:一是法律体系是一个国家全部现行法律构成的整体。法律体系就是一个国家所有法律规范依照一定的原则和要求分类为不同法律部门而形成的有机联系的统一整体。二是法律体系是一个由法律部门分类组合而形成的呈体系化的有机整体。以我国法律体系为例,我国形成了以宪法为统领,以刑法、民商法、经济法、诉讼法等部门法为主干的中国特色社会主义法律体系。三是法律体系的理想化要求是门类齐全、结构严密、内在协调。门类齐全指的是调整不同社会关系的法律部门应该完备,能够适应社会经济发展的需要。结构严密指的是法律部门内部形成以基本法为核心、各个具体配套法律、法规完善的严密结构。内在协调是指法律位阶相互协调,没有相互矛盾和相互抵触的现象。四是法律体系是客观法则和主观属性的有机统一。法律体系的形成既依赖于经济规律和经济关系的客观基础,同时也依赖于人的意志、意识形态和文化传统等主观因素。因此,法律体系是客观法则和主观属性的有机统一。[①]

二、效力体系

(一) 法的效力

法的效力,即法律的约束力,指人们应当按照法律规定的要求实施法律行为。法的效力分为规范性法律文件的效力和非规范性法律文件的效力。规范性法律文件的效力,也叫狭义的法的效力,即指法律的生效范围或适用范围。广义上的法的

[①] 张文显.法理学[M].北京:高等教育出版社,2011(4):78-79.

效力,除了规范性法律文件的效力外还包括非规范性法律文件的效力,如判决书、裁定书以及合同等的法律效力。法的效力是法的基本属性,从某种意义上说是法的生命。法之所以存在和发挥作用,就在于它对人的行为具有约束力来调整人们的相互关系,控制和维护社会秩序。① 法对社会关系进行调整,实际上是对社会关系中的人的行为进行调整。立法的目的就是要求人们的行为遵循、合乎法的要求和规定。马克思指出,"对于法律来说,除了我的行为以外,我是根本不存在的,我根本不是法律的对象"②。"法律规范以人的行为为对象,关注和调整人的行为,体现了法律规范在最一般意义上的人道、公正的价值追求"。③

(二) 法的效力范围

法的效力范围,又叫法的适用范围或生效范围,是指法对什么人、在什么时间和在什么空间内有效。法的效力通常包括法的空间效力范围、时间效力范围和对人的效力范围。

1. 法的空间效力范围

法的空间效力范围是指法生效的地域范围,包括域内和域外效力范围两个方面:

(1) 法的域内效力

法的域内效力表现形式有以下三种类型:① 在全国范围生效,即在国家主权管辖的全部领域内有效,包括延伸意义上的领域。由全国人大、全国人大常委会和国务院制定的法律在全国范围内有效。② 在局部地区有效。一般指地方制定的规范性法律文件,在该地区内有效。地方国家机关在宪法和法律授权范围内制定的地方性法规、自治条例、单行条例和规章等,在制定机关管辖的行政区域内有效。如地方国家机关在教育法规定的范围内制定的教育法规在该地方管辖范围内有效;法的制定机关也可以根据具体情况,规定某部法只适用于其管辖的部分区域,如香港特别行政区基本法只在我国香港特别行政区有效。

(2) 法的域外效力

法的域外效力是指法在其制定国管辖领域以外的效力。一般来说,法是国家主权的产物,不具有域外效力。但是,每个国家为了更好地保护本国国家和公民的权益,对某些法律或法律条款规定了域外效力。根据我国《教育法》第70条规定,"中国对境外教育机构颁发的学位证书、学历证书及其他学业证书的承认,依照中华人民共和国缔结或者加入的国际条约办理,或者按照国家有关规定办理"。

---

① 张文显.法理学[M].北京:高等教育出版社,2011(4):60.
② 马克思恩格斯全集(第1卷)[M].北京:人民出版社,1972:16-17.
③ 刘焯.法的效力与法的实效新探[J].法商研究,1998:76-80.

2. 法的时间效力范围

法的时间效力范围指法的有效期间,包括何时生效、何时失效和有无溯及力的问题。

(1) 法的生效

法的生效有两种情况:自法颁布之日起生效;法颁布后经过一段时间开始生效。规定法生效时间的具体形式包括以下几种:一是法条文中自行规定生效时间;二是由法的制定机关另行发布专门文件规定生效时间;三是当没有明文规定法的生效时间时,按照惯例自法公布之日起生效;四是法律规定具备某种条件后生效。

(2) 法的失效

法的失效有两种形式:一是明示废止。其形式有:法中自行规定了有效期间,有效期届满,该法自动失效;规定法仅适用于特定情况,当该情况消失时,该法自动失效;新法明确规定本法开始生效时,旧法即行失效;有关立法机关发布专门文件宣布某法终止生效。二是默示废止。这种形式是指已生效的新法与原有法的规定在某些方面有冲突时,尽管新法或立法机关并未明确废止旧法,但按照"新法优于旧法"的原则,旧法中与新法冲突的部分自然废止。

(3) 法的溯及力

法的溯及力又称法的溯及既往的效力,是指新法是否适用于其生效以前发生的事件和行为。如果可以适用,该法就有溯及力;反之,则没有溯及力。法的溯及力问题,现代国家的通行原则有两个:一是"法不溯及既往",即国家不能用现在制定的法约束和惩罚人们过去的行为;二是法的效力可以有条件地适用于既往的行为,即"有利追溯"原则。我国刑法中所规定的"从旧兼从轻"的原则,即新的刑法在原则上不溯及既往,但新的刑法不认为是犯罪或处罚较轻的可以适用新的刑法,就是"有利追溯"原则的体现。我国按照"以人为本"的要求,灵活适用溯及力原则,基本上适用"从旧兼从轻"原则。

3. 法对人的效力范围

法对人的效力范围,是指一国法可以适用的主体范围,即对哪些主体有效。确定法对人的效力,不同的国家因历史传统和各种因素的作用,往往采用不同的原则,通常有以下几种情况:① 属地主义原则,即一国法对其管辖领土范围内的一切人都有约束力,无论是本国人、外国人还是无国籍人。② 属人主义原则,即根据公民的国籍和组织的国别确定法的效力范围。凡是本国公民和组织,无论其是在国内还是在国外都要受本国法的约束。③ 保护主义原则,即任何人如侵害本国或本国公民的利益,不论实施侵害行为者的国籍和侵害行为是否发生在本国境内,都受本国法的管辖。④ 结合主义原则,即在确定法的效力时,以属地主义为基础,同时结合属人主义和保护主义。这一原则即维护了本国主权和公民权益,也维护了他国主权,有利于国际交往。我国也适用这一原则。

（三）法的效力位阶

法的效力位阶也称为法的效力等级或法的效力层次,是指在一国的法的体系中,具有不同形式的法律规范在效力方面的层级差别。影响法的效力位阶的因素主要有法的制定主体、制定时间、适用范围等。确定法的效力的位阶层次,主要是为了便于司法实践中正确认识和处理法的效力冲突问题。

解决法的效力冲突,一般应遵循以下原则：

一是根本法优于普通法。在成文法国家,宪法是根本法,是其他法律的基础,具有最高的法律效力,一切法律、法规和规章都不得与其相冲突,不合乎宪法的任何法律、法规和规章,都不应具有法的效力。

二是上位法优于下位法。法的效力位阶主要取决于立法主体在国家机构中的地位。一般来说,立法主体在国家机构中的地位越高,法的效力就越高。因此,当下位法和上位法的规定不一致时,应当适用上位阶的法。这是法治国家解决法的效力冲突的通例。在中国宪法和法律规定的法律体系中,法律效力的位阶关系业已形成,那就是宪法—基本法律—部门法律—行政法规（地方性法规）—行政规章。在这个序列中,法律效力是依次递减的,后者的法律效力要低于（小于）前者。这里有一个关于部委规章与地方性法规效力孰高孰低的问题,根据我国《立法法》第 86 条第 2 项规定,"地方性法规与部门规章之间对同一事项的规定不一致,不能确定如何适用时,由国务院提出意见,国务院认为应当适用地方性法规的,应当决定在该地方适用地方性法规的规定；认为应当适用部门规章的,应当提请全国人民代表大会常务委员会裁决。部门规章之间、部门规章与地方政府规章之间对同一事项的规定不一致时,由国务院裁决。根据授权制定的法规与法律规定不一致,不能确定如何适用时,由全国人民代表大会常务委员会裁决"。

三是新法优于旧法。同一立法机关按照相同的程序先后就同一领域类的问题制定了两个以上的法律规定,当两个都具有法的效力的新旧规定不一致时,应当适用后来制定的规定,即"后法优于前法"或"新法优于旧法"。新法优先于旧法的规定适用的前提是该新旧法律规定的制定主体是相同的,即处于同一位阶。

四是特别法优于一般法。同一主体在同一领域既有一般性立法,又有不同于一般立法的特别立法时,特别立法的效力通常优于一般性立法。该原则的使用只限于同一主体制定的法律规范,对于不同主体就相同领域内的问题制定的法律规范,仍然依照制定机关的等级决定法的效力位阶的高低。

五是国际法优于国内法。一般而言,国际法既不高于也不从属国内法,同时国内法也不从属于国际法。但是主权国家签署或批准、认可的国际条约或国际惯例,对国内也有约束力,同一问题既有国际法规定又有国内法规定而两者相冲突时,国内法律规范不得与国际条约或国际惯例相抵触。当然,国际法优于国内法并不是绝对的,对于主权国家拒绝承认的国际法或声明保留的条款,就不适用这一原则。

三、我国教育法律体系的结构

教育法律体系是法律体系中的一个子系统,就其性质和内容而言,它是国家制定或认可的、以教育法律行为为调整对象的法律规范的总和。同其他法律体系一样,教育法体系并不是一国现行教育法律规范的简单汇总,而是按照一定的原则组成一个相互协调、结构严密、完整统一的整体,覆盖各级各类教育和教育主要方面,由不同内容的法律规范组成,形成不等层级、不同效力的法律规范的体系。

(一) 教育法律体系的纵向结构

教育法律体系的纵向结构,是指对相同调整内容(按所调整的社会关系的性质或要素划分)的教育法,按效力等级划分形成的纵向体系。

我国的教育法纵向体系就是某一相同调整内容的教育法按照四个层级,即教育法—教育部门法律—教育行政法规(或地方性法规、自治条例、单行条例等)—政府规章,形成的系统的规则体系。

《教育法》是我国教育法体系的第一个层次。它是以宪法为依据制定的基本法律,主要规定我国教育的基本性质、地位、任务、基本法律原则和基本教育制度等。《教育法》是全部教育法规的"母法",是协调教育部门内部以及教育部门与其他社会部门相互关系的基本准则,也是制定教育部门其他法律法规的依据。作为教育领域的基本法,《教育法》由全国人民代表大会制定。

教育部门法是我国教育法体系纵向结构的第二个层次,主要调整各个教育部门的内外部关系。根据规范内容的不同以及我国的具体国情和实际需要,大致由义务教育法、职业教育法、高等教育法、成人教育法、民办教育促进法、教师法和教育经费法等部门法组成。每一部教育部门法都是由全国人民代表大会常务委员会制定的单行法律。

教育法体系的第三个层次包含两个部分。教育行政法规主要是为实施教育法和各单行法而制定的规范性文件。此外,属于较为具体的问题,教育法或各单行法律未加以规范的问题,也可由行政法规加以调整。属于这一层次的行政法规由国务院制定和发布,它是我国教育法的主体,应根据教育事业发展的需要予以增加。按照《立法法》的规定,教育地方性法规、自治条例、单行条例也可纳入教育法体系的第三层次。其中地方性法规是省、直辖市和有地方立法权的人民代表大会及其常务委员会为执行国家有关教育的法律、行政法规,根据本行政区域的实际需要而制定的规范性文件。自治条例、单行条例则是民族自治地方政府的人民代表大会依照当地民族的政治、经济和文化的特点而制定的规范性文件。

政府规章是教育法体系的第四个层次,一般由国务院各部、委制定和发布,其效力要低于行政法规。政府规章的制定主要依据法律和行政法规,并且可以因实际工作的需要而决定其内容。此外,省、自治区、直辖市及省、自治区人民政府所在地和经国务院批准的较大的市人民政府,根据行政需要而制定的规章,也是这一层次不可缺少的一部分内容。由于各地实际情况的差异,这一层次的法律规范也因地而异。

(二) 教育法律体系的横向结构

教育法律体系的横向结构是指划分出若干处于同一层级的部门法,形成教育法调整的横向覆盖面。

我国的教育法律体系已经基本完善。目前,我国教育法律体系的建设,主要是围绕我国教育的"学制系统"和"教育基本制度"来进行的。教育法将我国教育学制系统规范为:学前教育、初等教育、中等教育、高等教育的学校教育制度(《教育法》第17条)。教育基本制度为"六个制度",即义务教育制度、职业教育和成人教育制度、国家教育考试制度、学业证书制度、学位制度、教育督导和评估制度(《教育法》第19—23条、第25条)。因此,我国的教育立法就是围绕着教育的学制系统和基本制度来展开,教育法律体系是由《教育法》《义务教育法》《学位条例》《高等教育法》《职业教育法》《教师法》《民办教育促进法》《国家通用语言文字法》等8部法律构成,十三届全国人大已将"学前教育法"列入五年立法规划。在横向结构上,主要包含以下几个部门:

义务教育法是调整实施义务教育而产生的各种社会关系的单行法。我国的义务教育包括通常意义的普通初等教育和普通初级中等教育,因此,义务教育法的调整范围主要包括实施普通小学教育、普通初级中学教育中产生的重要关系和问题。

职业教育法是以实施职业教育涉及的社会关系为调整范围的单行法。在我国,职业教育包括各级各类职业学校教育和各种形式的职业培训。

高等教育法是以高等教育部门内外部关系为调整范围的单行法。我国高等教育通常包括专科教育、本科教育和研究生教育等不同层次,这些都应纳入高等教育法的调整范围。有关学位授予工作中产生的关系及问题也应属于高等教育法调整和规范的范围。

教师法是调整教育教学活动中教师一方而产生的社会关系的单行法。随着现代社会和现代教育的发展,教师已经成为一种从业人数众多的职业,因而构成了教育法调整的一个相对独立的部门。我国教师法调整的主要问题有教师的法律地位、待遇、权利义务、任职资格、职务评定、评价考核、进修提高以及师资培养等方面的内容。

民办教育促进法是以国家机构以外的社会组织或者个人，利用非国家财政性经费，面向社会举办学校及其他教育机构的活动为调整对象的单行法。该法对民办学校设立的条件、学校的组织与活动、民办学校的教师和受教育者的法律地位、民办学校的资产与财务管理以及法律责任等作了具体规定。

上述法律以及正在酝酿和筹备中的成人教育法和学前教育法基本涵盖了教育的主要部门和方面，再辅以若干层次的下位法，我国的教育已开始逐步走上法治化的轨道。

思考题：

1. 教育法的作用是什么？教育法有哪些功能？
2. 教育法与教育政策有什么区别与联系？
3. 法的效力位阶是什么？我国教育法的法律体系结构体现为哪些方面？

第三章　教育法律关系

内容提要

本章首先介绍了法律关系的概念、分类、主体及客体四方面内容,在此基础上,重点对教育法律关系的含义、特征及其主体和客体两大要素进行了详细阐述。

学习目标

1. 掌握法律关系的概念及分类。
2. 理解教育法律关系的主体要素和客体要素。

教育法律关系是最为重要的社会关系之一,是教育法在教育教学活动中的体现。至1998年《高等教育法》颁布以来,高等教育法律关系主体和客体之间的权利义务关系得到了进一步的明晰,为我国高等教育法治化发展奠定了重要的基础。

第一节　法　律　关　系

一、法律关系的概念和分类

(一) 法律关系的概念

法律关系属于社会关系的范畴,表现为人与人之间的关系。但是,法律关系不同于一般的社会关系,它是以法律规范为基础形成的、以法律权利与法律义务为内容的社会关系。作为一类特殊的社会关系,法律关系具有以下四个方面的特征:

1. 法律关系是以法律规范为前提的社会关系

法律规范的存在是法律关系形成的前提。如果不存在相应的法律规范,就不会出现相应的法律关系。有些社会关系,如友谊关系、恋爱关系,通常不适宜由法律调整,也不存在相应的法律规范,所以,这些社会关系并不是法律关系。有些社会关系,虽然适合于法律调整,甚至亟须得到法律调整,但是由于国家并没有相关的立法或者缺乏法律依据,因此这些关系也不是法律关系。

法律规范的内容影响着法律关系能否形成以及形成的状态。因此,如果一个法律规范不合理,或者在事实上不具有可行性,那么这样的法律规范不可能真正地调整社会关系,也就不可能形成事实上的法律关系。与此相反,如果法律规范具有正当性和合理性、明晰可行,人们自然按照法律规范的内容,确定行为的模式,知晓该做什么,不该做什么。这样的法律规范不仅能够推动法律关系的形成,还能引导法律关系的发生和发展,避免一定法律纠纷的产生。另外,任何一种法律规范只能在具体的法律关系中才能得以实现。法律规范只规定人们的行为规范和相应的法律后果,它所针对的对象为一类人,因此具有普遍适用性。只有当人们按照法律规范的行为模式,或者说符合一定的法律事实时,才形成了相应的法律关系。

2. 法律关系是以权利和义务为内容的社会关系

法律关系与习惯、道德、宗教等其他社会关系的重要区别,在于它是法律化的权利义务关系,是一种明确的、固定的权利义务关系。习惯是人们在长期共同劳动和生活过程中逐步形成、世代沿袭并成为内在需要的行为定式。依据习惯行事,无所谓权利与义务,因此习惯调整的不是权利与义务关系。道德是按照一定的价值观念,通过规定人们社会生活的义务,并依靠社会舆论、个人信念、社会良知而形成的调整人际关系的行为准则。由于道德是一种义务规范,因此道德调整的主要是一种以义务关系为纽带的社会关系。宗教是规定人们对"神"信仰而产生的、以服从组织内信条、仪礼、戒律等为表现的社会关系调整形式。宗教关系更多地体现为一种义务关系。在各种社会关系中只有法律关系是明确以权利和义务为核心的社会关系,这种权利和义务可以由法律明确规定,也可以由法律授权当事人在法律的范围内自行约定。

3. 法律关系是以国家强制力作为保障手段的社会关系

通过社会舆论和道德约束来实现的社会关系具有不稳定性和非强制性。而在法律关系中,一个人可以做什么、不得做什么和必须做什么都是国家意志的体现,反映国家对维持社会秩序的一种态度。当法律关系受到破坏时,就意味着国家意志所授予的权利受到侵犯,意味着国家意志所设定的义务被拒绝履行。这时,权利受侵害一方就有权请求国家机关运用国家强制力,责令侵害方履行义务或承担未履行义务所应承担的法律责任,也即对违法者予以相应的制裁。因此,一种社会关系如果被纳入法律调整的范围之内,就意味着国家对它实行了强制性的保护。这种国家的强制力主要体现在对法律责任的规定上。

4. 法律关系是法律主体之间的社会关系

法律关系并非一般意义上的人与人之间的关系,而是法律意义上的主体以权利、义务为纽带而形成的主体之间的关系。因此成为法律主体是形成法律关系的前提条件。如古罗马社会的奴隶，虽然也是有血有肉的自然人，但是按照当时罗马法的规定，其仅仅被视为一种"物"，因此无法与他人形成法律关系。同样，由众多自然人为实现特定目的而有意识组合而成的法人，由于具有法律上主体地位，可以与他人形成法律关系。

（二）法律关系的分类

由于法律所调整的社会关系领域较为广泛，法律关系的表现形式也体现为多元化。根据分类标准和认识的角度不同，可以对法律关系作不同的分类。

1. 宪法法律关系与部门法律关系

按照法律关系赖以建立的法律规范所属的不同部门可以把它们划分为不同部门的法律关系，如宪法法律关系、行政法律关系、民商事法律关系、刑法法律关系、诉讼法律关系等。正如不同法律部门的法律规范在性质和内容上表现出明显的区别一样，不同类型的法律关系也存在性质和内容上的显著差异。这种划分与法律部门、法学部门相对应，与法律规范的调整对象和方法相联系，便于识别和把握各种法律关系的个性与共性。

2. 调整性法律关系和创设性法律关系

按照法律关系发生的方式，可以分为调整性法律关系和创设性法律关系。调整性法律关系是指在法律规范调整之前已经存在的某种社会关系，法律规范的调整只是给它赋予法律上的意义，使之成为法律关系，如亲子关系、买卖关系。创设性法律关系是指在法律规范产生之前某种社会关系并不存在，法律规范作用于社会生活后才出现该种社会关系，并使之成为法律关系，例如代孕法律关系等。这一分类表明，法不仅能够调整和维护既存的社会关系，而且能够预测和创造一些新型的社会关系。

3. 纵向的法律关系和横向的法律关系

按照法律主体在法律关系中地位的不同，可以分为纵向（隶属）的法律关系和横向（平权）的法律关系。纵向（隶属）的法律关系是指在不平等的法律主体之间所建立的权力服从关系。其特点为：① 法律主体处于不平等的地位。如亲权关系中的家长与子女，行政管理关系中的上级机关与下级机关，在法律地位上有管理与被管理、命令与服从、监督与被监督诸方面的差别。② 法律主体之间的权利与义务具有强制性，既不能随意转让，也不能任意放弃。与此不同，横向法律关系是指平权法律主体之间的权利义务关系。其特点在于，法律主体的地位是平等的，权利和义务的内容具有一定程度的任意性，如民事财产关系，民事诉讼关系等。

4. 单向法律关系、双向法律关系和多向法律关系

按照法律主体的多少及其权利义务是否一致，可以将法律关系分为单向法律关系、双向法律关系和多向法律关系。所谓单向（单务）法律关系，是指权利人仅享有权利，义务人仅履行义务，两者之间不存在相反的联系（如不附条件的赠与关系）。单向法律关系是法律关系体系中最基本的构成要素。其实，一切法律关系均可分解为单向的权利义务关系。双向（双边）法律关系，是指在特定的双方法律主体之间存在着的权利义务关系，其中一方主体的权利对应另一方的义务，反之亦然。例如债权债务法律关系。所谓多向（多边）法律关系，是三个或三个以上的法律主体之间存在的法律义务关系，例如公司股东之间的权利义务关系。这种分类的意义在于能够更好地认识和处理法律关系中权利或义务的重叠和冲突，便于合理分配权利和义务。

5. 第一性法律关系和第二性法律关系

根据法律关系之间的因果关系，可以分为第一性法律关系和第二性法律关系。第一性法律关系是指在法律规范发挥其指引作用的过程中，在人们合法行为的基础上形成的法律关系，例如公民依据民事法律规范设立、变更、消灭民事权利和义务而形成的法律关系。第二性法律关系是在第一性法律关系受到干扰和破坏的时候对第一性法律关系起到补救、保护作用的法律关系，如侵权责任法律关系、刑事法律关系等。第一性法律关系和第二性法律关系具有时间发生上的继起性。

二、法律关系的主体

（一）法律关系的主体种类

法律关系主体是法律关系的参加者，是指法律关系中依法享有权利和承担义务的当事人，即在法律关系中，一定权利的享有者和一定义务的承担者。前者称为权利人，后者称为义务人。法律主体是法律关系中的主导性因素。没有法律主体，法律关系无从谈起。

根据各种法律的规定，能够参与法律关系的主体包括以下几类：

1. 自然人

自然人是指有生命的、个体意义上的人。自然人是所有法律关系主体中最基本的主体。在一国范围内，自然人通常包括本国公民、外国公民和无国籍人。按照我国宪法规定，凡是取得中华人民共和国国籍的人，都是中华人民共和国公民。中国公民享有宪法和法律规定的权利，承担宪法和法律规定的义务，是政治、经济、文化、家庭等诸多领域法律关系的主体。《中华人民共和国民法总则》第2条规定："民法调整平等主体的自然人、法人和非法人组织之间的人身关系和财产关系。"这是自然人在民事领域法律主体的确认，是自然人从事民事活动，依法享有民事权利，承担民事义务的前提。

2. 机构和组织（法人）

法人是指由众多自然人为实现特定目的而组合起来的群体。主要包括三类：一是各种国家机关，如立法机关、行政机关和司法机关等，它们依照法定职权和程序行使国家权力，是行政法律关系、诉讼法律关系的主体；二是各种企事业组织和在中国领域内设立的中外合资经营企业、中外合作经营企业和外资企业；三是政党和社会团体，社会团体是公民自愿成立，为实现成员共同意志，按照既定章程开展活动的非营利性社会组织。这些机构和组织主体，在法学上可以笼统地称为"法人"。其中既包括公法人，即参与宪法关系、行政法律关系、刑事法律关系的各机关、组织；也包括私法人，即参与民事或商事法律关系的机关、组织。我国的国家机关和组织，可以是公法人，也可以是私法人，依其所参与的法律关系的性质而定。

3. 国家

在特殊情况下，国家可以作为一个整体成为法律关系主体。例如，国家作为主权者是国际公法关系的主体，可以成为外贸关系中的债权人或债务人。在国内法上，国家作为法律关系主体的地位比较特殊，既不同于一般公民，也不同于法人。国家可以直接以自己的名义参与国内的法律关系，如刑事法律关系、国家赔偿法律关系、国家所有权法律关系等，但在多数情况下则由国家机关或授权的组织作为代表参加法律关系。

（二）法律关系主体的资格

公民和法人要能够成为法律关系的主体，享有权利和承担义务，就必须具有权利能力和行为能力，即具有法律关系主体构成的资格。这是成为法律关系主体的必备条件。

1. 权利能力

权利能力又称权利义务能力，是指能够参与一定的法律关系，依法享有一定权利和承担一定义务的法律资格。它是法律关系主体实际取得权利、承担义务的前提条件。

公民的权利能力具有两个特性：一是民事权利能力不得处分、不可剥夺。二是一律平等。权利能力按照享有的主体范围不同，可以分为一般权利能力和特殊的权利能力。前者又称基本的权利能力，是一国所有公民均具有的权利能力，它是任何人取得公民法律资格的基本条件，不能被任意剥夺或者解除。后者是公民在特定条件下具有的法律资格。这种资格并不是每个公民都可以享有的，而只授予某些特定的法律主体。如国家机关及其工作人员行使职权的资格，就是特殊的权利能力。权利能力按照法律部门的不同，可以分为民事权利能力、政治权利能力、行政权利能力、劳动权利能力、诉讼权利能力等。这其中既有一般权利能力（如民事权利能力），也有特殊权利能力(政治权利能力、劳动权利能力)。

法人的权利能力没有上述的类别,所以与公民的权利能力不同。一般而言,法人的权利能力自法人成立时产生,至法人解体时消灭。其范围是由法人成立的宗旨和业务范围决定的。

2. 行为能力

行为能力是指法律关系主体能够通过自己的行为实际取得权利和履行义务的能力。公民的行为能力是公民的意识能力在法律上的反映。确定公民有无行为能力,其标准有二:一是能否认识自己行为的性质、意义和后果;二是能否控制自己的行为并对自己的行为负责。因此,公民是否达到一定年龄、神智是否正常,就成为公民享有行为能力的标志。例如,婴幼儿、精神病患者,因为他们不可能预见自己行为的后果,所以在法律上不能赋予其行为能力。在这里,公民的行为能力不同于其权利能力。具有行为能力必须首先具有权利能力,但具有权利能力,并不必然具有行为能力。这表明,在每个公民的法律关系主体资格构成中,这两种能力可能是统一的,也可能是分离的。

公民的行为能力也可以进行不同的分类。其中较为重要的一种分类,是根据其内容不同分为权利行为能力、义务行为能力和责任行为能力。权利行为能力是指通过自己的行为实际行使权利的能力。义务行为能力是指能够实际履行法定义务的能力。责任行为能力(简称责任能力)是指行为人对自己的违法行为后果承担法律责任的能力。它是行为能力的一种特殊形式。

公民的行为能力是由法律予以规定的。世界各国的法律,一般都把本国公民划分为完全行为能力人、限制行为能力人和无行为能力人。

(1) 完全行为能力人

这是指达到一定法定年龄、智力健全、能够对自己的行为负完全责任的自然人(公民)。例如,《民法总则》第17条、18条规定:十八周岁以上的自然人为成年人,成年人为完全民事行为能力人,可以独立实施民事法律行为。十六周岁以上的未成年人,以自己的劳动收入为主要生活来源的,视为完全民事行为能力人。

(2) 限制行为能力人

这是指行为能力受到一定限制,只具有部分行为能力的公民。《民法总则》第19条、第21条规定:"八周岁以上的未成年人为限制民事行为能力人,实施民事法律行为由其法定代理人代理或者经其法定代理人同意、追认,但是可以独立实施纯获利益的民事法律行为或者与其年龄、智力相适应的民事法律行为";"不能完全辨认自己行为的成年人为限制民事行为能力人,实施民事法律行为由其法定代理人代理或者经其法定代理人同意、追认,但是可以独立实施纯获利益的民事法律行为或者与其智力、精神健康状况相适应的民事法律行为"。

(3) 无行为能力人

这是指完全不能以自己的行为行使权利、履行义务的公民。《民法总则》第20条、第21条规定,不满八周岁的未成年人、八周岁以上不能辨认自己行为的未成年人以及不能辨认自己行为的成年人为无民事行为能力人。

法人组织也具有行为能力,但与公民的行为能力不同。表现在:第一,公民的行为能力有完全与不完全之分,而法人的行为能力总是有限的,由其成立宗旨和业务范围所决定。第二,公民的行为能力和权利能力并不是同时存在的。也就是说,公民具有权利能力却不一定同时具有行为能力,公民丧失行为能力也并不意味着丧失权利能力。与此不同,法人的行为能力和权利能力却是同时产生和同时消灭的。法人一经依法成立,就同时具有权利能力和行为能力,法人一经依法撤销,其权利能力和行为能力也就同时消灭。

三、法律关系的客体

(一) 法律关系客体的概念和特征

从哲学上讲,客体是与主体相对的范畴,是主体的意志与行为所指向、影响、作用的客观对象。就此而言,法律关系客体是指法律关系主体之间的权利和义务所指向的对象。它是构成法律关系的要素,是法律关系产生和存在的前提。

法律关系客体具有以下特征:第一是客观性。法律关系客体应该是客观存在的事物,即独立于人的意识之外并能为人的意识所感知的事物。这里的客观事物,不仅包括以一定物理形态存在的有形物,也包括不以物质形态存在但为社会成员普遍承认的无形物。第二是有用性。任何外在的客体,一旦它承载某种利益价值,即能满足人的物质需要或精神需要的事物,就可能成为法律关系客体。法律关系建立的目的,总是为了保护某种利益、获取某种利益,或分配、转移某种利益。第三是可控性。法律关系的客体应当是可以控制或领用之物。只有人类能够控制的东西才能由法律规范所调整,才可以成为法律关系主体的权利和义务指向的对象。当然,是否能够为人类所控制,受科学技术水平的影响。第四是法律性。哪些事物能够成为法律关系的客体,通常由法律加以明确规定。根据国家法律规定人类公共之物或国家专有之物,如海洋、山川、水流、空气以及文物等属于非流通物,不能成为法律关系的客体。

(二) 法律关系客体种类

法律关系客体是一个历史的概念,随着社会历史的不断发展,其范围和形式、类型也在不断地变化。在法律实践中,由于权利和义务类型的不断丰富,法律关系客体的范围和种类有不断扩大和增多的趋势。归纳起来,有以下几类:

1. 物

法律意义上的物是指法律关系主体支配的、在生产上和生活上所需要的客观实体。它可以是天然物,如土地、河流、树木等,也可以是生产物,如电脑、汽车等;可以是活动物,如牲畜,也可以是不活动物,如不动产;可以是实物,如花、草,也可以是有价证券,如支票、股票、债券等。如按照物是否允许流通以及流通的范围为标准,法律关系的客体可以分为流通物、限制流通物和非流通物。根据我国法律规定,矿藏、水流、国有森林等属于非流通物。麻醉药品、民间收藏的文物属于限制流通物。

2. 人身和人格

（1）人身

人身是由各个生理器官组成的生理整体（有机体）。它是人的物质形态,也是人的精神利益的体现。在现代社会,随着现代科技和医学的发展,使得输血、植皮、器官移植、精子提取等现象大量出现,同时也产生了交易买卖活动及其契约,带来了一系列法律问题。这样,人身不仅是人作为法律关系主体的承载者,而且在一定范围内成为法律关系的客体。

但须注意的是:第一,活人的（整个）身体,不得视为法律上之"物",不能作为物权、债权和继承权的客体,禁止任何人（包括本人）将整个身体作为"物"参与有偿的经济法律活动,不得转让或买卖。贩卖或拐卖人口,买卖婚姻,是法律所禁止的违法或犯罪行为,应受法律的制裁。第二,权利人对自己的人身不得进行违法或有伤风化的活动,不得滥用人身,或自践人身和人格,例如卖淫。第三,对人身行使权利时必须依法进行,不得超出法律授权的界限,严禁对他人人身非法强行行使权利。例如,有监护权的父母不得虐待未成年子女的人身。

人身（体）部分（如血液、器官、皮肤等）的法律性质,是一个较复杂的问题。它属于人身,还是属于法律上的"物",不能一概而论。应从三方面分析:当人身之部分尚未脱离人的整体时,即属人身本身;当人身之部分自然地从身体中分离,已成为与身体相脱离的外界之物时,亦可以视为法律上之"物";当该部分已植入他人身体时,即为他人人身之组成部分。

（2）人格

人格是人的精神利益,是人之为人的不可或缺的要求。由于人权意识的高涨,现代法律更为重视对人格的保护。法律中关于一般人格权的规定就是以人格为法律关系的客体。

3. 精神产品

精神产品也称精神财富与非物质财富。精神产品是人通过某种物体（如书本、砖石、纸张、胶片、磁盘)或大脑记载下来并加以流传的思维成果。精神产品不同于有体物,其价值和利益在于物中所承载的信息、知识、技术、标识(符号)和其他精神文化。同时它又不同于人的主观精神活动本身,是精神活动的物化、固定化。精神产品属于非物质财富。西方学者称之为"无体(形)物"。我国法学界常称为"智力成果"或"无体财产"。

4. 行为

行为是一类重要的法律关系客体,如家庭关系中父母对子女的抚养,子女对父母的赡养,演出合同法律关系中演员的表演。在这些法律关系中,法律主体的权利和义务都是围绕特定的行为建立起来的。在通常情况下,按照法律规定的要求,行为可以体现为作为和不作为。

5. 信息

作为法律关系的客体的信息是指有价值的情报和资讯,如商业秘密、行业信息、个人隐私、国家机密等。随着信息时代的到来,信息在法律关系客体中的地位越来越重要,立法也更多关注信息的保护。

第二节 教育法律关系含义与特征

一、教育法律关系的含义

(一) 教育法律关系

教育法律关系是教育法学研究的基本范畴,也是教育法学的核心内容之一。教育法律关系是法律关系的一种,是指由教育法律规范所确认和调整的,以主体在教育领域的权利和义务为内容的社会关系。基于教育活动自身的特征,教育主体之间可以形成各种关系,如政府与学校、学校与教师、学校与学生、教师与学生、学校与社会等主体之间的法律关系。上述法律关系主体之间形成的法律关系不一定都属于教育法律关系,只有通过国家的教育立法,被确定为由教育法调整的教育关系,才能成为教育法律关系。因此,要使一定的教育社会关系成为一定的教育法律关系,就必须经过一定的教育法律规范的调整,使其在主体之间形成一定的权利义务关系。

(二) 教育法律关系的性质

关于教育法律关系的性质,是理解教育法的一个难点问题。对此,学界存有两种不同的观点:

一种观点认为教育法律关系属于行政法律关系。这种观点以大陆法系国家关于公法和私法划分的理论为依据,认为教育法是为社会公益服务的事业,教育法体现了社会公共利益,所以教育法属于公法,是公法中行政法的一个重要分支。因而教育法律关系被认为是行政法律关系的一种。

另一种观点是把教育法律关系视为一种综合性法律关系。这一观点的依据,是自20世纪50年代以来各国对科技、教育的重视达到前所未有的程度,整个教育领域的社会关系日趋复杂,教育法律关系的范围不断扩展,新的教育法律关系不断产生。基于这种变化,一些学者提出了教育法律关系综合说。[①]

理解教育法律关系的性质,应当把它与教育法的调整对象联系起来。如前所述,教育法主要是以教育行政关系为调整对象的法,因此,教育法律关系就其基本属性而言,应属于行政法律关系的范畴。但随着我国教育体制改革的深入,特别是教育法治化的蓬勃发展,教育领域的社会关系趋于复杂化,使得一部分教育法律关系具有民事法律关系的属性。

二、教育法律关系的特征

教育法律关系是以教育法律规范的存在为前提的,与一般法律关系相比,除具有以权利、义务为内容,并由国家强制力保证实施等特征之外,还具有自身属性。从根本意义上说,教育法律关系的特征受到教育的特殊性和教育规律独特性影响。

(一)教育法律关系主体之间的关系具有复杂性

教育法律关系按照主体地位的不同可以分为平等法律关系和不平等法律关系,这与民事法律关系和行政法律关系的单一性有着明显的区别。如在教学管理过程中,学校和老师、老师与学生之间存在着领导与被领导、管理与被管理的关系,双方法律主体地位是不平等的。同时无论是公办学校还是民办学校,都要在政府部门的领导、管理和监督下,依据国家教育方针和法律法规来举办。这里同样存在法律主体地位的不平等性。但是在一些教育教学过程中,学生和老师之间主体地位是平等的。另外,在学校与家庭之间的法律关系中,家庭在维护学生受教育权方面发挥重要作用,它可以参与和监督学校的教育教学工作。特别是对未成年学生来说,家庭在保证其受教育权方面的作用更为明显,其不仅应为未成年子女接受教育提供必要的条件,还应配合学校对未成年子女进行教育等。作为学校,不仅有权实施教育教学活动,也有权对学生家长提供家庭教育指导。

---

① 张琦.高等教育法规概论[M].北京:首都师范大学出版社,2007:29-30.

（二）教育法律关系是一种思想社会关系

思想关系是指人们通过自己的意识而形成的人与人之间的关系。教育法律关系是人们有意识、有目的建立的，所以它是一种思想社会关系。一方面，任何一种教育法律关系都是依据教育法律规范建立的，而教育法律规范是国家意志的体现；另一方面，教育法律关系参加者的意志对于教育法律关系的建立和实现有着重要影响。有的教育法律关系的建立要根据法律关系参加者各方的意志，如教师聘任合同就需要学校和教师的双方意思表示；有的教育法律关系的建立只需法律关系参加者一方的意思表示即可成立，如教育行政部门按照法律的规定发布命令，不管学校是否同意，该教育法律关系即可成立；还有的教育法律关系的建立可能没有参加者的意思表示，而是由于某种不以人的意志为转移的事件造成的，如小学生意外伤害保险赔偿，但它的实现，仍然需要通过参加者的意志。因此，教育法律关系不论其形成时是否通过参加者的意志，但在实现当事人的权利与义务时，则必须有该法律关系参加者作出相应的意思表示。所以，教育法律关系是一种思想意志关系。

（三）教育法律关系的教育权利和义务有时具有同一性

任何法律关系都是以法律上的权利和义务为内容的，教育法律关系也不例外。教育法律规范明确规定了教育法律关系主体的权利和义务。一般法律规范的权利和义务分别指向不同的法律主体，如在债权债务法律关系中，债权人和债务人分别是不同的两个法律主体，但是在教育法律关系中教育权利和义务有时具有同一性。如我国《义务教育法》第2条和第4条规定，义务教育是国家统一实施的所有适龄儿童、少年必须接受的教育，是国家必须予以保障的公益性事业。凡具有中华人民共和国国籍的适龄儿童、少年，不分性别、民族、种族、家庭财产状况、宗教信仰等，依法享有平等接受义务教育的权利，并履行接受义务教育的义务。因此接受义务教育既是青少年儿童的权利，也是他们的义务。

（四）教育法律关系具有意定和法定两种形成方式

法律关系的形成可以通过法定或意定的方式。教育法律关系的形成，一些是通过法定方式形成的。根据《教育法》的第14条规定，国务院和地方各级人民政府根据分级管理、分工负责的原则，领导和管理教育工作。高等教育由国务院和省、自治区、直辖市人民政府管理。第28条规定，学校及其他教育机构的设立、变更和终止，应当按照国家有关规定办理审核、批准、注册或者备案手续。教育行政部门对学校的管理是法定的关系。但是也存在通过意定的方式而形成的教育法律关系。例如，因招聘教师，当事人双方签订教师聘用合同的行为而形成的合同关系，即为教育法律关系的意定形成。

第三节 教育法律关系的要素

一、教育法律关系的主体

（一）教育法律关系主体的含义

教育法律关系主体是指教育法律关系的参加者，即在教育法律关系中享受权利和承担义务的人或组织。教育法律关系主体是教育法律关系的构成要素之一。在我国，可以成为教育法律关系主体的人和组织有教育行政机关、其他国家机关、学校及其他教育机构、教育者、学生及其他受教育者、企事业单位、其他社会组织和公民等。此外，在我国境内居住的外国人、无国籍人等，在一定条件下，也可以成为我国教育法律关系的主体。

（二）教育法律关系主体的权利能力和行为能力

作为教育法律关系的主体，必须具有教育法上的权利能力和行为能力。所谓教育法上的权利能力，是指教育法律关系主体依法能够享受教育法上的权利和履行教育法上的义务的资格。公民在教育法上的权利能力不完全同于其在民法上的权利能力。公民在民法上的权利能力始于公民的出生，终止于公民的死亡，而公民在教育法上的权利能力则要求公民必须达到一定的年龄。例如，根据《义务教育法》的规定，只有年满六周岁的适龄儿童、少年才能入学就读。又如，根据我国教师法规定，国家实行教师资格制度。取得高等学校教师资格，应当具备研究生或者大学本科毕业学历。综上，依据我国《教育法》规定，教育权利能力的取得主要有四种方式：一是依法律规定取得；二是依法定程序经国家有关部门批准取得；三是申请并经核准登记取得；四是经培养、考核或考试取得。具有教育权利能力的人或组织要独立地享有教育权利，实现教育权利、承担教育义务，除了要具有权利能力之外，还必须具有行为能力。

所谓教育法上的行为能力，是指教育法律关系主体能够通过自己的行为享受教育法上的权利和承担教育法上的义务的能力。在法律上，行为能力必须以权利能力为前提，无权利能力就谈不上行为能力。但是，对公民(或称自然人)来讲，有权利能力不一定有行为能力。行为能力不仅意味着主体能够以自己的名义独立地参加到法律关系中去，而且还意味着主体能够理解自己的行为并通过自己有意识的行为实现自己的权利和义务。所以，在各国法律中，对自然人的行为能力都有年龄、智力水平和精神健康状况方面的限制。据此,我国《民法总则》将公民的民事行为能力分为完全民事行为能力、限制民事行为能力、无民事行为能力三种。

二、教育法律关系的客体

教育法律关系客体是指教育法律关系主体的权利义务所指向的对象,即教育法律关系客观化的表现形式。教育法律关系的客体是连接教育法律关系主体的权利与义务的桥梁,主要包括物、行为和与人相联系的精神财富(精神产品和其他智力成果)等。

(一) 物

作为教育法律关系的物,可以分为动产和不动产两部分。不动产主要包括学校占有的土地及各种场地、教室、实验室和其他建筑设施、场馆等,这些是学校进行正常教育教学活动的前提条件。动产主要包括学校的各种资金、教学仪器、设备等。根据我国教育法的规定,设立学校及其他教育机构,必须具备下列基本条件:① 有组织机构和章程;② 有合格的教师;③ 有符合规定标准的教学场所及设施、设备等;④ 有必备的办学资金和稳定的经费来源。因此对于学校的设立而言,法律明确了相应的物质保障要求。同时《高等教育法》第 38 条规定:"高等学校对举办者提供的财产、国家财政性资助、受捐赠财产依法自主管理和使用。高等学校不得将用于教学和科学研究活动的财产挪作他用。"以上,均将教育教学中的动产和不动产列入法律调整的客体。

(二) 行为

行为是教育法律关系客体中最为重要的内容。它主要包括行政机关的行政行为,学校及其他教育机构的管理行为和教育者与受教育者的教育教学行为等,具体包括教育拨款、贷款、学校招生、教师的教育教学、学生学习、教育社会实践等行为。

1. 行政机关的行政行为

行政机关的行政行为是指国家行政机关为行使国家对教育事业的行政管理权而依法实施的,直接或间接产生行政法律后果的行为。包括行政立法行为和行政执法行为。前者从狭义上讲,专指行政机关制定有关教育行政管理的行政法规、行政规章及其他规范性文件的活动。广义指国家机关依照法定权限和程序制定有关国家教育行政管理工作的规范性文件的活动。后者是国家行政机关及其授权学校和其他教育机构依法针对具体的人或事所施行的单方面的能直接产生教育法律效果的行为。如通知行为、批准与拒绝行为、许可行为、免除行为、委托给学校或其他教育机构具体颁发学历证书的授权行为等。

2. 学校和其他教育机构的管理行为

包括制定学校或机构内部管理规范的行为;具体组织教学、科研活动的行为;决定给予违纪教育者或受教育者一定的教育纪律处分,接受被处分者申诉的行为;决定给予工作出色、成绩优秀的教育者或受教育者一定奖励的行为;对修业期满,符合国家学历水平要求的受教育者颁发毕业证书或学位证书的行为;对符合本教育机构自行规定的学业水平要求的受教育者颁发教育机构的结业证书行为;其他内部管理行为。

3. 教育者与受教育者之间的教育、教学行为

教育教学行为虽然具有管理的显著特征,但是在教育法治化的视域下,同时也兼具师生互敬互爱的特点。还有学生家长、各种社会组织参与、支持教育活动的各种行为。

(三) 智力成果

精神产品和其他智力成果是智力的创造性活动的结晶,属非物质财富,主要包括各种教材、著作在内的精神产品和智力成果,各种具有独创性并行之有效的教案、教法、教具等的发明。

1. 著作和专利

高校教师的工作主要包含两个方面的内容:科学研究和教育教学。从事科学研究是现代大学教育制度对从业教师的基本要求,高校教师通过科研活动获得的智力成果主要体现为专著、论文和专利等。

2. 教材和教案

教材是根据课程标准编制的、系统反映某一学科内容的教学用书。教案是教师为顺利而有效地开展教学活动,根据课程标准,教学大纲和教材要求及学生的实际情况,对教学内容、教学步骤、教学方法等进行的具体设计和安排的一种实用性教学文书。教材和教案是高校教师教学工作经验的积累和总结,属于教育法律关系调整的客体。

思考题:

1. 什么是法律关系?教育法律关系有哪些特征?
2. 什么是教育法律关系客体?教育法律关系客体包含哪些类型?
3. 根据教育法的规定,教育法律关系主体权利能力的获得方式有几种类型?

第四章　教育法中的基本权利

> **内容提要**
>
> 本章侧重介绍教育法中所包含的基本权利，从教育权及受教育权的内容入手，阐释受教育权的法律保护问题。从学习权的含义和构成要素着手，深入解读学习权法律保护制度，并对教育平等权的内涵和法律保护进行了介绍。

> **学习目标**
>
> 1. 掌握教育法的基本范畴包含哪些层面。
> 2. 掌握教育平等权、受教育权、学习权的法律保护及其意义。

法学界一般认为权利和义务是法学、法哲学的基本范畴，甚至上升为法哲学的中心范畴。在权利和义务的关系上，权利是目的，义务是手段。法律设定义务的目的在于保障权利的实现；权利是第一性的因素，义务是第二性的因素，权利是义务存在的依据和意义。在主体行使权利的过程中，只受法律规定的限制，而确定这种限制的目的仅在于保证对其他主体的权利给予应有的同样的承认、尊重和保护，以创造一个尽可能使所有主体的权利都得以实现的自由、公平而且安全的法律秩序。因此权利与义务是具有对立统一关系的一对范畴，从应然的角度上说，"没有无义务的权利，也没有无权利的义务"。因此，法律规范是权利和义务在法律上的具体表现，我们只有通过法律上权利和义务的认识，才能进一步了解法律规范。相对于义务而言，法以权利为本位，所以可以通过教育权、受教育权、学习权教育平等权等教育法基本权利范畴的梳理来进一步认识和理解教育法。

第一节　教　育　权

一、教育权的内涵

教育权的内涵依据不同的标准，学界有不同的认识。按照教育权的主体划分，狭义的教育权是指对受教育者享有施加教育的权利,这个权利主体是教育者,包括国家、学校、教师和家长等;广义的教育权不限定在教育者的教育权方面,还包括受教育者的权利或教育请求权,即把教育关系的主体都视为教育权的主体。同时,主张在阐述教育权问题时必须以享有"学习权"的主体为中心,体现学习者的主体地位。① 也有一些学者以本国宪法和法律对教育的有关规定作为依据,从法律解释的角度对教育权进行界定,认为教育权就是对公民(受教育者)实施教育而由法律规定的各教育者(机构和人员)所拥有的权利,而另有人则不限于法律规定完全从学理角度解说教育权问题。② 上述观点均有其侧重点,从法律的角度看,教育权是教育法律关系主体之一的权利人为满足自己的教育需要而根据自己的意志做出的作为或不作为,或者要求他人作为或不作为的能力或资格。

二、教育权的分类

教育权中的权利人(包括组织),依据法律关系主体的性质不同,可以归结为三类:一是代表国家利益的政府机构的教育权利(力)人;二是代表特定群体利益的教育权利人;三是代表家庭(或家族)利益的监护人。相应地,也可以将教育权划分为三类:由政府代表国家行使的教育权利(简称国家教育权);由社会特定利益群体或个人行使的,代表社会特定群体利益的教育权利(简称社会教育权);由家庭成员(尤其是监护人)行使的代表家庭利益或家族利益的教育权利(简称家庭教育权)。

(一) 国家教育权

国家教育权是一定社会中统治阶级通过国家机构对教育的控制权,由政府代表行使。它既是国家的一种控制权力,又是国家举办和发展教育事业这种社会事业和对教育这种社会活动进行管理的权利。由于它具有行政权的性质,可以借助国家强制力来保证权利的实现,因此,这种权利表现为一种权力。国家教育权具有如下的特征:① 权利主体是国家机构,主要包括政府机构和政府授权机构;② 遵循"法律授权即拥有"的基本原则,行使权利必须依据实体法的授权,按照法定程序的要求行使;③ 国家教育权行使具有行政法所具有的一般特征;④ 国家教育权的义务主体不仅包括受教育者,还包括依据承担教育法定义务的教育机构和教育管理机构。

(二) 社会教育权

社会教育权是教育法规定的各种社会组织在教育活动中的权利。教育作为一

---

① 苗正达,孙芳.教育法学论纲[M].北京:首都师范大学出版社,2017:51.
② 徐广宇.试析教育权的内涵与结构[J].教育科学,1999(2):5-8.

种广泛而永恒存在的社会现象,其产生和发展从来都与社会具有紧密联系。在现代社会,各种社会组织以多种方式广泛参与教育,在此过程中,享有法律法规规定的权利。我国《教育法》第6章规定了教育与社会的权利义务关系。其具体内容是:① 社会有兴办教育事业的权利;② 社会有参与学校管理的权利;③ 社会有校外教育的权利;④ 社会有管理和发展教育事业的权利。同时,也规定了社会在教育活动中的主要义务。

(三) 家庭教育权

家庭教育权是父母权利的重要组成部分,它经历了一个从无权利状态到私法权利再到基本权利的过程。家庭教育权主要是指父母对子女的教育权利。主要包括教育内容自主权、在家教育权、学校选择权、参与学校事务权等四项权利内容。[①] 家庭教育权是受宪法保护的基本权利,也是宪法规定必须履行的基本义务。这体现为,父母对子女要进行符合国家要求的公民教育是家庭的法定权利与义务,同时,家庭对子女接受学校教育享有法定的权利并应履行相应的法律义务。

从以上三类不同的教育权利人和义务人所构成的法律关系来看,施教的主体为政府(国家的代表)的教育权属于公权力,适用公法。施教的主体为社会(包括社会团体和个人)的教育权属于私权利,适用私法。施教的主体为家庭成员的家庭教育权也主要属于私权利的范畴,但是,从目前的立法现状来看,法律没有直接介入家庭教育权的行使与保护,家庭教育权是一种理论上的权利,亟待成为真正法律意义上的权利。

三、国家教育权的制衡机制

在国家教育权、社会教育权和家庭教育权中,国家教育权属于公权,在人权保护的背景下,公权力的运行需要受到制约;另外,我们探讨的教育权主要是国家教育权,因此在此重点论述。

人只有在受到一种真正的教育之后才能成为社会需要的一份子。所有人都有受教育的权利。国家推行义务教育的目的也在于从人全面发展的角度,强调国家对教育的管理。但是随着社会的发展,人对于教育的需求转向个性化和多样化,因此淡化国家教育供给的功利性目的,尊重并保障基本人权,亟须重新认识国家主义的国家教育权。换而言之,通过权力、权利和文化制衡国家教育权,促进人权保障和人的全面发展。

[①] 叶强.论作为基本权利的家庭教育权[J].财经法学,2018(2).

(一) 权力对国家教育权的制衡[①]

在一定的教育体制下,通过对国家教育权的纵向与横向分权可以实现对其行使的有效约束和功能的科学搭配,这种权力结构的配置应当以保障公民受教育的基本权利为前提,增强国家教育立法权、行政权、司法权三种权力之间的相互制约与平衡,防止国家教育立法权行使主体的范围混乱以及国家教育行政权对国家教育司法权的不当干预。因此,应当尽快构建完整科学的教育法律体系,加强立法对国家教育权的制度约束;针对教育领域的特殊性,规范、强化、落实教育违法的民事、行政与刑事责任,扩大教育司法权的行使空间;进一步完善教育督导的内部监督与各级人大的外部监督体制,严格内外部监督主体的监督责任。

(二) 权利对国家教育权的制衡

国家教育权作为权力之一种,同样脱胎于公民社会权利的母体,是广义社会教育权的分解物,它的具体行使必须以公民让渡的教育权为边界,服务于公民受教育权利的实现并接受全体社会成员的监督,同时还须受到公民基本社会权利的制约。首先,应当根据人民授权在宪法、教育法中明确规定国家教育权力的行使界限,把权力的行使控制在科学合理的范围之内。其次,顺应社会价值多元化背景下的教育模式多中心趋势,充分调动社会力量与资源介入教育事业,积极促进国家教育权与社会教育权的协调制衡发展。再者,引入以舆论为主导的社会媒体监督,将国家教育权力的行使过程阳光化、公开化,杜绝教育领域的权力寻租与腐败现象的滋生。

(三) 伦理对国家教育权的制衡

伦理是一种实体性的特定的社会关系,它包括社会生活的全部过程,是一种包含着道德与法同时又高于道德与法的一类社会现象,权力的行使也不可逃避地受着伦理因素的调节。因此,国家教育权的行使,也必须获得本土文化语境下的伦理认同,接受人类基本伦理精神的约束与矫治。目前,最大的困扰就在于该如何妥善处理好国家教育权与家庭教育权之间的深沉张力与发展平衡问题。笔者认为,家庭教育权的基础是父母与子女之间自然的血缘关系以及为法律所确认的亲权关系,乃是一切公共教育权力的力量源头,理应得到法律的认可与保障。除父母滥用对子女的教育权利或逃避教育责任的情况,国家只能对家庭教育权利的行使进行宏观监控,而不得肆意运用公权力横加剥夺或干预。

[①] 刘大洪,苏丽芳.人权视野下的国家教育权理论探析[J].武汉大学学报,2012(3):70-73.

第二节 受教育权

一、受教育权的内涵与表现形式

（一）受教育权的含义

20世纪50年代后,世界各国对人权和自由的关注普遍增强,先后从宪法层面确认了公民受教育的基本权利。可以说,受教育权是宪法、教育法和人权研究的基本范畴,是现代教育法律制度赖以建立的基础,更是各类社会成员用来主张权利的重要理论和舆论工具。但对于什么是受教育权,何以主张受教育权,谁来主张、向谁主张、主张什么等基本理论问题,仍需进一步的探究。

受教育权有狭义和广义两种用法。狭义的受教育权仅指"接受教育的权利",权利主体限于受教育的公民本人,是公民作为权利主体,为了人格的自我发展和完善而具有的一项要求国家提供教育机会与设施、且不被侵犯受教育自由的基本权利。

广义的受教育权,是我国学界常用的概念,也是《世界人权宣言》、联合国《经济、社会、文化权利国际公约》《儿童权利公约》等众多国际法律文件中"the right to education"的官方中文版本通用译法。其权利内涵较为丰富,不只是"接受教育的权利",还包括教的权利和选择教育的自由。《经济、社会、文化权利国际公约》更进一步将"建立教育机构的自由"和"免遭非人道的纪律措施的权利"增列其中。受教育权的内涵尽管非常丰富,但在不同的国家却有不同的侧重点。如"接受教育的权利"在我国构成受教育权的核心内容,而在许多欧洲国家,"教育自由"——包括选择教育的自由和建立教育机构的自由,则构成受教育权的实质内容。①

我国《宪法》第46条规定："中华人民共和国公民有受教育的权利和义务。国家培养青年、少年、儿童在品德、智力、体质等方面全面发展。"对于受教育权的理解可以从以下几个方面进行认识：一是受教育权主体通过接受教育应该获得某种利益,是否真的获益或获益大小将直接影响主体行使权利的积极性。二是主体可以根据法律规定要求权利相对方为其接受教育提供一定条件,为或不为一定行为,并有在受教育权受到侵害时申请救济的要求权,或称教育主张权。三是其资格可以转化为谁有权接受教育的问题,即受教育权利主体的问题,一般各国法律都有明确规定,即"人人享有平等的受教育权利"。四是权能的要素是对受教育权主体提出的要求,即要求受教育权主体具备享有和实现受教育权利的实际能力或可能性。由此可见,受

---

① 申素平.受教育权的理论内涵与项实边界[J].中国高教研究,2008(3):13-16.

教育的权能主要侧重于受教育权利作为一种法定权利向实现权利转化过程中对权利主体自身条件的一种要求。五是自由要素,是指受教育权利主体可以按照个人意志去行使或放弃受教育的权利,不受外界因素的干扰。这一点因法律对不同受教育权利主体规定的不同而有所不同。① 总之,受教育权是公民的一项基本权利,每个公民都有平等地接受教育的权利,保障其能够实现自我全面的发展。受教育权的权利主体是全体公民,义务主体是国家、政府行政机关、学校、家庭成员(监护人)等。

(二) 我国受教育权的表现形式

根据《教育法》及其他相关法律的规定,受教育权主要包括受教育机会平等权、享有教育资源权、获得物质保障权、获得公正评价权、获得学业证书学位证书权、享有教育申诉与诉讼权等。②

1. 受教育机会平等权

受教育机会平等是指人们在接受教育的时候,不存在人为的歧视,不因个体的性别、出身、家庭条件等因素而在机会上或起点上区别对待。我国《教育法》第37条规定:"受教育者在入学、升学、就业等方面依法享有平等的权利。学校和有关行政部门应当按照国家有关规定,保障女子在入学、升学、就业、授予学位、派出留学等方面享有同男子平等的权利。"《义务教育法》第2条规定:"国家实行九年义务教育制度。义务教育是国家统一实施的所有适龄儿童、少年必须接受的教育,是国家必须予以保障的公益性事业。实施义务教育,不收学费、杂费。国家建立义务教育经费保障机制,保证义务教育制度实施。"第4条规定:"凡具有中华人民共和国国籍的适龄儿童、少年,不分性别、民族、种族、家庭财产状况、宗教信仰等,依法享有平等接受义务教育的权利,并履行接受义务教育的义务。"对于非义务教育阶段学生的受教育权,根据《教育法》规定的教育机会均等的原则和国家考试制度,我国进行统一的入学考试,为公民获得受教育机会提供了一种公平竞争的环境和公正选拔的手段,为受教育权的分配提供了一种较为客观的尺度,保证了公民受教育机会平等的权利。同时,《预防未成年人犯罪法》第48条还规定:"依法免予刑事处罚、判处非监禁刑罚、判处刑罚宣告缓刑、假释或者刑罚执行完毕的未成年人,在复学、升学、就业等方面与其他未成年人享有同等权利,任何单位和个人不得歧视。"

2. 享有教育资源权

学生参加教育教学计划安排的各种活动都离不开物质条件,享有教育资源权是

---

① 参见尹力.受教育的权利[A].劳凯声.变革社会中的教育权与受教育权:教育法学基本问题研究[C].北京:教育科学出版社,2003:180-182.转引自苗正达,孙芳.教育法学论纲[M].北京:首都师范大学出版社,2017:51-52.

② 苗正达,孙芳.教育法学论纲[M].北京:首都师范大学出版社,2017:53.

保障其参加学习、接受教育、享有实质性受教育权的前提和基础,是学生受教育权的具体体现。随着社会的发展和科技的进步,教育教学设施和设备将会不断更新、完善和现代化,图书资料也会多样化,学生使用教育教学设施、设备、图书资料的权利的具体内容也会随之增多和扩大。俞敏洪认为,"中国教育未来要解决的比较重大的问题不是有没有优质教育资源,而是教育资源应当怎样惠及每一个拥有教育权利的人。"①国家、政府机关作为公民受教育权的义务人,应在新时代的背景下均衡教育发展,弥补东西部、城乡教育资源的差别,组织好各种教育教学活动,保证所有学生都有权使用本校的教学设施、设备和图书资料,保证所有学生能够平等地接受学校教育。

3. 获得物质帮助权

获得物质帮助权体现了国家为了帮助学生完成学业所提供的物质性帮助,是学生的一项实质性权利。如按照《高校、高等职业学校国家助学金管理暂行办法》规定,为体现党和政府对普通本科高校、高等职业学校和高等专科学校家庭经济困难学生的关怀,帮助他们顺利完成学业,国家设立助学金资助家庭经济困难学生的生活费用开支。国家助学金的平均资助标准为每生每年2 000元,具体标准在每生每年1 000~3 000元范围内确定,可以分为2~3档。各高校要按照国家有关规定,从事业收入中足额提取4%~6%的经费用于资助家庭经济困难学生。

4. 获得公正评价权

公正评价是学生管理和学生学业、学位授予中的重要环节,是学生依法享有的权利。"公正评价"主要包含两个方面的内容:学业成绩和思想品德。获得相应的公正评价权是指学生享有要求教师、学校对自己的学业成绩、道德品质等进行公正的评价,并客观真实地记录在学生成绩档案中,在毕业时获得相应的学业成绩证明和毕业证书的权利。我国《教育法》第43条第三款规定,学生有权利"在学业成绩和品行上获得公正评价,完成规定的学业后获得相应的学业证书、学位证书。"按照《普通高等学校学生管理规定(2017)》第14条的规定,对高校学生的思想品德考核和鉴定,应重点围绕思想学习、道德情操、遵纪守法、学习品质和身心素养等层面,采取个人小结或师生民主评议等形式开展。教育法第30条第四款规定:"以适当的方式为受教育者及其监护人了解受教育者的学业成绩及其他有关情况提供便利。"这要求学生和教师在评价学生的过程中应一视同仁,不偏不倚,按照规定的标准进行评价。学生的成绩和思想品德是学生评奖评优重要依据,当学生成绩、答辩记录等档案资料有疑义时,学校有义务为他们提供适当形式的便利以澄清事实和纠正失误。

---

① 俞敏洪.教育资源应惠及每一个拥有教育权利的人[EB/OL].[2019-5-10].http://www.sohu.com/a/209386417_395129.

5. 获得学业、学位证书权

获得学业、学位证书权是在校学习的学生获得对某一阶段学业成就等状况的评定的权利。从本质上看,学业证书、学位证书是对学生某一受教育阶段的学业成绩、学术水平和品行的终结性评定,其对学生的升学、就业和今后的发展具有重要作用。高校学生在思想品德等方面合格的前提下,学生在学校规定学习年限内,修完教育教学计划规定内容,成绩合格,达到学校毕业要求的,学校应当准予毕业,并在学生离校前发给毕业证书。符合学位授予条件的,学位授予单位应当颁发学位证书。高校学生提前完成教育教学计划规定内容,获得毕业所要求的学分,可以申请提前毕业。如果高校学生在学校规定学习年限内,修完教育教学计划规定内容,但未达到学校毕业要求的,学校可以准予结业,发给结业证书。

6. 享有受教育申诉与诉讼权

《普通高等学校学生管理规定(2017)》规定,"对学校给予的处理或者处分有异议,向学校、教育行政部门提出申诉,对学校、教职员工侵犯其人身权、财产权等合法权益的行为,提出申诉或者依法提起诉讼。"可见,高校学生受教育申诉权的对象是学校给予有异议的处理、处分或学校、教职员工侵犯其人身权、财产权等合法权益的行为,受理部门为学校或教育行政部门。当学生的权利受到严重的侵害时,或者学校及教育行政部门对学生提出的申诉没有得到合理解决时,学生也可以向法院提出诉讼。诉讼包括民事诉讼、行政诉讼和刑事诉讼三种类型。学校、教师侵犯学生人身权、财产权、受教育权等合法权益的诉讼,主要属于民事诉讼和行政诉讼的范畴。根据《民事诉讼法》的规定,学生享有的诉讼权包括以下几种情况:① 学生对学校、教师侵犯其合法财产权可以提起诉讼,如学校违反法规向学生乱收费,教师故意不完成教学任务而给学生补课时收取费用的行为,学生均有权提起诉讼。② 学生对学校、教师侵犯其人身权提起诉讼,如学校、教师私拆学生信件,侵犯其隐私权,侮辱学生人格,体罚学生等对学生身心造成损害的,学生均有权提起诉讼。③ 学生对学校、教师侵犯其知识产权可以提起诉讼,如著作权、发明权,或其他成果权等,学生有权提起诉讼。按照《行政诉讼法》的规定,学生对学校或教师侵犯其受教育权可以提起行政诉讼,如对学习差、品格有缺陷的学生迫使其退学或转学的行为,剥夺学生听课权利,将学生赶出教室的行为,学生有权提起诉讼;学校未按照法律规定给学生颁发学业、学位证书的行为,学生有权提起诉讼。学校及教职员工侵犯学生的合法权益涉嫌犯罪的,可以提起刑事诉讼。

二、受教育权的法律保护

受教育权作为公民一项不可剥夺的法定权利,其实现不仅有赖于权利主体的积极作为,而且需要义务主体积极创造条件,为其提供制度和法律上的保障。

（一） 立法保障

1. 实体法的保障

"受教育权"真正作为一项人权来考虑是在第二次世界大战后1948年联合国大会通过的《世界人权宣言》中确立的。该宣言宣告了两个广泛的权利范畴:一是公民权利和政治权利;二是经济、社会和文化权利。1996年12月16日联合国大会通过了两个国际公约《公民权利和政治权利国际公约》和《经济、社会和文化权利国际公约》。它们一方面具体明确了《世界人权宣言》所载的人权目录,另一方面使《世界人权宣言》实证化,转变为"硬法"。特别是《经济、社会和文化权利国际公约》第13条对《世界人权宣言》规定的受教育权进行了细化,使其成为各缔约国的一项义务,成为目前国际上"受教育权"界定的最权威蓝本。

我国《宪法》第46条第一款将受教育权规定为我国公民的基本权利和义务。其既指作为受教育者的公民义务,也指未成年受教育者监护人的义务,还指国家作为受教育者的物质提供者和具体组织者的义务。具体而言,受教育者及其监护人要保证受教育者接受相应的教育。要求国家为教育活动提供合理的教育制度、适当的教育措施以及平等的受教育机会,更多地体现了受教育权的社会性质。

为了保证《宪法》中受教育权的实现,我国相继颁布了《教育法》《教师法》《义务教育法》《高等教育法》《职业教育法》《民办教育促进法》等相关法律,对教育制度、各层次教育实施的要求和措施分别作出明确规定,推动公民受教育权的实现和保障。自20世纪80年代以来,国务院制定了十几部教育行政法规,并对新中国成立以来制定的数百件教育行政法规进行了整理和汇编;国务院各部委以及省级人民政府也制定了一大批有关教育的章程条例;地方人民代表大会及其常务委员会,根据自己辖区教育发展的需要和可能,颁布了一系列地方性法规。上述法规对于确保教育在国民经济和社会发展中的战略地位,落实国家优先发展教育的重大决策,促进教育的改革与发展,切实保障公民的受教育权,具有重大的现实意义和深远的历史意义。①

2. 程序法的保障

实体法规定公民的受教育权并不必然转化为一种现实权利。实践中,不可避免地会出现义务一方没有履行义务,或者权利一方滥用权利,导致公民受教育权受到侵害的情况发生。为此,我国于1999年通过并实施了《行政复议法》,明确将公民的受教育权列入行政复议的范围。2017年2月教育部颁布了新的《普通高等学校学生

---

① 苗正达,孙芳.教育法学论纲[M].北京:首都师范大学出版社,2017:53.

管理规定》,改变了以往原则性、概括性和抽象的规定,突显了对高校学生"细化规则"的规范管理。该规定要求学校做出涉及学生权益的管理行为时,必须遵守权限、条件、时限以及告知、送达等程序义务,如规定"学校给予学生处分,应当坚持教育与惩戒相结合,与学生违法、违纪行为的性质和过错的严重程度相适应。学校对学生的处分,应当做到证据充分、依据明确、定性准确、程序正当、处分适当","学校对学生做出处分,应当出具处分决定书"。同时还规定,"在对学生作出处分或者其他不利决定之前,学校应当告知学生作出决定的事实、理由及依据,并告知学生享有陈述和申辩的权利,听取学生的陈述和申辩"。"学校成立学生申诉处理委员会,负责受理学生对处理或者处分决定不服提起的申诉""学生申诉处理委员会对学生提出的申诉进行复查,并在接到书面申诉之日起 15 个工作日内,作出复查结论并告诉申诉人""省级教育行政部门在接到学生书面申诉之日起 30 个工作日内,对申诉人的问题给予处理并作出决定"。这些规定把高校的自由裁量权限定在一定的范围之内,有利于防止学校滥用权利,对于保护学生的合法权益具有重大意义。

(二) 司法保障

受教育权的司法保障和立法保障存在着区别。立法保障是国家立法机关通过立法的方式对受教育权进行保障,而司法保障是国家司法机关通过各种诉讼程序来救济受教育权。法律保障是司法保障的前提和基础,司法保障是法律保障延续的实现方法之一。根据我国《宪法》《教育法》的规定,公民有受教育的权利和义务,在司法领域当公民的受教育权受到侵犯时,司法机关就应通过司法活动予以保障。司法对于受教育权利的保护,主要包括处理教育纠纷、制裁违法行为,保证受教育权利的实现。根据侵害行为产生的责任不同,可以把受教育权利的司法救济分为民事诉讼救济、行政诉讼救济和刑事诉讼救济三种。以受教育权的行政司法保护为例,我国《行政诉讼法》第 2 条规定:"公民、法人或者其他组织认为行政机关和行政机关工作人员的具体行政行为侵犯其合法权益,有权依照本法向人民法院提起诉讼。"同时,该法第 12 条和 13 条对行政机关的具体侵权行为和公民的合法权益做了进一步细化的规定。因此,相对人的受教育权由于国家政府机关或学校不履行积极作为义务或受到侵权,便有权提起行政诉讼维护自身权利。山东省高级人民法院 2001 年审判齐玉苓诉陈晓琪侵犯其受教育权利的案件,是国内第一起有关受教育权利的司法救济案件。齐玉苓将侵权者陈晓琪以及负有责任的相关学校和教育主管部门告上法庭,最终法院判决齐玉苓胜诉,获得经济损失和精神损害赔偿。[①]

---

① 李晓真."齐玉苓案"与中国宪法的司法适用问题[J].南开法学评论,2002(1):147-156.

（三）行政保障

劳凯声教授认为受教育权是一项公民的基本权利,为了保障基本权利的实现,国家在事实上要承担国家义务。① 受教育权对应的国家义务包含三类:国家尊重义务、国家保护义务、国家给付义务。国家的教育行政权作为全面组织和发展教育事业最重要的力量,应当依法采取一切适当措施履行上述义务,确保宪法和法律中所确认的受教育权的充分实现。一方面,建立完备的教育行政执法制度。全面建立有关教育处罚制度、行政复议制度、教育申诉制度、教育仲裁制度等教育法律救济制度;国家执法、司法机关必须严格公正执法,正确规范和引导教育的改革和发展,追究违反教育法的责任人,依法保护公民的一切合法权利。同时,要建立健全教育执法、司法机构,要明确教育厅政策法规在教育执法中的职能,强化该机构在处理教育申诉、教育行政复议等教育纠纷中的职责和权限。同时,建立教育纠纷处理过程中的听证制度,保证行政处理的公平、公正、公开,进一步增强司法机关在教育执法中的地位和作用,扩大人民法院对教育机构纠纷的受理范围。同时,要建立受政府授权委托的教育仲裁机构,明确教育执法、司法部门在执法过程中的职责和分工,保证大量的教育纠纷和违法案件得到及时有效的解决,以切实保障公民的受教育权。另一方面,强化教育监督机制。强化国家权力机关和社会组织对教育执法的监督,如建立教育行业协会作为教育机构的自律组织和政府的咨询机构,对教育行政部门的执法提出建议,就司法部门对教育案件的审理结果向立法部门提出意见,以保障教育法律法规的全面贯彻实施,从而切实保障公民的受教育权。②

第三节　学　习　权

一、学习权的含义

20世纪50年代以来,传统的受教育权逐渐发展成为学习权,在学习权的视角下,学习作为人的一项自然权利,不仅仅是作为受教育者被动接受教育的权利,还是与生俱来的选择教育和完善其人格的主动权利。1985年联合国教科文组织第四届国际成人教育会议通过了《学习权宣言》,学习权成为受教育权的上位概念,成为《国际教育人权行动纲领》中每个个体享有的一项基本权利。该宣言中,学习权包括广泛的内容:读与写的权利;持续疑问与深入思考的权利;想象与创造的权利;阅读自

---

① 劳凯声.论受教育权利的国家义务[J].中国教育学刊,2018(1):38-44.
② 苗正达,孙芳.教育法学论纲[M].北京:首都师范大学出版社,2017:63.

己本身的世界而编纂其历史的权利;获得一切教育方法的权利;使个人与集体的力量发展的权利。1990年世界全民教育大会通过了《世界全民教育宣言:满足基本学习需要》,该宣言确认的最终目标是要满足每个人——儿童、青年和成年人的基本学习需要,具体包括:基本的学习手段(如读、写、口头表达、演算和问题解决)和基本的学习内容(如知识、技能、价值观念和态度)。至此,学习权作为人之为人的一项基本权利,在国际社会得到认可,并获得了现实的法律身份认同。从权利渊源上说,相对于受教育权的被动性,学习权是一种主动的自我赋权;从教育理论上说,学习权强调个体在其一生的各种教育、生活环境中的主体地位,强调教育、学习之于人本身的意义;从法学理论上说,学习权强调学习主体在享受教育、学习时的主动性、自由性和可选择性。在终身学习概念逐渐取代终身教育的学习型社会,学习权包含了传统意义上的受教育权,同时,又是对受教育权的重大发展和突破。[①] 从广义上说,学习权是由学习自由权、学习平等权和个性发展权构成的统一体。因此,从权利的构成上来看学习权是一项综合性权利,它涉及公民学习的整个过程,明确了学习者不受干预的私人空间;从权利的形态上来看,学习权既是一项"积极"的权利,也是一项"消极"的权利。具体体现为国家机关和社会组织为了保障公民的学习,要切实的做到有所为和有所不为。[②]

二、学习权的构成要素

随着社会的发展,以及对人权理论研究的不断深入,人权的内涵经历了从自由权—社会权—发展权的变化,从人的基本生存保障发展到对人的尊严和人的精神生活的保障。学习权作为人权的基本内容,由权利主体、权利客体和权利内容三个要素构成。

(一) 权利主体

权利主体是指法律关系中依法享有权利和承担义务的当事人,即法律关系的主体。学习权的权利主体具有普遍性,涵盖一国全部公民。而且,《儿童权利公约》第2条和联合国教科文组织《取缔教育歧视公约》第3条认为,"非歧视原则"应延伸至所有居住在缔约国境内的包括非本国人在内的学龄人口,不管他们的法律地位如何。就我国而言,义务教育阶段的适龄儿童、少年不仅具有平等的学习机会,而且,在学习方面享有实质意义的请求权,即要求国家必须提供学习机会、条件及必要资助。

---

① 苗正达,孙芳.教育法学论纲[M].北京:首都师范大学出版社,2017.
② 陈恩伦.论教育权[J].中国教育学刊,2003(2):24-35.

非义务教育阶段的公民主要享有平等的学习机会和对学校的自由选择权,但不具有向国家请求必须满足其学习需要的权利。

(二) 权利客体

权利客体是指法律关系主体的权利、义务所共同指向的对象。学习权的客体就是学习,包括一切种类和级别的学习。学习权客体的类型从举办形式上可以分为公立教育和私立教育;从组织形式上可以分为家庭教育、学校教育和社会教育;从教育目的上可以分为普通教育和职业教育;从层级上可以分为学前教育、初等教育、中等教育、高等教育、成人教育等;从内容上可以分为学习机会、学习条件、学习标准和学习质量等。

(三) 权利内容

权利内容是指一项权利的范围和界限。学习权的内容在理论上可以从其应有状态、法定状态和实有状态三个角度来理解:应有状态是指公民应当享有的学习权;法定状态是指公民根据实在法的规定可以享有的学习权;实有形态是指公民实际享有的学习权。三种形态既有相同的内容,也有不同的内容,存在相互转化的可能性。要将学习权的应有权利转化为法定权利,可以通过立法的形式实现,但要将法定权利转化为实有权利,还需要社会观念、制度及文化的配合。

在实践中,学习权可以归纳为学习自由权、学习平等权和个性发展权。

1. 学习自由权

学习自由意味着公民可以根据自身的学习需求,自由的选择和进行学习的权利。具体可以表现为公民可以对教育机构的类型、教师等进行自由选择。① 选择教育机构的自由在各个教育阶段都受到法律保护,但其内涵有所不同。在义务教育阶段,法律上选择教育机构的自由仅意味着选择私立学校的自由,不包括在公立学校之间进行选择的自由;在非义务教育阶段则包括选择是否受教育机构的自由,选择不同类型教育(如职业教育与普通教育)的自由,以及选择哪一所学校的自由。② 选择学习内容的自由则十分广泛。如在高等教育领域,各个高校都增设了选修课,扩大了学生对学习内容的选择;教育部也建设了网络在线课程,供所有学习群体选择学习。③ 为了使学习自由权得到切实保障,公民也可以请求国家、社会等设立教育设施和经费支持,以保障学习活动正常进行。《世界全民教育宣言》指出,全民基础教育的实施有赖于政治上的承诺和决心,而这种承诺和决心要得到适当的财政措施的支持,并随着教育政策的改革和制度的健全而得到加强。学习自由权的行使可能会受到经济社会发展的限制,因此需要国家给予财政上的支持,保障学习自由权的实现。

2. 学习平等权

学习平等权是指任何权利主体均应在教育上受到平等的对待,主要包括入学机会平等权、升学机会平等权、学习待遇和条件平等权、学业成就平等权等内容。我国《教育法》第36条规定："受教育者在入学、升学、就业等方面依法享有平等的权利。"平等分为实质平等和形式平等。在义务教育阶段，适龄儿童和少年享有接受免费教育的权利，即以适龄儿童和少年为主体的权利主体享有接受教育并通过学习而在智力和品德等方面得到发展的实质平等权利，这是学习平等权的核心内容。在非义务教育阶段，每个公民不分性别、民族、地域、社会经济地位，都可以通过考试获得相应高等教育，这反映了教育机会平等，本质上是一种形式平等的权利。

3. 个性发展权

联合国《发展权利宣言》中指出："人是发展的主体，因此，人应成为发展权利的积极参与者和受益者。"人的发展与社会的发展存在着密切的联系。在学习型社会，学习需要的满足是人生存和发展的前提。作为学习权有机组成部分的个性发展权是指，公民享有依其自由意志自主地谋求自身发展的权利、享有通过学习获得实现生活愿望的能力的权利。随着时代的进步，人的发展越来越呈现出个性化的发展趋势。每个人都有通过学习改变生存状况、提升生活品质、实现生命价值的权利。因此，国家通过拓展、增加、丰富学校教育，并将教育的功能扩展到社会的方方面面以满足每个公民的个性化需要。"学习权"的本质就是以公民的生存发展需要为出发点的，以提高公民的生活质量与生命价值为核心目的。关注公民的差异性以及公民自身的学习需求和生存、发展愿望，是法律对"人性"的尊重，也是对人权的切实保护。

三、学习权的法律保护

1990年3月联合国教科文组织、儿童基金会、开发计划署和世界银行联合发起召开了"世界全民教育大会"，讨论并通过了《世界全民教育宣言：满足基本学习需要》。宣言中指出，每一个人——儿童、青年和成人——都应能获得旨在满足其基本学习需要的受教育机会。基本学习需要包括基本的学习手段（如读、写、口头表达、演算和问题解决）和基本的学习内容（如知识、技能、价值观念和态度）。这些内容和手段是人们为能生存下去，充分发展自己的能力，有尊严地生活和工作，充分参与发展，改善自己的生活质量，作出有见识的决策并能继续学习所需要的。这些内容和手段是人们为能生存下去，充分发展自己的能力，有尊严地生活和工作，充分参与发展，改善自己的生活质量，作出有见识的决策并能继续学习所需要的。基本学习需要的范围及其满足的方法因各个国家和各种文化的不同而不同，而且已不可避免地会随着时代的变化而变化。因此，学习权的法律保护是社会发展的必然要求，也是法治国家实施法制建设的必然选择。

(一) 学习权在我国的立法基础与现状

学习权的实现依赖于受教育权的实现与普及。我国《宪法》第 46 规定:"中华人民共和国公民有受教育的权利和义务。""受教育权"作为公民的一项基本权利在我国被确定下来,这对于我国基础教育的普及和教育事业的发展具有里程碑式的意义。《教育法》第 36 条明确规定,"受教育者在入学、升学、就业等方面依法享有平等的权利",这是教育基本法秉承宪法精神与原则对公民享有的"平等受教育权"的确认。受教育权的法律保护对中国义务教育的普及、中等教育的发展乃至高等教育的恢复和扩容都起到了重要作用。

我国"受教育权"全面的贯彻与普为学习权的法律保护奠定了基础。2001 年 7 月,教育部印发了《全国教育事业第十个五年计划》,其中提出了"调研、起草《终身教育法》"的任务。自此之后,作为学习权重要表现形式的《终身教育立法》准备工作几乎每年都会被纳入教育部的年度工作要点。在国家还没有出台终身教育法的情况下,地方已经先行开始了立法探索和实践。2005 年,福建省出台了国内第一部地方性《终身教育促进条例》。上海市(2011)、太原市(2012)、河北省(2014)、宁波市(2015)等四个地方相继出台了终身教育条例。目前,终身教育已经从理念导入转向立法规范的发展历程。但是,"地方条例并不具有诠释公民基本权利的地位和功能,其中一个重要体现就是,具体条文中多为宣传和引导性的内容。例如,福建条例的'鼓励公民参加各类终身教育和学习活动',河北条例的'提高终身学习能力,养成终身学习习惯',等等。"①

(二) 完善学习权的立法保护

随着社会的进步和人权理论的发展,"学习"作为现代社会人们的一项基本需求以及未来学习型社会人们的一种生存方式,已经成为每个社会成员都应享有的一项基本权利。而且,"只有通过立法方式进行顶层设计,才能使相关政府职能、管理方式以及教育机构的办学模式、办学理念、经费投入等一系列配套制度朝着实现公民学习权的方向发展。"②

关于学习权的立法实践,东亚一些国家和地区做了有益的尝试。日本由于对学习权已经在理论上作了长期的探讨,学习权的观念已经深入人心,虽然学习权没有出现在《教育基本法》和《终身学习振兴法》中,但在《教育基本法》前言中指出:"我们必须尊重个人的尊严,期待培育追求真理与爱好和平的人类,同时必须彻底实施以创造具有普遍性与富于个性的文化为目标的教育。"该法第 1 条规定,"教育必须

---

①② 兰岚.论我国终身教育的立法核心:公民学习权保障[J].华东师范大学学报,2019(1):152-159.

以人格的完成为目标,并培养和平的国家及社会的建设者,爱好真理与正义,尊重个人的价值,重视劳动与责任,期能培养充满独立自主精神、身心健康的国民。"考虑到在学习化社会,学习权的保障已经超出了传统教育的范围,日本又制定了《终身学习振兴法》以明确政府机构和社会组织的责任。我国台湾地区的《教育基本法》则明确指出该法的立法目的在于保障"国民"学习和受教育的权利。① 韩国在《大韩民国宪法》中规定了"终身教育权",并于1997年制定了《终身教育法》。该法提出保障均等的终身学习机会、学习者自由自愿参与、不得将学习作为倡导政治或个人偏见的手段、学习成果得到社会适当认可等基本原则。②

基于东亚地区的立法经验,学习权的法律保护应该从以下三个途径展开:

一是应该加强学习权的宪法保护。我国《宪法》的第46、47条对"受教育权"有了明确的规定,虽然涉及公民的学习自由、学习平等和个性发展等内容,但不可否认的是"学习权"仍然还停留在学理和法理的层面。基于目前"学习权"与"受教育权"未能很好区分的现实,首先应在《宪法》中规定公民的学习权利,以区别于公民的受教育权。

二是应该加强学习权的教育基本法保护。目前,我国《教育法》规定了我国公民享有"平等受教育权",作为《宪法》精神贯彻和落实。但是由于作为上位法的《宪法》学习权规定的立法缺陷,导致《教育法》中也未明确学习权的法律保护。因此在《教育法》以后的修改中应增添以下内容:① 教育法的目的在于保障每个公民的学习及受教育的权利;② 教育应尊重公民的人格尊严并促进个性发展。

三是应该完善学习权的综合立法保护。就我国目前的教育法律体系而言,关于学前教育、成人教育以及继续教育等法规尚处于立法酝酿阶段,全方位的学习权保障体系尚未完全建立。因此,应在学习型社会的构建过程中,逐步完善从学前教育到成人教育符合现代教育制度的法律体系,最后出台适应终身教育的法律规范,建立全方位保障体系,实现学习权的综合保护。

第四节　教育平等权

一、教育平等权的含义和特点

(一) 教育平等权的含义

教育平等权是《宪法》中的平等权向教育领域的扩展,又称受教育的平等权,是

---

① 陈恩伦.论教育权[D].重庆:西南师范大学,2003:107-109.
② 兰岚.中国终身教育立法研究[D].上海:华东政法大学,2017:75.

指公民不分种族、民族、性别、职业、社会地位、财产状况、宗教信仰等,在受教育方面对国家政府机关或其教育机构提供的教育服务享有平等的权利。教育平等权的基本内容可以概括为教育内容的平等、入学机会平等和平等地享有教育资源。教育平等权具有人权与公民权的双重属性。作为人权,它的价值依据是人的尊严与人的价值,规范依据是国际人权公约;作为公民权,它的法律依据是宪法以及相关法律、法规。① 朱应平认为,平等权基于平等对象的不同可以划为两种类型:一种是一般的平等权,即公民享有的所有权利都应当是一致的。另一种是特殊的平等权,比如受教育平等权,作为一项宪法规范,其实现的基本原则是相同情况相同处理,不同情况区别对待,在缺乏正当理由的情况下,国家不得对公民做出不合理的对待的法律或政策;在任何情况下,国家都不得制定对公民造成歧视的法律和制度。② 因此,教育平等权蕴含两类平等原则,即形式平等原则和实质平等原则。

(二) 教育平等权的特点

1. 教育平等权是一项公民的基本权利

基本权利即是人权,表现为宪法赋予公民个人针对国家提出的作为或者不作为的要求,同时这种权利以司法救济为保障。受教育权作为人类发展和寻求自由、幸福的必要手段,已经成为一项世界公认的基本权利。而平等原则作为一项宪法上的权利和基本原则,不仅关乎的是人的尊严,更关乎的是公民的其他基本权利的行使。所以,平等原则在受教育权领域的延伸,是教育平等权的法理基础和效力渊源。纵观世界各国宪法以及我国宪法的相关规定,教育平等权具备了成为基本权利的所有特征,使其成为基本权利家族中的一员。教育平等权作为一项基本权利,其主体涵盖具有广泛性。它不仅包括公民个体,也包括某些特定群体,后者如流动儿童以及残疾儿童的教育权,国家和教育机构不得以任何理由为借口进行歧视对待。教育平等权对所有主体都是平等的,即每个公民在不同的教育阶段都应当拥有平等的接受教育的机会,特别是接受国家提供系统的义务教育的机会。同时由于教育平等权具有公民权的性质,要求国家或教育机构作为义务主体提供合适的教育服务,以推动社会的进步和公民的自由发展。1960年,联合国教科文组织召开第十一届大会通过了《取缔教育歧视公约》和《反对教育歧视建议》公约,是确立"教育平等权"为国际人权的重要标志。根据国际公约的精神和我国《宪法》第33、46条规定,教育平等权也是一项我国公民享有基本权利。

2. 教育平等权追求的是形式平等与实质平等

对平等和社会公平讨论最为深刻是美国伦理学家罗尔斯,罗尔斯认为通过平等

---

① 周永坤.教育平等权问题及解决之道[J].华东政法学院学报,2006(2):112-117.
② 朱应平.论平等权的宪法保护[M].北京:北京大学出版社,2004:38.

可以实现社会的最高理想图景——正义。罗尔斯指出实现社会正义要贯彻两个原则:"第一个原则:每个人对与所有人所拥有的最广泛平等的基本自由体系相容的类似自由体系都应有一种平等的权利。第二个原则:社会和经济的不平等应这样安排,使它们:① 在与正义的诸原则一致的情况下,适合于最少受惠者的最大利益;并且,② 依系于在机会公平平等的条件下职务和地位向所有人开放。"①第一个原则可以概括为平等自由原则,第二个原则包含两个内容,即差别原则和公平的机会平等原则。在教育领域,实现教育平等就意味着要给予每一公民拥有完全一致的接受教育的自由体制;如果存在一定的教育不平等,那么政策的制定应该倾向于社会弱者的受教育保障,实现最大的教育公平和社会正义。换而言之,实现教育平等就是要保障受教育权的形式平等和实质平等。

教育平等权首先保障的是形式上的平等。这意味着每个公民都应当享有平等的受教育权利,有权在平等的机会和条件下进行自由公正的竞争。《取缔教育歧视公约》的第1条第2款规定,"'教育'一语指一切种类和一切级别的教育,并包括受教育的机会、教育的标准和素质以及教育的条件在内。"因此,公民在相同情况下得到相同或者至少相似的教育内容和教育条件是实现教育平等原则的必然要求。由于法律规范本身具有的一般性、概括性的特点,使法律规范无法真正保障每个公民权利的平等实现。因此,形式平等是一种"消极"的平等,实际上不考虑现实起点上每个权利主体是否真正具有对等的前提条件,当然更不会考虑自由竞争之后的结果可能基于个体差异而形成不平等的现实。

教育平等权最终要追求的是实质上的平等。教育平等权的实质平等不是将所有的机会和资源平均分配给每一个受教育者,而是根据不同受教育者的不同情况,给予不同的对待。《取缔教育歧视公约》的第1条第1款规定,"为本公约目的,'歧视'一语指基于种族、肤色、性别、语言、宗教、政治或其他见解、国籍或社会出身、经济条件或出生的任何区别、排斥、限制或特惠,其目的或效果为取消或损害教育上的待遇平等,特别是:(甲)禁止任何人或任何一群人接受任何种类或任何级别的教育;(乙)限制任何人或任何一群人只能接受低标准的教育;(丙)对某些人或某群体设立或维持分开的教育制度或学校,但本公约第二条的规定不在此限;(丁)对任何人或任何一群人加以违反人类尊严的条件。"教育权的实质平等首先排除一定限制因素的平等,比如种族、宗教信仰、社会地位、财产状况等,不能把此类差异作为提供区别教育的借口。其次是针对弱势群体的教育倾斜,例如流动儿童、残疾儿童、农村儿童,等等,这些弱势群体的受教育权不能因为其自身先天的缺陷或者是后天人为的原因而剥夺,而应提供优惠政策帮助这些弱势群体平等地享受教育,最终达到事实

---

① 约翰 罗尔斯.正义论[M].何怀宏,何包钢,廖申白,译.北京:中国社会科学出版社,1988:302.

上的平等。即按照罗尔斯的差别原则要求,为了社会中处境最不利的成员的最大利益,在实质上对由于形式平等而产生的教育不公平进行纠正,实现真正的教育平等。从教育公平和社会可持续发展的长远角度来看,通过立法保护教育弱势群体享有公平的受教育权,是保障公民教育平等权真正实现的必然要求。

3. 教育平等权强调的是国家义务的切实履行

教育平等权具有消极权利和积极权利双重属性。作为消极权利,权利主体要求的是国家及其授权组织承担不得制定任何歧视性教育法律法规,政府应当主动采取措施消除公民在获得和享受教育方面所存在的各种形式的歧视和不公,将良好的教育条件和公平的教育机会提供给社会中的每一个公民,特别是提供给社会中的弱势群体。同时,司法机关不得作出不公平的歧视性判决,给予公民最后一道保障。但是,教育平等权更强调权利的积极属性也就是国家义务的履行,国家要为每个公民享受教育平等权提供相应的物质保障。具体来说政府应当建立和组织起符合当代教育特征的各种形式、各种层次的教育体系,提供足够的教育设施和师资力量,投入充足的教育经费,最大可能地提高教育平等权的实际保障水平,使得教育能够与社会发展同步。所以,无论其消极的权利属性还是积极的权利属性,都要求国家履行相应的义务,提供相应的保障,以推动公民教育平等权的真正实现。

二、教育平等权的法律保护

(一) 明确受教育平等权保护的相关立法规定

美国等教育事业发展比较好的国家都已经通过立法的形式保障了公民的受教育平等权。虽然美国的宪法及其修正案没有专门的教育权或教育平等权的规定,但是其宪法第 14 修正案规定的"平等保护条款"奠定了美国教育平等权法律保护的基础。美国通过一系列的法案,如《莫里尔法》《国防教育法》《高等教育法》《残疾人教育法》等,持续推动教育平等立法。特别是 1964 年制定的《民权法》规定,政府提供黑白混读学校的经费,并补助少数族裔学生。2002 年《不让一个孩子掉队法》规定,学校不论学生种族和家庭背景如何,都平等地接受教育并促进孩子取得他们所应达到的进步,不让一个孩子掉队。[①] 这些法律一方面建立了较为完善的教育平等权保障和救济法律体系,同时也通过立法保证教育经费的稳定投入,为美国的教育平等权保护打下了坚实的基础。英国 1998 年的《人权法案》第 2 条明确规定人人享有受

---

① 刘小楠,许玉镇.美国教育平等权的法律保护及其对中国的启示[J].中国法学教育研究,2008(2):71-88.

教育权,第 14 条要求大学行使招生自主权时不得以任何方式进行歧视。日本在 1947 年制定的《教育基本法》第 3 条明确规定,所有国民不论人种、信仰、性别、社会身份、经济地位和门第等,都平等享有符合其能力的教育机会。

相比美国、英国和日本等发达国家的立法实践,我国《宪法》《教育法》《高等教育法》《义务教育法》等对教育平等权的法律保护尚有不足之处。目前,我国侵犯教育平等权的问题较为突出,在义务教育阶段主要体现为流动儿童、农民工子女入学等教育不平等问题和男女儿童之间教育不平等的问题;在非义务教育阶段主要体现为高校录取阶段教育平等权保护不足的问题、高校之间教学待遇不平等等问题。面对上述侵犯教育平等权的问题,以"有权利就有救济"的法谚检视,可以发现我国的立法不完善表现在两个方面。首先,作为教育基本法的《教育法》只是在第 9 条和第 36 条较为笼统地规定了我国公民享有教育平等权,内容比较原则而缺乏可操作性,可诉性差。其次,部分法律存在立法空缺,比如人们关心较多的高考招生问题,立法上对如何实现高考录取的公正、公平等影响教育平等权实现的问题,并没有做出明确的规范。

基于国外的立法实践和我国司法中面临的困境,加强教育平等权的立法应从宪法、法律、法规和规章三个层面展开。① 宪法层面应明确公民教育平等权。法国 1946 年的宪法序言第 13 条规定:"国家应保证儿童和成人平等接受教育、职业培训以及文化的权利。组织免费的、世俗的各级公共教育机构是国家的义务"。有鉴于法国的立法经验,我国宪法中也应在规定公民都有受教育权利的同时,进一步明确每个公民都有平等接受教育的权利。② 法律层面应细化公民受教育权的法律保护。宪法对公民基本权利的保护,多是原则性、概括性的规范,需要不同的部门法进一步明细。以高等教育领域为例,贯彻高等教育权利平等,需要从入学资格、教育资源分配和学位资格授予等环节加强立法,弥补法律空白,推动高等教育在招生录取、财政投入、高等教育收费及获得资助和学生学位授予等实现有法可依、法律平等。③ 行政法规和规章制度层面。教育行政部门制定了很多行政法规,在贯彻执行行政法规和地方性的规章制度时,应注意和上位法的法律精神保持一致。

(二) 加强教育平等司法保护,保障公民教育平等权得到充分体现

教育平等权通过宪法等法律形式被确认或认可,只是对权利的宣示。在实践中,可以通过司法途径或行政途径解决公民的教育平等权受到侵害的赔偿问题,使我国公民教育平等权真正得到落实。称为中国宪法司法化第一案的"山东齐玉苓被冒名顶替案"中,最高法院就"关于以侵犯姓名权手段侵犯宪法保护的公民受教育权的基本权利是否承当民事责任的批复"中指出,受教育权作为公民所享有的宪法权利如果受到侵犯可以获得相应的民事赔偿。最高法院的批复将作为一项基本人权的宪

法权利通过司法解释加以具体化、宪法化,是一个有益的尝试。在我国没有建立宪法诉讼和违宪审查制度的现实情形下,司法机关可以在案件审理时直接或者间接适用宪法,作为审判的依据,但是从法理的意义上看,在民事诉讼程序或行政诉讼程序中适用宪法,不利于公民平等权的保护。结合我国的现实国情,针对教育平等权受到侵犯的案件可以在司法上分为两种形式处理:一是对于已经法律具体化的基本权利,可以由人民法院直接依据法律规范,对公民权利进行救济。如果侵权人侵犯了这些具体化了的宪法权利,理所当然要承担相应的民事责任、行政责任。对于尚未被法律具体化的宪法规范,可以由最高法院设立宪法法庭具体办理此类案件。受理案件后,最高法院请求全国人大常委会对宪法规范的含义进行解释,再根据全国人大常委会对宪法的解释解决当事人之间的纠纷。

(三) 加强国家义务的履行,依法保障教育平等权

公民受教育平等权的实现,需要国家为公民提供相应的教育条件和机会的义务的落实。对于如何落实国家义务,较为合理的观点认为,宪法所保障的社会权利可能达不到完美境界的标准,但是作为一项宪法保障的权利,不能仅仅停留在纸面上,而应该在现实中逐渐落实,具体在实施的步骤上可以分为三个阶段。① 具体保障阶段。任何权利必须都有具体保障部分,对此国家应该制定相关法律予以保障,如果国家没有立法,则公民可以直接依据宪法提起违宪诉讼,请求国家履行义务。② 现实保障阶段。当国家尚未制定相关保障法律,或现行法律已不符合宪法保障的内容和精神,但有明确的权利侵害事实发生时,公民可以提起违宪诉讼。若司法裁定属于违宪的行为,则要求国家承担责任。③ 纲领性保障阶段。即宪法中纯粹的政治上、道德上的义务,不属于法律的义务,公民不能对国家的违反义务行为提起诉讼。①因此,在国家义务的履行与配置上,应根据经济社会发展的实际,合理配置国家义务,保障教育平等权的实现。

思考题:

1. 教育权的含义及其类型有哪些?
2. 教育权和受教育权的区别与联系是什么?
3. 什么是学习权?如何保障学生的学习权?
4. 什么是教育平等权?如何加强教育平等权的法律保护?

---

① 胡锦光,任端平.受教育权的宪法学思考[J].中国教育法制评论,2002(1):43-58.

第五章　高等教育行政机关

内容提要

本章以教育法律关系主体之一的高等教育行政机关和基本管理体制为核心，重点阐释了高等教育行政机关的法律地位、权利和法律责任。

学习目标

1. 了解高等教育行政机关的基本体制。
2. 把握高等教育行政机关的法律地位及法律责任。

高等教育行政机关是高等教育政策的制定者，也是执行者。作为教育法律关系的主体之一，明确其法律责任及依法行政，对于高等教育法治化发展具有很大的推动作用。

第一节　高等教育行政机关概述

一、我国高等教育行政机关的含义和设置

（一）高等教育行政机关的含义

高等教育行政机关是依照宪法和行政组织法的规定而设置的、依法享有并行使国家在高等教育方面的行政职能的国家行政机关，分为中央教育行政机关和地方教育行政机关。对高等教育行政机关的具体含义，可以从以下几个方面来理解：

1. 高等教育行政机关是国家行政机关的组成部分之一

国家行政机关根据行政职能建立各类部门，各司其职，共同管理行政事务，其中管理教育事务的部门就称为教育行政部门或教育行政机关。我国《教育法》第14条规定："国务院和地方各级人民政府根据分级管理、分工负责的原则，领导和管理教

育工作。"《教育法》第 15 条规定:"国务院教育行政部门主管全国教育工作,统筹规划、协调管理全国的教育事业""县级以上地方各级人民政府教育行政部门主管本行政区域内的教育工作"。

2. 高等教育行政机关依法行政

高等教育行政机关应依据宪法、行政法、教育法规以及其他有关法律组织和管理国家的教育事业。我国《宪法》第 107 条规定:"县级以上地方各级人民政府依照法律规定的权限,管理本行政区域内的经济、教育、科学、文化、卫生、体育事业、城乡建设事业和财政、民政、公安、民族事务、司法行政、监察、计划生育等行政工作。"其中包括政府依法领导和管理本行政区域的教育事业。

(二) 我国高等教育行政机关的设置

我国现行高等教育行政机关的设置分为中央人民政府教育行政机关和地方人民政府教育行政机关。中央人民政府即国务院所属的教育行政机关,又称为中华人民共和国教育部(简称教育部);各省、自治区和直辖市人民政府设教育厅(局、委员会)。

1. 教育部的机构设置

教育部设有 26 个司局机构。办公厅、政策法规司、发展规划司、综合改革司、人事司、财务司、教材局、基础教育司、职业教育与成人教育司、高等教育司、教育督导局、民族教育司、教师工作司、体育卫生与艺术教育司、思想政治工作司、社会科学司、科学技术司、高校学生司、学位管理与研究生教育司(国务院学位委员会办公室)、语言文字应用管理司、语言文字信息管理司、国际合作与交流司(港澳台办公室)、巡视工作办公室、直属机关党委、离退休干部局、中国联合国教科文组织全国委员会秘书处。

与高校的教育教学管理联系最为密切的是高等教育司,其职能进一步可以细化为:研究各类高等教育改革与建设的宏观社会背景与发展趋势,制定相关方针、政策、法规和文件,推动各类高等教育的改革与建设;促进各类高等学校与社会、教学与科研、社会实践的结合;推动高等教育的国际交流与合作;组织制定本科专业目录、人才培养基本要求等指导性文件;组织实施重大教学改革项目;组织并指导高等学校的教育质量与教学工作的评估工作,等等。涵盖了高校管理、运行与发展的方方面面。

2. 地方教育高等行政机关的设置

我国地方各级行政机关是根据全国的行政区划设置的。《宪法》第 30 条规定,中华人民共和国的行政区域划分如下:① 全国分省、自治区和直辖市。② 省、自治区分为自治州、县、自治县、市。③ 县、自治县分为乡、民族乡、镇。直辖市和较大的市分为区、县。自治州分为县、自治县、市。第 31 条规定:"国家在必要时得设立特别行政区。"我国的地方高等教育行政部门为教育厅(委员会),它受同级人民政府统一领导,并受上级教育行政部门的领导或者业务指导。教育厅(委员会)为主管教育事业的省级政府组成部门。

以吉林省教育厅为例,其主要职责是:贯彻执行教育方针、政策和法律、法规以及中央、省委关于教育工作的决策部署,负责各级各类教育的统筹规划和协调管理,负责全省教育督导与评估工作,负责省级教育经费的统筹管理,统筹和指导少数民族教育工作,主管全省教师工作,负责全省语言文字管理工作,负责全省高等教育考试招生和学籍学历管理工作,指导高校科研工作,负责对外及与港澳台地区的教育交流与合作,并承办省委、省政府、省委教育工作领导小组交办的其他事项。吉林省教育厅的管理处室有:办公室、法规处(行政审批办公室)、发展规划处(网信办)、人事处、省委教育工委综合处、高校干部处(省委教育工委组织部、组织员办公室)、宣传处(省委教育工委宣传部)、统战工作处(省委教育工委统战部)、中小学校党建工作指导处(省委教育工委中小学校党建工作指导部)、财务处、审计处、基础教育处、职业与成人教育处、高等教育处、民族教育处、民办教育管理处、教师工作处(省语言文字工作委员会办公室)、教育督导室(省政府教育督导委员会办公室)、高校思想政治工作处(省委教育工委高校思想政治工作部)、高校学生处。

二、高等教育行政机关的基本体制

教育行政体制是指一个国家的教育行政组织系统,可以理解为国家对教育领导管理的组织结构形式和工作制度的总称。它主要由教育行政组织机构的设置、各级教育行政机构的隶属关系及相互间的职权划分等构成。

(一) 教育行政体制的基本类型

教育行政体制的类型是指国家以什么方式来干预教育活动,也就是教育行政组织的形态。主要包括三种:

1. 集权型

集权型以法国为代表,体现为行政权力集中于中央政府或上级机关,其下属地方政府和下级机关没有或很少有自主权,一切措施都必须以中央制定的法令和指示为准。教育行政上的集权制有利于教育政策的统一,有利于统筹全局、规划教育事业的发展,也便于调解各地教育发展的不平衡,有利于统一办教育的标准,保持全国教育发展的整体水平。

2. 分权型

分权型以美国为代表,体现为下级机关和地方政府在其管辖的范围内,有完全的独立权力,中央政府对其在权限内的事项不加干涉。教育行政上的分权制的最大优势在于,可以使教育行政管理具有弹性,避免"一刀切",因地制宜地发展教育事业,可使教育适应各地的实际需要。权力保留在地方,还可以充分发挥地方、下级机关的主动性、积极性和创造性。

3. 结合型

结合型的典型代表国家有德国、英国和日本。这种管理体制结合了集权型和分权型的优势,具体表现为中央、地方政府、高校作为管理的主体,彼此协调,共同行使高等教育管理权。结合型的优势在于能够在充分发挥中央政府宏观调控职能的同时,加大了地方政府和高校的自主权。

(二) 我国高等教育的管理体制

1985年教育体制改革以来,经过20多年的探索,我国基本上形成了一套具有本国特色的高等教育管理体制。根据《教育法》和《高等教育法》的规定,我国现行高等教育管理体制主要包括以下几方面内容:

1. 人民代表大会对教育行政管理负有最高、最终的决定权和监督责任

《教育法》第16条规定:"国务院和县级以上地方各级人民政府应当向本级人民代表大会或者其常务委员会报告教育工作和教育经费预算、决算情况,接受监督。"这一规定体现了我国一切权力属于人民,人民代表大会作为我国最高的权力机关,对教育行政管理负有最高、最终的决定权和监督责任。

2. 高等教育行政管理是国务院和省、自治区、直辖市人民政府分工负责、分级管理的体制

《教育法》第14条规定:"国务院和地方各级人民政府根据分级管理、分工负责的原则,领导和管理教育工作。""高等教育由国务院和省、自治区、直辖市人民政府管理。"这一规定明确了我国高等教育行政管理实行由国务院和省、自治区、直辖市人民政府分工负责、分级管理的体制。为了进一步明确中央和地方的高等教育行政管理职权,我国《高等教育法》第13条规定:"国务院统一领导和管理全国高等教育事业。省、自治区、直辖市人民政府统筹协调本行政区域内的高等教育事业,管理主要为地方培养人才和国务院授权管理的高等学校。"根据这一规定,国务院对全国高等教育事业负有统一领导和宏观管理的职责,各省、自治区、直辖市人民政府则负有协调本行政区域内的高等教育事业、管理高等学校的责任。

3. 国务院下设的教育行政部门是全国教育工作的主管部门,负有统筹规划、协调管理职责

为了有效地管理教育工作,国务院下设的教育行政部门即教育部作为全国教育工作的主管部门,负责"统筹规划、协调管理全国的教育事业"。根据《高等教育法》

第 14 条规定,国务院教育行政部门除受国务院委托"主管全国高等教育工作"外,同时承担"管理由国务院确定的主要为全国培养人才的高等学校"的责任。国务院其他有关部门在国务院规定的职责范围内,负责有关的高等教育工作。与此相应,各省、自治区、直辖市人民政府下设教育行政部门,在政府的领导下主管本行政区域内的高等教育工作。

综上所述,我国现行的高等教育行政管理体制是中央统一领导下的分级管理体制,即在中央统一的方针政策指导下,对高等教育事业实行中央教育行政与地方教育行政分级管理、分工负责的管理体制。这种管理体制既重视中央政府对高等教育事业的统一领导,又重视在统一领导下中央与地方政府的分级管理。这种管理机制将高等教育管理的集权与分权有效地、科学地结合了起来,使中央与地方保持良好的沟通与联系,既加强了中央的宏观调控,又保证了地方自主权的发挥,已成为当今世界各国教育行政管理体制改革的基本趋势。

第二节　高等教育行政机关的法律地位、权利和责任

一、高等教育行政机关的法律地位

（一）高等教育行政机关的行政主体资格

高等教育行政机关是独立的行政主体。行政主体是指依法享有国家行政权力,能以自己的名义从事行政管理活动,并能够独立地承担由此所产生的法律责任的组织。行政主体实际上就是代表公共利益的抽象人格,是公共利益维护者和分配者的法律化。但是教育行政机关只有具备了法律意义上的主体资格后,才具有教育行政行为的权利能力和行为能力,并因此可以依法行使职权,开展教育行政活动,承担法律责任。教育行政机关的主体资格和教育行政机关的法律地位是联系在一起的。实际上,有了教育行政主体资格,就确立了教育行政机关的行政主体的法律地位,反之亦然。①

高等教育行政机关具有行政主体地位,是因为:① 它是依法建立的行政组织;② 它依法拥有教育行政职权;③ 它能以自己的名义行使教育行政职能;④ 它独立地承担自己行为所引起的法律责任;⑤ 它享有行政优益权;⑥ 它以自己的名义参加行政复议或诉讼活动。教育行政机关正是这样的行政主体。《宪法》第 85 条规定:"中华人民共和国国务院,即中央人民政府,是最高国家权力机关的执行机关,是最高国

---

① 黄巍.教育法学[M].北京:高等教育出版社,2007:110.

家行政机关。"《宪法》第 89 条规定了国务院的 14 项职权,第 105 条规定:"地方各级人民政府是地方各级国家权力机关的执行机关,是地方各级国家行政机关。"根据这些规定以及《教育法》第 14 条、第 15 条、第 16 条的规定,教育行政机关是政府领导和管理教育事业的行政主体。按照《高等教育法》第 13 条、第 14 条的规定,国务院统一领导和管理全国高等教育事业,省、自治区、直辖市人民政府统筹协调本行政区域内的高等教育事业。高等教育行政机关基于分工的不同是国务院和省、自治区、直辖市人民政府。

(二) 高等教育行政机关行政主体资格的构成要件

高等教育行政机关行政主体资格的主要构成要件有两个:一是组织要件,二是法律要件。组织要件主要包括:① 高等教育行政机关的成立必须获得国家有关机关的批准。国务院设立中央教育行政机关须经全国人民代表大会批准,省级教育行政机关的设立或合并须经国务院批准。② 高等教育行政机关的组织活动和管理,必须符合组织法律规范的规定。③ 已有法定编制并按照编制配备人员。④ 已有独立的行政经费预算。⑤ 已设置了办公地点和具备必要的办公条件。⑥ 已有政府公报公告其成立。法律要件包括:① 享有国家教育行政职权。根据《高等教育法》规定,高等教育行政职权只有省级以上教育行政机关才拥有,而其他任何机关都不具有。② 以自己的名义实施教育行政行为。教育行政机关必须具有独立的法律人格,能独立地对外发布决定和命令,独立采取措施,独立参加行政复议和行政诉讼活动等,否则就不是行政主体。③ 能够承担其行为所引起的法律责任。教育行政机关是国家教育行政职能的主要承担者和实施者,有效地、合法地行使其职权是其天职,否则就要承担其行为所引起的法律责任。

二、高等教育行政机关法律主体地位的体现

高等教育行政机关法律主体地位在行政法律关系和民事法律关系中有重要的体现。首先,高等教育行政机关是一个国家行政机关,是行政法关系的主体之一,由于其特殊性,高等教育行政机关与其他行政法关系主体形成管理与被管理的法律关系;其次,它是机关法人,在民事法律关系中,是民事法律关系主体之一,与其他民事法律关系主体是平等的关系。

(一) 教育行政法律关系中的高等教育行政机关

高等教育行政机关在教育行政过程中与其他国家机关、行政机关、自然人及社会其他组织发生各种各样的行政关系。这些行政关系,一经行政法律规范调整,就

构成了行政法律关系。行政法律关系是指受行政法律规范调控的因行政活动(权利活动和非权利活动)而形成或产生(引发)的各种权利义务关系。教育行政法律关系包括以下几层含义:一是教育行政法律关系是在实现国家教育行政职能的过程中产生的,即高等教育行政机关在行使国家教育权力的过程中形成的一种社会关系。二是受《行政法》《教育法》《高等教育法》等行政法律规范调整或约束的教育行政机关和其他组织或个人之间的社会关系。教育行政机关与其他国家机关、社会组织和自然人之间发生的各种各样的社会关系,只有通过行政法规范调整,才能形成行政法律关系。三是行政法律关系中的教育行政主体与相对人之间的权利与义务关系是一种法律关系,具有法律关系的一般特征,即行政法律关系包括了行政法关系主体、客体与内容。①

高等教育行政机关在教育行政法律关系中的地位和作用,主要体现在以下几个方面:

1. 高等教育行政机关在教育行政法律关系中具有主导性

主要体现是:① 在教育行政法律关系中教育行政主体是恒定的,即教育行政法律关系中教育行政主体必须包括行使高等教育行政职权的省级以上国家教育行政机关;② 教育行政主体的法定性,即教育行政主体资格的取得受到国家有关法律、法规的限制;③ 权利(力)、义务的确定性,即高等教育行政主体和相对人的权利(力)、义务关系是明确的。

2. 高等教育行政机关在教育行政法律关系中具有行政性

高等教育行政机关发挥行政管理职能的重要体现是通过对教育事务管理实现国家教育事业的发展目标。因此,高等教育行政机关及其相对人是管理与被管理的关系,而不是平等的关系。

3. 高等教育行政机关在教育行政法律关系中具有单方意志性

高等教育行政机关对其相对人的管理体现出国家的意志性。《高等教育法》规定,高等教育必须贯彻国家的教育方针,为社会主义现代化建设服务、为人民服务,与生产劳动和社会实践相结合,使受教育者成为德、智、体、美等方面全面发展的社会主义建设者和接班人。作为贯彻落实国家教育政策的执行部门,高等教育行政机关依法行政,落实国家意志。

(二) 民事法律关系中的高等教育行政机关

行政机关是机关法人之一。法人的成立需具备四个基本条件:一是依法成立,二是具有独立的财产,三是具有固定的名称和经营场所,四是能够独立承担民事

---

① 黄崴.教育法学[M].北京:高等教育出版社,2007:111.

责任。机关法人主要是指从中央到地方的、具备法人条件的各级各类国家机关。机关法人根据宪法、组织法和行政法的规定成立,依法行使国家各项权力。机关法人的经费主要来自国家财政或地方财政。① 高等教育行政机关自然是机关法人。

民事法律关系是指由民事法律规范所调整的社会关系。民法是调整平等主体之间的人身关系和财产关系的法律规范。因此在民事法律关系中高等教育行政机关与自然人和其他法人的法律地位是平等的。民事法律关系的形成一般通过意定的方式产生,即高等教育行政机关同其他民事主体之间通过意思自治的形式自愿设立。这与行政法律关系依据法定的方式设立具有本质的区别。

(三) 高等教育行政机关与其他行政机关

教育行政机关和其他行政机关存在着横向关系和纵向关系。从横向来看,各级行政机关的同级组成机关构成了横向的平行公务关系。中央教育行政机关与中央其他行政机关之间是横向平行的协助的公务关系。根据《高等教育法》第14条的规定,教育部一方面可以独立行使自己的职权,另一方面需要由其他各部委在国务院规定的职责范围内协助来协调和管理全国的教育事业。

从纵向来看我国各级教育行政机关之间的关系是上下级的隶属关系,这种隶属关系主要是在业务方面。教育部在国务院领导下领导和管理全国的高等教育事业,同时对各省(自治区、直辖市)教育行政部门的工作有领导的职责;各省(自治区、直辖市)教育厅或教育委员会对本行政区域内的高等教育事业的发展和教育行政机关有领导和管理的职责。需要说明的是,我国高等教育行政体制是"条块结合"的体制,"条"是指从中央政府到地方政府设置的专司某一方面职能的行政机关存在着上下级领导和被领导的关系;"块"是指各省级人民政府对本行政区域各方面事务进行统管,下级人民政府接受上级人民政府的领导和管理。其中负责某一方面行政事务的行政机关既是"条"系统的一部分,也是"块"系统的一部分;既接受本级人民政府的领导,又接受上级行政机关的领导。所以,我国地方高等教育行政机关既要接受本级人民政府的领导,又要接受本系统上级教育行政机关的领导。

三、高等教育行政机关的权利

国家行政机关领导和管理教育活动的范围比较广泛,教育权利和义务也比较复杂。教育法赋予国家及其行政机关的权利也是它们的权力,这种权力是国家及其行

---

① 黄葳.教育法学[M].北京:高等教育出版社,2007:113.

政机关享有的,也是不可放弃的。高等教育行政机关的行政职权主要包括以下几个方面。

(一) 高等教育行政立法权

高等教育行政立法权是指国务院及其下属各部委、经国务院批准的较大市以上的人民政府为了贯彻、落实党的教育方针,实施国家的教育法律和本地区的教育法规,对高等教育实施规范化的管理,依据国家宪法和法律确定的基本原则和基本程序,制定高等教育行政法规和行政规章的高等教育管理行为。

高等教育行政立法是特定的行政机关的职权、职责,并不是所有国家机关都拥有这一职权,也有别于权力机关的立法。特定行政机关依照法定程序制定的规范性文件具有法的效力,可以作为具体高等教育行政行为、高等教育行政执法的依据,也可以作为法院司法的参照依据。

(二) 高等教育行政决策权

高等教育行政决策权指国家教育行政机关依法对重大行政管理事项制订计划、作出决定的权力。行政决策对于行政机关有效地履行职责有着重要的作用。2017年1月教育部等三部委根据我国《统筹推进世界一流大学和一流学科建设总体方案》的要求,制定了《统筹推进世界一流大学和一流学科建设实施办法(暂行)》(简称《实施办法》),为我国高等教育的发展指明了方向。《实施办法》的出台是高等教育行政机关行使决策权的体现。

(三) 高等教育行政决定权

高等教育行政决定权,主要是指高等教育行政机关依法对教育行政管理中的具体事务的决定进行处理的权力。行政处理权是高等教育行政机关实施行政管理,履行行政职责中最经常、最广泛使用的一种行政权力。教育行政机关的决定权主要体现为教育行政机关对在教育事务的管理过程中做好什么工作、怎样去做以及不做将会产生什么后果等事项作出决定。高等教育行政机关在对教育事业的管理过程中,对教育发展规划的制定、学校制度的建设、对教育人员的管理、教育经费的预算等方面都具有决定权。

(四) 高等教育行政命令权

高等教育行政命令权是国家教育行政机关依法作出行政决定,要求特定的人或不特定的人实施一定行为或不实施一定行为的权力。在教育行政机关内部,教育行政机关是按阶层制原则建立的,内部运作的基本原则就是首长负责制,坚持指挥统一的原则;从各级教育行政机关的关系来看,中央教育行政机关和地方各级教育行政机关之间存在着领导和被领导的关系,所以存在着命令和服从命令的关系。

从实际组织的运行过程分析,命令与服从是教育行政工作正常进行的必要条件。《教育法》第15条规定:"国务院教育行政部门主管全国教育工作,统筹规划、协调管理全国的教育事业。"在具体的教育工作中,教育行政法规的贯彻执行主要依靠行政命令。行政命令可以针对特定的人和事,也可以针对不特定的人和事。后者与行政立法相似,多以规范性文件的形式发布。

(五) 高等教育行政执法权

教育行政执法就是国家教育行政机关及其公务员根据法律规定或上级的决定具体执法的行为,也是国家行政机关及其公务员具体适用法律、法规的行为。法律应保障国家行政机关独立行使行政执法权。具有高等教育行政管理权的行政机关可以通过制定具有普遍约束力的规范(表现为各种文件、规定等)以组织和管理高等教育事务;可以根据公民、法人或其他组织的申请,对申请者的有关能力和条件进行审查,对符合条件者颁发相应许可证或执照,依法赋予其从事某种高等教育活动的资格或权利;可以对学校和其他教育机构、教育工作者、受教育者以及其他组织和公民遵守有关高等教育法律法规、执行教育行政机关的决定命令的情况进行考察、了解;以及对违反高等教育法规的行为采取制裁措施。①

(六) 高等教育行政强制权

教育行政强制权,主要是指在教育行政管理中,对不依法履行义务的被管理对象采取法定的强制措施,以促使其履行法定义务的权力。教育行政强制权是对教育行政执法权的必要补充,为了高等教育行政管理目标的实现,制止违法、违规行为,是教育行政机关发挥行政管理职能的重要体现。

行政强制行为有即时强制执行和行政强制执行两种。即时强制执行是指特定的行政机关在紧急状态下,采取强制手段防止危害高等教育秩序的行为或事件发生或扩大的行为。行政强制执行则是在相对人拒不履行有关高等教育法规所规定的义务时,特定的行政机关采取强制措施,迫使其履行义务或使其达到与履行义务具有相同状态的行为。行政强制执行分间接强制履行和直接强制履行两类,间接强制履行包括替代履行和强制金;直接强制履行则是对被执行者的人身、财产、行为等方面直接施以强制力,迫使其履行义务。②

---

① 黄崴.教育法学[M].北京:高等教育出版社,2007:117.
② 黄崴.教育法学[M].北京:高等教育出版社,2007:118.

（七）高等教育行政处罚权

高等教育行政处罚权是指在高等教育行政管理过程中,为了保护高等教育主体的合法权益,对违反高等教育法律、法规的行为,依法给予处罚的法律制裁权力。根据我国《行政处罚法》第15条规定,行政处罚由具有行政处罚权的行政机关在法定职权范围内实施。高等教育行政处罚主要由省级以上教育行政机关实施,有直属高校的其他行政机关也可对其下属高校的违法行为实施行政处罚。行政机关在作出行政处罚决定之前,应当告知当事人做出行政处罚决定的事实、理由及依据,并告知当事人依法享有的权利。根据《行政处罚法》的相关规定,一般的行政处罚程序包括立案调查、审核调查结果、作出处罚决定、制作并送达处罚决定书等一系列过程。对一些情节比较复杂、违法程度较重、处罚较为严厉的案件,应当通过听证程序来实施处罚。受到高等教育行政处罚的行为通带是违法但未构成犯罪的行为,被处罚者在处罚过程中享有陈述权、申辩权,对于行政处罚不服的,有权申请行政复议或者提起行政诉讼。

（八）高等教育行政监督权

高等教育行政监督权是教育行政机关的职权之一。它源于教育行政管理的需要,是指行政机关为了保证高等教育管理目标的实现,对高等教育主体遵守及执行相关法律、法规,履行高等教育教学义务的情况进行监督和检查的权力。教育行政监督权是高等教育行政立法权、命令权和决定权实现的重要保障。高等教育行政机关的监督权是有法律授权的。《高等教育法》第44条规定:"高等学校的办学水平、教育质量,接受教育行政部门的监督和由其组织的评估。"

（九）高等教育行政奖励权

教育行政机关依法给予模范守法或作出重大贡献的教育行政相对人以物质奖励和精神奖励的权力。根据法定的行政奖励权,教育行政部门可以对教育工作成绩卓越的学校或其他教育机构、个人进行奖励。例如我国教育行政机关对在教育工作中取得优秀成绩的教师授予模范称号、对优秀的科研成果进行奖励等就是教育行政奖励权的运用。教育行政奖励权的典型特征是,教育行政部门实施行政奖励行为不具有强制性,相对人可以自由决定是否接受奖励。

（十）高等教育行政复议权

为了保护行政相对人的合法权益,防止和纠正违法的或者不当的具体行政行为,高等教育行政机关依照法定程序对具体教育行政行为进行行政复议。根据《行政复议法》第 6 条的规定,教育行政机关审查的争议对象,必须是行政主体应履行保护受教育权利的法定职责行政机关没有依法履行,或行政机关其他的具体行政行为侵犯行政相对人合法权益的案件。教育行政复议权只能由上一级教育行政机关或本级人民政府行使。

四、高等教育行政机关的法律责任

行政责任和行政职权是相伴随的。不存在没有行政责任的行政职权,也不存在没有行政职权的行政责任。高等教育行政机关在履行教育行政职权的时候必须承担由此引发的教育行政责任。高等教育行政机关是针对高等教育法律主体实施法律行为的特定部门,是教育行政机关属概念。下面从教育行政责任的角度探究高等教育行政机关的法律责任。

(一) 教育行政责任的含义与特征

教育行政责任可以从主体和内容两方面说明。从责任主体来看,对教育行政责任有三种理解:一是指教育行政主体的责任。西方一些国家把行政责任的范围限于国家和国家公务人员的行政法律责任。二是指行政相对人的责任,这实际上把责任推给了行政相对人。三是指行政主体的责任和行政相对人的责任两方面责任的结合。显然,把行政责任归结到行政相对人是不妥的,因为行政责任是行使行政职权引起的,行政相对人没有行政职权也就不能引发行政责任。同时,把行政主体的责任和行政相对人的责任放在一起也是不合适的。

从责任的内容来分析,行政责任有广义和狭义之分。广义的教育行政责任是指行政法律规范为行政主体所设定的义务以及行政主体不履行该义务所引发的法律后果或责任。这涵盖了两种责任:一是行政法律规范规定的、教育行政主体必须履行的义务,二是教育行政主体不履行法律规范规定的义务所引起的法律责任。狭义的教育行政责任指的是后者。比如我国《教育法》第 71 条规定:"违反国家有关规定,不按照预算核拨教育经费的,由同级人民政府限期核拨;情节严重的,对直接负责的主管人员和其他直接责任人员,依法给予行政处分。"

根据以上分析,教育行政责任是指教育行政机关及其执行公务的人员违反法定的教育职责和义务的责任。其基本特征有:一是教育行政职责是教育行政机关及其公务人员的责任。教育行政机关或其公务人员要承担自己的行政行为所引发的责任。二是教育行政责任是一种独立的法律责任,不包括道义或政治责任。首先它是法律规范所设定的责任,而不是约定的或道德的责任。其次,它是独立的责任,是道义责任、纪律责任或其他法律责任所不能替代的。三是教育行政责任是指教育行政机关及其公务人员违法或行为不当所应承担的法律后果。教育行政责任主要是指教育行政机关及其公务人员不履行职责和义务所应承担的法律后果，是法律意义上的责任，而不是一般的行政责任。一般的教育行政责任是教育管理学意义上的，而不是法学意义上的。

（二）教育行政责任的构成

确定教育行政责任是一件十分严肃的事情，所以必须要搞清楚教育行政责任的构成要件。构成教育行政责任的要件主要有以下四项：

1. 行政违法或不当是教育行政责任产生的前提

依法行政是各级教育行政机关及其公务人员的职责，依法行政就是在履行行政职权的时候，根据法定的职权和程序行为，不越权，不失职，不滥用权力。一旦违反这些法律义务，就构成了行政违法或不当，就要承担行政责任。

2. 教育行政责任主体是教育行政机关及其公务人员

教育行政责任的承担者是导致行政违法或不当的具有法律上的权利能力和行为能力的教育行政机关以及公务人员，而不是其他行政机关。

3. 教育行政责任必须发生在教育行政的行为中

只有当教育行政机关及其公务人员在执行教育公务中发生违法或不当，才引起教育行政责任。教育行政是由具体的教育行政人员进行的，这些教育行政人员并不总是在执行教育公务。所以，在确定教育行政责任的时候要搞清楚教育行政人员是不是在执行教育公务。

4. 承担教育行政责任必须考虑责任主体主观是故意或过失

确定教育行政责任，要以事实为依据，以法律为准绳，不仅仅根据客观上违反法律规范的事实归责，也需要考虑主观过错。主观上是故意还是过失虽然不影响行政主体承担行政责任，但却是确定承担责任大小的重要依据。

（三）教育行政责任的种类

按照行政责任的功能，一般都把行政责任分为惩罚性行政责任和补救性行政责任。这两类责任也适用于说明教育行政机关的行政责任。具体说明如下：

1. 惩罚性行政责任

责任形式有三种：行政批评、行政处分、行政处罚。行政批评，是一种精神性的惩罚，虽然不影响责任主体的实质性权利，但可以引起行政责任主体的警觉，以改正其不当的行为。行政批评可分为口头批评和通报批评。行政处分是对行政责任主体所犯的过错或轻微违法进行的一种制裁性的行政处理。根据《国家公务员暂行条例》规定，行政处分的形式有警告、记过、记大过、降级、撤职、开除六种。行政处罚是由法定行政主体按照行政管辖关系,对犯有一般的行政违法行为、但尚未构成犯罪的行政责任主体所作出的一种制裁性处理。

2. 补救性行政责任

这是以补救行政违法或不当后果为主要内容的行政责任。主要包括以下几种具体形式：

(1) 撤销行政违法行为。教育行政行为一经作出,就具有行政效力,但如果该行为违法或不当,就需要予以撤销。

(2) 履行职务。如果教育行政机关怠于行使职责,不履行其职权,有关国家机关或其上级教育行政部门或教育行政相对人可以要求其依法履行职责。

(3) 返还权益。如果教育行政主体侵犯了相对人的权益,就需要在撤销教育行政主体违法的行为的同时,返还相对人的利益。例如教育行政机关错误地解聘一位教师,就需要撤销解聘该教师的决定,并补偿其所受到的损失。

(4) 恢复原状。它既是民事责任的一种形式,也是行政责任的一种形式。例如教育行政机关不当地解散一所学校,除了撤销这一不当行为,还应恢复学校的名誉、招生和对其的拨款等。

(5) 纠正不当。即对不当的教育行政行为进行纠正。

(6) 行政赔偿。对一些无法恢复原状的行政责任,就需要一定的经济赔偿。

(7) 恢复名誉。教育行政机关行政违法造成相对人名誉上的损害时,应恢复其名誉。

(8) 承认错误、赔礼道歉。这也是一种精神上的补救责任形式。具体行政行为违法或不当的教育行政机关应向相对人承认错误,并以口头或书面方式赔礼道歉。

思考题：

1. 什么是高等教育行政机关？高等教育行政机关在教育行政关系中主体地位是如何体现的？
2. 高等教育行政机关的权利体现在哪些方面？
3. 什么是教育行政法律责任？教育行政法律责任的构成要件是什么？
4. 教育行政法律责任有哪些类型？

第六章 高校

内容提要

本章从高校设立的基本条件、基本程序两方面入手,着重分析了高校的法律地位,并详细阐释了高校权利与义务的内容、高校校长的任职条件和法律责任以及高校的内部管理机制。

学习目标

1. 了解高校设立的基本条件。
2. 掌握高校权利义务的基本内容。

高校是开展高等教育教学活动的重要组织,也是贯彻和落实高等教育政策的执行者。高校办学自主权的发展对于提高教育教学质量、维护教师和学生的权益具有重要的意义。

第一节 高校的法律地位

一、高校的设立

(一)高校设立的基本条件

高校是实施教育教学活动的机构,必须具备一定的人力、物力和财力条件。受经济和文化发展水平的影响,各国对高校设置条件的要求不尽相同,但都做出了法律规定,以保证学校建立后能够顺利开展教育教学工作。我国对高校设立的条件有明确的法律规定。《民法通则》第37条和《民法总则》第54条规定了作为法人应具备的条件。《教育法》第27条规定了设立学校必须具备的基本条件。综合《高等教育法》的规定,高校的设立应符合下列要求。

1. **有组织机构和章程**

组织机构和章程是学校存在的必要前提。学校的组织机构是实现办学目的的有机统一体。高校章程是保证学校正常运行的基本文件,主要包含以下事项:① 学校名称、校址;② 办学宗旨;③ 办学规模;④ 学科门类的设置;⑤ 教育形式;⑥ 内部管理体制;⑦ 经费来源、财产和财务制度;⑧ 举办者与学校之间的权利、义务;⑨ 章程修改程序;⑩ 其他必须由章程规定的事项等。这是高校存在和活动的基本依据和准则,是学校的"基本法"。学校制定机构章程,是教育现代化的必然要求,是依法治校的需要,也是高校及其他教育机构办学发展自我约束机制的保障。

2. **有合格的教师**

教师是学校教育教学活动的主体,拟申请设立的学校要有稳定的教师来源,并能够通过聘任专职、兼职教师,建立一支数量和质量都合乎《教师法》及国家其他有关规定的教师队伍。我国《教师法》第10条规定:"国家实行教师资格制度。"高校承担教育教学任务的人员必须具备研究生或者大学本科毕业学历,并取得相应的教师资格证书。

3. **有符合规定标准的教学场所及设施、设备等**

这是办学必须具备的物质条件,是教育教学的必要保障。否则,教育教学活动无法开展,教育质量更无法保证。拟申请设立的学校应根据其性质、层次和规划的不同要求,有相应的校舍、场地、教学仪器、设备、图书资料等,并且要符合规定标准。"规定标准"包括:校舍规划面积定额、教室和课桌椅的规格要求、班级学生定额、学生活动场地标准等。这其中既有保证教育教学正常进行的必要物质标准,也有涉及学校卫生、安全等方面的具体要求。

4. **有必备的办学资金和稳定的经费来源**

拟设立的学校除了要有必要的物质条件外,还需要不断投入流动资金,以保证教育教学活动的正常运转。因此,设立的学校及举办者必须根据所办机构的要求搞好办学费的收支预算,保证通过财政拨款、自有资金以及社会捐赠等合法渠道筹集到设立学校所必需的启动资金,并确保学校设立后,有稳定的经费来源。《教育法》第54条第一款规定:"国家建立以财政拨款为主、其他多种渠道筹措教育经费为辅的体制,逐步增加对教育的投入,保证国家举办的学校教育经费的稳定来源。"

5. **具有较强的教学、科研能力**

按照《高等教育法》第25条规定,大学或者独立设置的学院还应当具有较强的教学、科学研究力量,较高的教学、科学研究水平和相应规模,能够实施本科及本科以上教育。大学还必须设有三个以上国家规定的学科门类为主要学科。

(二) 高校设立的基本程序

学校的设立不仅有实体规范,也有程序规范。学校设立的基本程序既是法人成立的形式要件,也是国家及其主管机构对学校法人进行管理和监督的关键。我国《教育法》第 28 条规定:"学校及其他教育机构的设立、变更和终止,应当按照国家有关规定办理审核、批准、注册或者备案手续。"其中,"审批"和"登记注册"是我国学校设立的两种程序管理制度。

1. 审批

审批一般适用于各级各类正规学校、单独设置的职业培训机构等。审批制度一般包括审核、批准和备案等环节。举办者向主管机关提出申请,主管机关根据设置标准和审批办法,有权决定是否准予办学。审批时,主管机关不仅要审核学校设置是否符合法律规定的基本条件和有关标准,而且要审核、论证其是否符合本地区的教育事业发展规划等,经审批后符合标准的,批准其设立。获得批准的学校,其设立分为批准筹建和批准招生两个阶段。在批准筹建阶段,拟设立学校的举办者要向主管部门递交设立学校的可行性论证报告和筹建申请,主管部门批准通过后,学校进入筹建阶段。建设基本就绪的学校,其设立审批进入第二阶段,举办者可向主管部门提出招生申请,并提交筹建情况报告书,主管部门接到建校招生申请书后对学校筹建情况进行审查,认为符合法律规定的设立条件并达到有关设置标准的,做出准予正式建校招生的决定。在完全具备建校招生条件的情况下,也可直接申请正式建校招生。

《中华人民共和国高等教育法》第 29 条规定:"设立实施本科及以上教育的高等学校,由国务院教育行政部门审批;设立实施专科教育的高等学校,由省、自治区、直辖市人民政府审批,报国务院教育行政部门备案;设立其他高等教育机构,由省、自治区、直辖市人民政府教育行政部门审批。审批设立高等学校和其他高等教育机构应当遵守国家有关规定。审批设立高等学校,应当委托由专家组成的评议机构评议。高等学校和其他高等教育机构分立、合并、终止,变更名称、类别和其他重要事项,由本条第一款规定的审批机关审批;修改章程,应当根据管理权限,报国务院教育行政部门或者省、自治区、直辖市人民政府教育行政部门核准。"

2. 登记注册

登记注册是指主管部门对申请者提交的申请设立教育机构的报告进行审核,如未发现有违背法律、法规规定的情形的,只要拟办的教育机构符合设立条件和设置标准,就予以登记注册,使其取得合法地位。许多国家的私立学校采取的是登记制度,我国只对幼儿园或者实施非学历教育的高等教育机构的设立采取登记制度,其余学校都采取审批制度。城市幼儿园的举办,由所在乡、镇人民政府登记注册,并报县级教育行政部门备案。

二、高校的法律地位

高校的法律地位,是指其作为实施教育教学活动的组织机构,在法律上享有权利能力和行为能力,并以此在具体的法律关系中取得的主体资格。学校在不同的条件下可以具有两种不同的法律关系主体资格:一种是以"权力服从为基本原则",以领导和被领导为管理内容,受行政法调整的教育行政主体,体现在政府与学校的纵向关系之间;另一种是以"平等有偿为基本原则",以财产所有和流转为主要内容,受民法调整的教育民事主体,体现在不具有行政隶属关系的学校、行政机关、企事业单位、社会团体、个人等横向关系之间。

根据我国《教育法》的规定,学校是按照国家有关规定办理审核、审批、注册或者备案手续的社会公共利益性质的非营利性法人组织,因此,学校可以通过授权的方式成为行政主体。《教育法》第三章已经对学校进行授权。学校作为民事法律关系的主体,其法人地位是明确的。《教育法》第32条第一款和第二款规定:"学校及其他教育机构具备法人条件的,自批准成立或者登记注册之日起取得法人资格。学校及其他教育机构在民事活动中依法享有民事权利,承担民事责任。"但学校法人地位的取得是有条件的,即要符合学校设立的基本条件。不仅如此,学校取得法人资格也要受到一定的限制。法人资格的确立使学校和一般法人一样,具有相同的民事权利与义务。但是,学校设立的目的既不是为参加民事流转(但参加民事流转是其必要条件,如购买办学设备等),也不是为一般的社会公益,而是为社会培养人才。因此,作为特别法人的学校,其民事权利能力要在国有资产不能流失、校办产业独立承担民事责任以及教育活动范围等方面受到必要的限制。《教育法》第32条第三款规定:"学校及其他教育机构中的国有资产属于国家所有。"国有资产是当前我国学校特别是国家举办的教育机构中重要的教育资源,学校依法享有对这部分国有资产的占有权和使用权,但在对其进行使用和管理的同时,必须保证国有资产的国家所有,任何部门、组织和个人都不得侵占、挪用、截留,甚至破坏、私分。学校应根据国家的有关规定用好、管好国有资产,不得随意改变用途、挪作他用,不得用作抵押,或为他人担保等,以确保国有资产不致流失。该条第四款规定:"学校及其他教育机构兴办的校办产业独立承担民事责任。"校办产业应当取得法人资格,以其全部法人财产独立承担民事责任,学校不对校办产业的行为承担连带民事责任,其财产必须与其兴办的校办产业的财产分离,不得以用于教学和科研的资产为校办产业提供担保。各级各类学校必须严格按照本章程规定的活动范围从事有关教育的活动。

明确学校的法人地位有利于保障学校享有民事权利,如法人财产权、债权、知识产权以及名称权、名誉权、荣誉权等。学校能够以独立法人身份进行一些民事活动,使其民事权利能力和行为能力得以运用。同时,也要以法人的身份独立承担一切因自己的行为引起的民事责任,包括违反合同的民事责任、侵犯其他社会组织和公民个人合法权益的民事责任等。

第二节 高校的权利和义务

一、高校的权利

（一）学校及其他教育机构的基本权利

《教育法》第 29 条对学校及其他教育机构可行使的权利作了九个方面的规定。这也是高等学校及其他高等教育机构的基本权利。

1. 按照章程自主管理

高等学校及其他高等教育机构一经批准设立或登记注册设立，其章程所规定的内部自主管理的各项权利就得到了法律的确认。高等学校及其他高等教育机构就可以根据章程确立的办学宗旨、管理体制，全面实施自主管理、自主办学。

2. 组织实施教育教学活动

教育教学活动是高等学校及其他高等教育机构最基本、最主要的活动。法律授权高等学校及其他高等教育机构按照自己的办学宗旨和所承担的任务，在遵守依据国家法律法规的前提下，决定和实施自己的教学计划，决定课程、教材、课时、教学进度等，组织教学检查，对学生进行考试、考核等。

3. 招收学生或者其他受教育者

学校及其他教育机构根据自己的办学宗旨、培养目标、规格、任务及办学条件、能力，依据国家的有关规定，有权制定具体的招生办法，发布招生广告，决定招生数量，决定是否录取等。

4. 对受教育者进行学籍管理，实施奖励或者处分

学校及其他教育机构对所招收的学生或者其他受教育者具有管理的权利和义务。学校及其他教育机构根据主管部门的学籍管理规定，有权针对本机构与受教育者的具体情况，制定有关入学与报到、考试与成绩、纪律与考勤、休学与复学、转学、退学等管理办法，并以此为依据，根据受教育者的表现，进行奖励或者处分。

5. 对受教育者颁发相应的学业证书

学业证书是对受教育者学习经历、知识水平、专业技能等的证明。对经考核成绩合格的受教育者，学校及其他教育机构可以发给相应的学校和其他高等教育机构证书（如毕业证书、结业证书等）。

6. 聘任教师及其他职工，实施奖励或者处分

对教师的管理是纳入国家的人事管理制度中进行的，但国家对教师的管理又是由学校及其他教育机构实施的。学校及其他教育机构有权根据国家有关教师和其他职工管理的法规、规章和主管部门的规定,制定适应本机构需要的教师及其他职工管理的规章制度,决定聘任、解聘教师和其他职工,并对教师和其他职工进行奖励或者处分。

7. 管理、使用本单位的设施和经费

学校及其他教育机构对其占有的场地、教室、宿舍、教学设备等设施、办学经费以及其他有关财产具有管理和使用权。但这项权利在行使时有一定的限制,如学校及其他教育机构用于教学、科研的资产不得转移使用目的,不得用于作抵押或为他人担保。这是为了防止影响正常的教育活动,或造成国有资产的流失。

8. 拒绝任何组织和个人对教育教学活动的非法干涉

这里所说的"任何组织"包括任何行政机关、企业事业单位、社会团体,而"非法干涉"在现实中的形式多种多样,如侵犯师生的人身安全、强占校舍和场地、对学校及其他教育机构乱摊派等。对这些非法干涉教育教学活动的行为,学校及其他教育机构有权予以拒绝。

9. 法律、法规规定的其他权利

如高校作为法人可以享有民事法律规范所规定的民事权利。

(二) 高等学校的办学自主权

高等学校的办学自主权是指高等学校依法自主决定学校事务的权利。《高等教育法》第11条规定:"高等学校应当面向社会,依法自主办学,实行民主管理。"高等学校办学自主权的大小,体现的是高等学校和政府、社会的关系。扩大高等学校的办学自主权是多年来高等教育改革的一项重要内容。高等学校的办学自主权主要包括以下方面。

1. 制定招生方案和调节系科招生比例的自主权

高等学校可以自己制定招生方案,调节系科招生比例。但在行使这一自主权时,应依据三方面的因素:一是社会的需求;二是学校自身的办学条件,包括师资、校舍、教育教学设施及其他生活设施的条件与水平;三是国家核定的办学规模。

2. 设置和调整学科专业的自主权

高等学校可以根据经济社会变化和自身发展的需要自主设置和调整学科、专业。

3. 制订教学计划、选编教材、组织实施教学活动的自主权

高等学校根据教学需要,自主制订教学计划,选编教材,组织实施教学活动。

4. 科学研究、技术开发和社会服务的自主权

科学研究是高等学校的一项重要职能。高等学校可以根据自身条件,自主开展科学研究、技术开发和社会服务。国家鼓励高等学校同企业事业组织、社会团体及其他社会组织在科学研究、技术开发和推广等方面进行多种形式的合作。国家支持

具备条件的高等学校成为国家科学研究基地。

5. 依法开展对外科学技术文化交流与合作的自主权

高等教育的国际化是一种必然的趋势。国家鼓励高等学校开展教育对外交流与合作。高等学校按照国家有关规定,可以自主开展与境外高等学校之间的科学技术文化交流与合作。但是高等学校在对外交流与合作的道程中,不得损害国家主权、安全和社会公共利益。

6. 按照国家有关规定具有校内人事权

高等学校可以根据实际需要和精简、效能的原则,自主确定教学、科学研究、行政职能部门等内部组织机构的设置和人员配备;按照国家有关规定,评聘教师和其他专业技术人员的职务,调整津贴及工资分配。

7. 学校财产依法自主管理和使用权

高等学校对举办者提供的财产、国家财政性资助、受捐赠财产依法具有管理权和使用权,但是否拥有财产的所有权则要根据具体情况决定。对大多数公立学校来说,其举办者是国家或有关政府部门,举办者提供的财产属于国家的财产,高等学校不具有所有权。对于社会力量举办的高等学校来说,举办者提供的财产以及受捐赠的财产,其财产所有权归高等学校法人所有。但对指定用途的国家财政性资助和捐赠财产,高等学校必须按照事先指定的用途管理、使用。同时,高等学校不得将用于教学和科研活动的财产挪作他用。

8. 对教师、管理人员和教学辅助人员及其他专业技术人员的考核权和依法对学生、学生社团的教育和管理自主权

高校可以立足学校发展,制定关于教师、管理人员和教学辅助人员等科研和教学等方面的考核政策,并依据该政策开展对上述人员的考核工作。这是高校行政管理权力实施的重要体现。同时高等教育教学的要求和目标,高校应加强学生的思想教育,培养德智体美全面发展的社会主义建设者。

二、高校的义务

权利与义务是相互对应的。学校及其他教育机构在享有以上权利的同时,也必然要承担起相应的义务。《教育法》第 30 条对学校及其他教育机构应履行的义务作了六个方面的规定:

1. 遵守法律、法规

这是法律对任何社会组织的基本要求。同时学校及其他教育机构不仅应履行一般意义上的对于所有社会组织的义务,而且应履行教育法律、法规、规章中为学校及其他教育机构确立的特定意义上的义务。

2. 贯彻国家的教育方针，执行国家教育教学标准，保证教育教学质量

学校及其他教育机构在组织实施教育教学活动的过程中，都应保证贯彻国家的教育方针和教育教学标准，为社会培养德、智、体全面发展的各类人才。

3. 维护受教育者、教师及其他职工的合法权益

招收学生或其他受教育者，聘任教师及其他职工是学校及其他教育机构的权利。学校及其他教育机构要承担起维护本机构内部成员合法权益的责任。如不得克扣、拖欠教职工工资，不得拒绝符合入学条件的受教育者入学，等等。在受教育者、教师及其他职工的合法权益受到其他社会组织或个人侵犯时，学校及其他教育机构有义务积极协助有关单位查处违法行为人，维护本机构内部成员的合法权益。

4. 以适当方式为受教育者及其监护人了解受教育者的学业成绩及其他有关情况提供便利

学校及其他教育机构不得拒绝受教育者及其监护人了解学业成绩和其他在校情况等的请求。学校及其他教育机构还应提供便利条件，帮助受教育者及其监护人行使这项知情权。学校及其他教育机构在提供受教育者学习成绩及其他个人有关情况时，必须采用适当方式，不得侵犯受教育者的隐私权、名誉权等，不得损害受教育者的身心健康。

5. 遵照国家有关规定收取费用并公开收费项目

和一般企业不同，学校及其他教育机构是公益性机构。学校及其他教育机构不仅应当按照中央和地方各级政府及其有关部门的收费规定，确定收取学杂费的具体标准，而且收费项目应向社会公开，接受家长和社会各界的监督。

6. 依法接受监督

为了保证国家的教育方针和教育教学标准，学校及其他教育机构必须接受政府及社会的各种形式的监督，并予以积极配合。《高等教育法》第44条规定："高等学校应当建立本学校办学水平、教学质量的评价机制，及时公开相关信息，接受社会监督。"教育行政部门负责组织专家或者委托第三方专业机构对高等学校的办学水平、效益和教育质量进行评估。评估结果应当向社会公开。

除上述义务以外，《高等教育法》第31条规定："高等学校应当以培养人才为中心，开展教学、科学研究和社会服务，保证教育教学质量达到国家规定的标准。"这是《高等教育法》对高等学校义务作的原则性规定。第8条规定："国家根据少数民族的特点和需要，帮助和支持少数民族地区发展高等教育事业，为少数民族培养高级专门人才。"这是我国基于少数民族地区经济发展人才匮乏的现实，给高校在人才培养上提出的义务。

第三节　高校的管理

一、校长

（一）校长的法律地位

校长的法律地位，是指法律规定的校长在学校管理中的主体资格。校长的法律地位体现在两个方面：一是校长是学校的主要行政负责人；二是校长是学校的法人代表。作为行政负责人，对外校长要代表学校向上级党组织和教育行政部门负责，对内要全面领导和负责学校的各项行政工作，对教职工、学生及其家长负责。作为学校的法定代表人，校长要依法行使职权，保障学校各方面的利益，同时要依法履行义务，对自己及其学校的行为负责，对行为的不利后果承担相应的责任。校长在教育现代化的过程中地位越来越重要，在与政府、学校和社会关系的处理中，必须从法律上规范校长的地位，同时保障校长的权益。

（二）校长的权利与义务

1. 校长的权利

校长权利具有两个方面的含义：校长的岗位职权具有公共权力的属性，因为，作为学校的法人代表，校长受国家和社会委托管理和领导学校；同时，校长在履职中也需要获得一定的利益，即私权利。根据《教育法》《高等教育法》的规定，国家举办的高等学校实行中国共产党高等学校基层委员会领导下的校长负责制。高等学校的校长全面负责本学校的教学、科学研究和其他行政管理工作，具有决策权、教育教学权、人事权、财务权等权利（力）。具体而言，高等学校的校长可以按照法律的规定，享有以下权利：① 根据学校的发展需要，拟订发展规划，制订具体规章制度和年度工作计划并组织实施；② 按照国家的教育方针，组织教学活动、科学研究和思想品德教育；③ 基于学校优化管理的需要，拟订内部组织机构的设置方案，推荐副校长人选，任免内部组织机构的负责人；④ 加强教育教学管理，聘任与解聘教师以及内部其他工作人员，对学生进行学籍管理并实施奖励或者处分，保证以培养人才为中心的各项任务的完成；⑤ 根据法律规定，拟订和执行年度经费预算方案，保护和管理校产，维护学校的合法权益；⑥ 章程规定的其他职权。

2. 校长的义务

基于权利与义务的对等性，法律在赋予校长权利的同时，必然要规定其履行相应的义务，作为其享有权利和行使权力的制约。

(1) 全面管理学校

校长有义务贯彻国家的教育方针,执行国家教育教学标准,挖掘学校教育教学潜能,保证教育教学质量;有义务维护学校的合法权益;有义务定期向教育行政部门汇报学校的各项情况,如教育教学实施运行情况、学校经费使用情况、教职工流动情况等;有义务接受党组织的政治思想监督,进行教职工和学生的思想政治和道德教育。

(2) 维护教职工合法权益

校长有义务督促教职工遵纪守法,依法代表学校维护教职工的合法权益;有义务将与学校、教职工有关的重大决策或方法提交学校教职工代表大会审议,并定期向学校教职工通报学校的工作情况,加强民主建设,接受教职工的监督;有义务加强教职工队伍建设,改善教职工的福利待遇,关心教职工的生活,协同工会设法解决教职工生活上的困难。

(3) 维护学生合法权益

校长有义务听取学生对学校的建议和意见,通过合法、合理途径维护学生的合法权益;有义务组织教师指导学生遵纪守法,为学生组织或个人提供参与学校管理的机会;有义务以适当的方式为学生及其家长了解其掌业成绩及其他有关奖惩情况提供便利。

(4) 推动高校发展与经济社会的联系

服务社会是大学发展目标,也是校长的义务之一。因此高校的建设与发展应立足于国家重大战略需求和区域发展的实际需要,推动区域经济社会文化的发展。同时,校长应推动高校积极加强与企业的合作,提高科学发展对地方经济发展和企业技术革新的支撑力;应提高高校的人才培养质量为经济社会发展提供创新性人才。

二、校长的任职条件与法律责任

(一) 校长的任职条件

校长必须具备法律规定的任职条件。《教育法》第31条第二款规定:"学校及其他教育机构的校长或者主要行政负责人必须由具有中华人民共和国国籍、在中国境内定居、并具备国家规定任职条件的公民担任,其任免按照国家有关规定办理。学校的教学及其他行政管理,由校长负责。"同时,校长还要具备政治条件、业务条件、身体条件等。校长要拥护中国共产党的领导,热爱社会主义祖国,热爱教育事业,热爱本职工作,认真贯彻执行党和国家的教育方针、政策、法规,团结同志、严于律己、顾全大局,关心爱护学生,言行堪为师生的表率。校长要具有较好的教育、教学业务基础,有指导、组织教育教学和管理学校工作的能力。校长要身心健康,能胜任学校管理工作。根据《高等教育法》规定,高校的校长由符合教育法规定的任职条件的公民担任。高等学校的校长、副校长按照国家有关规定任免。

(二) 校长的法律责任

作为学校的行政负责人和法人代表,校长要依法行使职权,保障学校各方面的利益,同时依法履行义务,对自己及学校的行为负责,对行为的不利后果承担相应的责任。

1. 在学校管理活动中的法律责任

校长作为学校行政负责人在办学、招生、考试、颁发证书等学校管理活动中要依法办事,认真履责,否则,要代表学校承担相应的法律责任。《教育法》第73条规定,明知校舍或者教育教学设施有危险,而不采取措施,造成人员伤亡或者重大财产损失的,对直接负责的主管人员和其他直接责任人员,依法追究刑事责任。《教育法》第75条规定,对于违反国家有关规定,举办学校或者其他教育机构的,对直接负责的主管人员和其他直接责任人员,依法给予处分。《教育法》第76条规定,违反国家有关规定招收学员的,对直接负责的主管人员和其他直接责任人员,依法给予处分,如触犯《治安管理处罚法》或构成犯罪的,应同时对有关责任主体依法予以治安管理处罚或由司法机关依法追究刑事责任。《教育法》第78条规定,学校及其他教育机构违反国家有关规定向受教育者收取费用的,由教育行政部门或者其他有关行政部门责令退还所收费用;对直接负责的主管人员和其他直接责任人员,依法给予处分。《教育法》第82条规定,违法颁发学位证书、学历证书或者其他学业证书的,对直接负责的主管人员和其他直接责任人员,依法给予处分。

2. 在学校管理活动之外的法律责任

校长作为自然人,在学校管理活动之外,在民事领域和刑事领域违反法律规定应承担民事责任或刑事责任。根据《教育法》第83条规定,侵犯教师、受教育者、学校或者其他教育机构的合法权益,造成损失、损害的,应当依法承担民事责任。根据《教育法》第80条规定:校长在国家考试中组织作弊,有违法所得的,由公安机关没收违法所得,并处违法所得一倍以上五倍以下罚款;情节严重的,处五日以上十五日以下拘留;构成犯罪的,依法追究刑事责任。

三、高校的内部管理

高等学校内部管理体制是高等学校内部的领导分工、机构设置、管理权限以及相互关系的根本组织制度。它直接支配着高等学校的管理工作,是一项事关全局的制度。

(一) 国家举办的高等学校的内部管理体制

高等学校的内部管理体制是高等教育法立法的难点。对于国家举办的高等学校,《高等教育法》明确规定,实行中国共产党高等学校基层委员会(即学校党委)领导下的校长负责制。

高等学校党委按照中国共产党章程和有关规定,统一领导学校工作,支持校长独立负责地行使职权,其领导职责主要是:执行中国共产党的路线、方针、政策,坚持社会主义办学方向,领导学校的思想政治工作和德育工作,讨论决定学校内部组织机构的设置和内部组织机构负责人的人选,讨论决定学校的改革、发展和基本管理制度等重大事项,保证以培养人才为中心的各项任务的完成。

高等学校实行党委领导下的校长负责制,这是由我国高等学校的性质、任务和特点决定的,是符合中国国情的。高等学校是培养高级专门人才的地方,有很强的意识形态色彩和很明显的政治因素,加强党对高等学校的领导尤为重要。实践证明,实行党委领导下的校长负责制,有利于加强党对高等学校的领导,有利于坚持社会主义办学方向,有利于高素质人才的培养,也有利于实行民主集中制和发挥校长的作用。这种把党组织的思想政治优势和校长的行政管理优势结合起来,把集体领导和个人分工负责结合起来的领导体制是具有中国特色的高校管理体制。《高等教育法》把这种领导体制用法律条文规定下来,具有重要的现实意义和深远的历史意义。

(二) 民办高校的内部管理体制

民办高校的内部治理机构分为决策机构、执行机构和监督机构三个组成部分。决策机构包括股东大会和董事会,执行机构主要是以校长为首的校务管理层,监督机构主要是以监事会为重点的内部监督机构。

1. 决策机构

股东大会是我国民办高校的最高决策机构,股东在股东大会上出于信任推选董事,组成董事会。民办高校的董事会由举办者或者其代表、校长、教职工代表等人员组成,其中三分之一以上的理事或者董事应当具有五年以上教育教学经验。学校董事会由五人以上组成,设董事长一人。董事会作为拥有治理权的常设机关,全权负责学校的经营活动,拥有对学校法人财产的支配权,对学校校长的聘用、奖惩以及解雇权;修改学校章程和制定学校的规章制度,制定发展规划和批准年度工作计划;筹集办学经费,审核预算、决算;决定教职工的编制定额和工资标准;决定学校的分立、合并、终止以及其他重大事项。①

---

① 赵旭明.民办高校治理研究[D].北京:中共中央党校,2006:30.

2. 执行机构

民办学校校长受聘于董事会，作为董事会意志的执行者，在其授权范围内管理学校。民办学校内部组织机构的设置方案由校长提出，报董事会或者其他形式决策机构批准。校长依法独立行使教育教学和行政管理职权。《民办教育促进法》及其实施条例针对民办学校特殊的领导体制，对民办学校校长的职权做了详细规定。民办学校校长负责学校的教育教学和行政管理工作，行使下列职权：执行理事会、董事会或其他形式决策机构的决定；实施发展规划，拟订年度工作计划、财务预算和学校规章制度；聘任和解聘学校工作人员，实施奖惩；组织教育教学、科学研究活动，保证教育教学质量；负责学校日常管理工作六学校理事会、董事会或者其他形式决策机构的其他授权。为了充分保障民办学校校长职权的有效行使，《民办教育促进法实施条例》还特别规定，"民办学校校长依法独立行使教育教学和行政管理职权""民办学校的举办者参加学校理事会、董事会或者其他形式决策机构的，应当依据学校章程规定的权限与程序，参与学校的办学和管理活动"，而不能任意地干预学校事务。

3. 监督机构

《民办教育促进法》第 20 条规定，民办学校应当设立学校理事会、董事会或者其他形式的决策机构并建立相应的监督机制。民办高校应通过学校内部权力的分立与制衡形成监督机制，具体可分为股东大会的监督、董事会的监督和监事会的监督。民办高校应形成以监事会为重点的内部监督机构。监事会的监督活动具有完全独立性，并且它监督的是学校的一切活动，以董事会和校长为监督对象，对其违反法律、法规或章程的行为进行监督，同时当董事会或校长的行为损害学校的利益时，要求其予以纠正。为了完成其监督职能，监事会成员必须列席学校的董事会会议，以便了解决策情况。

思考题：

1. 什么是高校办学自主权？高校办学自主性体现在哪些方面？
2. 高校校长的任职条件是什么？高校校长有哪些职责？

第七章 高校教师

内容提要

本章以高校教师的含义和作用为核心,阐释了高校教师的法律地位,并分析了高校教师的权利与义务。

学习目标

1. 掌握高校教师的法律地位。
2. 掌握高校教师权利与义务的内容。

高校教师是高等教育教学的组织者和实施者,发挥高校教师在教学和科研活动中的主观能动性,对于我国教育事业的发展具有重要意义。尊重高校教师的法律地位,维护高校教师的权利,是保障高校教师任职履责的首要前提。高校教师也应增强法律意识,依法施教。

第一节 高校教师的法律地位

高校教师是实现高等教育现代化,建设教育强国的核心要素。随着高等教育体制改革的不断推进,高校教师的法律地位也在不断发生着变化。高校教师的法律地位是以法律形式规定的教师在高等教育教学法律关系中的法律身份。

一、高校教师的法律含义

《教师法》第 2 条规定:"本法适用于在各级各类学校和其他教育机构中专门从事教育教学工作的教师"。第 3 条进一步规定教师是"履行教育教学职责的专业人员,承担教书育人,培养社会主义事业建设者和接班人、提高民族素质的使命"。可见,法律意义上的教师与其工作单位、从事的职业和职业的特征具有密切的联系。

《高等教育法》进一步明确高校教师不同于教学管理人员、教学辅助人员和其他专业技术人员,高校教师是指在高校中专门从事教育教学和科学研究职责的专业人员。其含义包括以下三个方面。

(一) 高校教师是一种专门的职业

1966年10月,联合国教科文组织发表的《关于教师地位的建议》明确指出:"教育工作应被视为专门职业。这种职业是一种要求教师具备经过严格而持续不断的研究才能获得并维持专业知识及专门技能的公共业务。"[1]在《教师法》颁布之前,按照我国的人事管理制度,教师职业并不是一种专门的职业。随着社会的发展,教师的角色也随之变化,从新中国成立初期的"国家干部",到20世纪90年代的"准公务员",再到现在的"事业单位聘用制工作人员",教师职业作为一种专门职业的特性越来越明显。[2]《教师法》第3条"教师是履行教育教学职责的专业人员"的规定把教师职业确定为一个专门性的社会职业,在一定程度上体现了教师的职业特点,使教师管理从一般的人事管理制度中分离出来,有利于建立和完善科学的教师管理制度。

作为一种专门职业,教师有特定的职业标准。1989年,奥斯汀根据权威的研究成果,概括了专门职业的14项特征,并指出其中4项是最重要的标准:① 一套完善的专门知识和技能体系作为专业人员从业的依据;② 对于证书的颁发标准和从业的条件有完整的管理和控制的措施;③ 对于职责范围内的抉择有自主决策的权力;④ 相当高的社会声望以及经济地位。由于教师职业的特殊性,成为一种专门的职业必须符合以下几条标准:① 经过长期的训练(通常为4~5年),掌握系统的理论知识和教育教学的基本技能和技术;② 具有专业自主权,即教师在教育教学活动中对其业务领域问题的处理是根据其高度的专业素养而作出的明智判断和选择,对其所负责的事务可作全权处理而避免他人不利的干涉;③ 为社会提供重要服务,即教师对全民教育目标的实现、国民素质的提高、缓解人类生存和发展中面临的问题具有举足轻重的作用;④ 以献身精神为核心的教师职业伦理规范;⑤ 实行教师资格制度;⑥ 有完善、系统的在职进修制度;⑦ 有自己的专业自治组织。因此,根据现代教师的职业特性,我们可以说,教师职业是一种专门职业。[3] 高校教师作为教师专业群体的一部分,显然具有上述职业特征。

---

[1] 联合国教科文组织.世界教育报告:1998:教师和变革世界中的教学工作[M].罗进德,等译.北京:中国对外翻译出版公司,1998:23.

[2] 徐雷,王颖.公立高校教师法律地位的发展走向:公私法益交融下的特殊劳动者[J].湖南师范大学教育科学学报,2019(3):56-63.

[3] 黄崴.教育法学[M].北京:高等教育出版社,2007:182.

（二）高校教师是承担教书育人职责的专业人员

教师职业是一门古老的职业。从教师职业的产生和发展历程来看,教师经历了一个从"非专业人员"向"专业人员"发展的过程。这是因为"教师的劳动是塑造人的劳动,即从事劳动力的再生产、科学知识的再生产和社会成员再生产的一种特殊劳动"。其特殊性主要表现在:① 强烈的示范性。教育是培养人的活动,这种活动与其他活动最大的不同在于,教师在很大程度上是用自己的思想、学识和言行,通过示范的方式去直接影响教育的对象。所以,"师者,人之模范"。② 独特的创造性。它是由教育对象的特殊性和教育情境的复杂性所决定的。③ 时间上的长期性和迟效性。教育对象身心的发展必须经历一个不断积累的过程,同时也会不断地出现反复,这就决定了教师的劳动具有长期性和迟效性的特点。④ 空间上的协同性。这是由于教育的对象不是生活在一个固定的范围之内,他有广泛的社会生活空间,受到各种影响,教师在教育活动中必须协调各方面的影响因素,形成教育合力,才能达到教育目标。①

现代社会的发展,特别是知识经济时代的到来,在新知识、新技术、新发明不断涌现的背景下,高校教师作为专业人员的职业性特征更加突出。首先,高校教师在人才培养的过程中必须掌握专门的知识、经过专门的训练,才能适应高等教育发展的需要。其次,高等教育的教育教学活动是一个教育和培养高层次人才的过程,要根据社会发展的要求对受教育者进行有目的、有计划、有组织的教育,这就要求高校教师不断地加强专业化,才能满足培养高层次专门人才的要求。

（三）高校教师是以高等教育教学和科学研究为职业特征的专业人员

与基础教育的教育对象相比,高校教师教育对象为本科生和研究生,已经步入青年人的行列。但是从职业的特征上看,都是以教育对象成长为目标的教育教学工作。二者没有显著的差异。但是与基础教育教师不同的是高校教师的角色多重,这是由高校的特殊性决定的。高校作为知识创新的主要阵地,高校教师承担科研和教学双重任务。高校教师除了教学这一"人才培养"职能外,还负有"科学研究、社会服务、文化传承创新"的使命,在高校内专职从事科研的人员也属于高校教师。教师队伍的综合水平决定高校学术声望。正如原清华大学校长梅贻琦曾经说过,"所谓大学者,非谓有大楼之谓也,有大师之谓也",这句话突出了高校教师对于高校的地位与作用。因此,法律意义上的高校教师应当与高校职能和定位一致,界定为在高等学校中专职履行教学研究等教育职能的专业人员。由此,兼职任教人员、高校管理

---

① 黄崴.教育法学[M].北京:高等教育出版社,2007:180-181.

人员和辅助人员都不属于真正法律意义上的高校教师,其法律地位和权利义务均有别于高校教师。①

二、高校教师的作用

教师是一种高尚的职业,承担着为社会培养人才的特殊职责,因而也受到社会的尊重。在2018年的全国教育大会上,习近平指出:"教师是人类灵魂的工程师,是人类文明的传承者,承载着传播知识、传播思想、传播真理,塑造灵魂、塑造生命、塑造新人的时代重任。"习总书记对教育的重要论述,尤其是对教师能力与作用的新理解,使我们对教师这个职业的价值有了更深一步的认识。

(一) 教师的职业定位

由于各国在政治、经济、文化等方面的国情不同,对教师职业的定位通常也有一定的差别。一般而言,教师的法律地位往往取决于一个国家在某一历史时期对教师职业及其作用的定位。德、法、日等国认为教育是公共事业,教师受国家委托,按国家规定的培养目标和教育计划教育学生,即是执行国家公务,因而将教师规定为国家公务员。英国、美国、加拿大和澳大利亚等英美法系国家公立学校的教师一般由地方政府任用,教师与政府签订聘用合同。但是基于教师的特殊身份,如果定位为公务雇员,一旦发生法律纠纷就可能出现既不能适用于一般的劳动法,也不能适用于国家公务员法,而是处在一个中间"灰色"地带的尴尬境地。也有一些国家将教师视作普通劳动者或自由职业者。在《教师法》颁布之前,我国一直将教师归于干部序列,这种情况目前已有改变。我国现行的《国家公务员条例》明确规定教师不属于国家公务员系列,而《教师法》第3条则明确规定"教师是履行教育教学职责的专业人员"。

我国《教师法》将其适用范围限定于"在各级各类学校和其他教育机构中专门从事教育教学工作的教师",这就意味着,从教于各级各类学校及其他教育机构是定位教师这一职业的基本前提。就高校教师而言,是指在高等学校及其他高等教育机构从教的人员,包括在公办、民办、民办公助等各种形式的普通高等学校、高等职业学校、成人高等学校以及一些旨在为人们提供继续教育的(含学历教育和非学历教育)的高等教育机构从教的人员。

履行教育教学、教书育人职责是教师的职业特征,它规定了教师这一概念的内涵。只有直接承担教学工作的人员才能在法律意义上具备教师职业这一最基本的

---

① 姚金菊.高校教师法律问题研究刍议[J].北京教育(高教),2012(9):4-6.

特征。在高等学校工作,但不从事教育教学工作的行政管理人员、校办产业人员、后勤服务人员等不在教师之列。我国《教育法》在教师这一概念之外提出了"其他教育工作者"的概念。与教师概念一样,"其他教育工作者"也具有严格的法律意义,它主要包括学校及其他教育机构中的管理人员、教学辅助人员和其他专业人员。教育法上的学校及其他教育机构的管理人员,主要是指从事行政管理工作、思想政治工作、党务工作、工会工作、共青团工作等方面的专职人员。根据我国《高等教育法》第49条规定,上述人员"实行教育职员制度"。教学辅助人员是指实验、工程、图书等与教育教学活动直接相关的人员,其他专业人员则包括会计、卫生、翻译等各方面的专业人员,国家对这些人员"实行专业技术职务聘任制度"。①

(二) 教师的作用及其法律地位的确认

《教师法》从法律意义上确认了教师的作用和社会地位,并使教师的社会地位得到了法律保障。

我国《教师法》第3条规定:教师"承担教书育人,培养社会主义事业建设者和接班人、提高民族素质的使命"。这是对我国教师作用的原则性规定,这一规定为在法律上确定教师的社会地位提供了依据。当今社会已进入知识经济时代,知识已逐步代替劳动力和资源成为经济增长和社会发展的基础,世界范围内日趋激烈的国力竞争也逐渐从资源竞争转变为科技和人才的竞争。我国要发展经济,提高综合国力,把我国建设成为社会主义现代化强国,就必须强调知识创新,必须培养数以亿计的高素质劳动者和数以千万计的专业技术人员,必须提高我国国民的整体素质。高校教师是我国知识创新的主体,也是我国专业技术人员培养的关键力量,在我国目前及今后社会经济发展中起着十分重要的作用。正是基于教师作用的重要性及其对社会所作的重要贡献,我国《教育法》《教师法》以法律的形式规定教师应当受到全社会的尊重,享受较高的社会待遇。

教师的法律地位与教师职责是分不开的,教师不仅应当忠诚于人民的教育事业,而且应当承担国家法律法规的义务,认真做好教育教学工作,为国家培养合格的人才。而前提是教师必须具备良好的道德素养、较丰富的专业知识和较高的教育教学能力。因此《教育法》《教师法》在确认和保障教师社会地位的同时对教师的素质提出了较高的要求。《教师法》第4条规定:"各级人民政府应当采取措施,加强教师的思想政治教育和业务培训,改善教师的工作条件和生活条件,保障教师的合法权益,提高教师的社会地位。全社会都应当尊重教师。"从这一条规定行文的先后次序可以看出,教师社会地位的提高是以教师自身素质的提高及其社会贡献的大小为基

---

① 张琦.高等教育法规概论[M].北京:首都师范大学出版社,2007:127-129.

础的。

国家通过立法的形式来确认教师的社会地位和合法权益。《教师法》第13条规定,普通高等学校的教师资格由国务院或者省、自治区、直辖市教育行政部门或者由其委托的学校认定。教师资格证书的管理由各级教育行政部门负责。教师职业资格许可制度为提高我国教师的社会地位提供了法律保障。它一方面表明我国教师不仅享有一般公民的权利和义务,而且享有教师这一职业特有的权利和义务,使社会了解教师作为人才群体应具有的社会地位和法律地位,推动人们尊师重道,尊重知识、尊重人才,形成相应的法律意识,支持教师工作,维护教师的合法权益,使教师真正成为受人尊敬的职业。另一个更重要的方面则要依靠将全社会最优秀的人才吸引到教师队伍中来,建立一支规模宏大、素质精良的教师队伍,为培养和造就社会主义事业建设者和接班人提供保障。

三、高校教师法律地位的特点

高校教师法律地位特征与其职业属性具有紧密的联系。教师职业承担国家振兴和公共教育服务的重要职责,为了保护公民的受教育权,在行政管理上应该加强约束;同时,教师作为与高校签订聘任合同的一方,其个体权益、创新精神也应得到全面的保护。《教师法》对于高校教师法律地位的规定突出表现为劳动者特性和行政管理性两方面的特点。

(一) 高校教师的劳动者特性

高校教师作为一种从事教学和科研的专业人员,是以劳动作为谋生手段的劳动者。《高等教育法》第48条规定:"高等学校实行教师聘任制。教师经评定具备任职条件的,由高等学校按照教师的职责、条件和任期聘任。高等学校教师的聘任,应当遵守双方平等自愿的原则,由高等学校校长与受聘教师签订聘任合同。"高校建立教师聘任制的意义,一方面学校在引进教师时可以改变由上级教育行政部门直接指派的任用方式,从而保证学校在引进教师问题上的自主权;另一方面聘任制亦有利于合理配置教师资源,即通过增强竞争性来提高教师的素质。聘任合同的性质决定了高校教师的法律地位。教师的聘任合同无论在法律形式、合同内容或是程序上都与劳动合同一致。首先聘任合同强调了高校与教师之间平等自愿的关系,合同的订立是双方自主选择的结果;其次,合同的内容是双方之间劳动和雇佣的经济利益关系。因此,高校教师与高校之间的聘用合同应该是在双方地位平等的基础上,通过协商一致,即双方约定由教师向学校履行教学义务,并将自身自愿置身于校方的管理之下,而校方则支付相应工资报酬予以回报的劳动合同。最高人民法院2003年发布

《关于人民法院审理事业单位人事争议案件若干问题的规定》(法释[2003]13号),进一步明确"事业单位与工作人员之间的辞职、辞退及履行聘用合同所发生的争议,适用《中华人民共和国劳动法》"。这个司法解释明确了教师的聘用合同属于劳动合同。2008年实行的《劳动合同法》第2条第二款规定:"国家机关、事业单位、社会团体和与其建立劳动关系的劳动者,订立、履行、变更、解除或者终止劳动合同,依照本法执行。"以上法律规定都解决了教师聘用合同中关于教师及其雇员身份的法律适用问题。

(二) 高校教师的行政管理性

高校教师有别于一般的普通劳动者。《教师法》规定,教师的平均工资水平应当不低于或者高于国家公务员的平均工资水平,这是对教师工作的重视和认可。2014年7月1日正式施行的《事业单位人事管理条例》规定了岗位设置、公开招聘和竞聘上岗、聘用合同、考核和培训、奖励和处分、工资福利和社会保险、人事争议处理以及法律责任等内容,对于事业单位工作人员的人事管理作出了一般性规定。高校教师虽作为一种事业单位编制下的人员,但具体的管理却往往参照了公务员行政管理的做法。比如对于教师资格的认定、职务的晋升、教师的申诉权的规定,高校对于教师的奖惩和处分,仍采取行政公务的方式运作。以高校教师的人事管理为例:第一,就准入资格而言,国家设置教师职业准入门槛,求职者除符合应聘条件外,还必须按照《教师资格条例》规定,取得教师执业资格证书,获得国家行政许可后方可上岗执教。第二,在用人模式上,新聘教师数量并不由校方直接决定,而是受到国家编制限额的制约。学校拟定用人计划并上报,待编制部门参考计划需求,根据生师比等指标,批复编制总数后,才能开展聘用工作。对高校教师进行类似行政管理的措施,主要是因为高等教育承担国家振兴和公共教育服务的重要职责,高校教师作为知识与文化传承者,为了达成教育的公共目的,势必要通过行政方式强化对高校教师的管理。

第二节　高校教师的权利和义务

一、高校教师的权利

我国《教育法》第33条规定:"教师享有法律规定的权利,履行法律规定的义务,忠诚于人民的教育事业。"我国《高等教育法》第45条相应规定:"高等学校的教师及其他教育工作者享有法律规定的权利,履行法律规定的义务,忠诚于人民的教育事业。"具体的有关高等学校教师的权利和义务则体现在《教师法》中。

教师权利,是指教师依法享有的某种利益或资格,据此,教师可以选择一定的作为或不作为,并能要求相关义务人实施一定的作为或不作为。教师的法定权利受到国家强制力的保障,一旦受到侵害,教师可以向有关国家机关请求法律救济。教师权利包括作为公民的基本权利和作为专业人员的职权,还包括上述权利受到侵害时具有的申诉权和诉讼权。

(一) 教师的公民权利

1. 普通公民权利

我国《宪法》规定,我国公民享有平等权,即公民在法律面前人人平等,任何组织和个人都不得有超越宪法和法律的特权。我国公民享有广泛的政治权利和自由,包括:选举权和被选举权;言论、出版、集会、结社、游行、示威6项民主自由权利;宗教信仰自由;人身自由;批评、建议、申诉、控告、检举和取得赔偿权;社会经济权利,包括劳动权、休息权、退休人员的生活保障权、物质帮助权等;文化教育权利,包括受教育权和进行科研、文艺创作和其他文化活动的自由;老人、妇女、儿童受国家的保护;保护华侨、归侨和侨眷的正当权益。我国公民享有人身权和人格权,《教师法》第35条特别明确了侵犯教师公民权利的法律责任:"侮辱、殴打教师的,根据不同情况,分别给予行政处分或者行政处罚;造成损害的,责令赔偿损失;情节严重,构成犯罪的,依法追究刑事责任。"

2. 女教师的特殊权利

根据《宪法》第48条和第49条关于保护妇女和母亲的规定,以及《劳动法》中关于女职工"三期"(即孕期、产期、哺乳期)的规定,女教师享有与女性特定身体生理功能相应的特殊权利和待遇。女教师在"三期",不得解聘,享受工资待遇。为减轻女教师的负担,要在人员编制上留有机动余地,适当降低处于"三期"的女教师的工作量。特别是进行职称评定时,不得歧视处于"三期"的女教师。处理好女教师的"三期"问题,对于激发女教师工作的积极性,保证女教师工作质量具有积极意义。

(二) 教师的专属权利

我国教师的职业权利由《教师法》予以保障和规制。该法第7条对于教师职业所独具的6种职业权利做出规定如下:

1. 教育教学权

《教师法》规定,教师享有进行教育教学活动,开展教育教学改革和实验的权利,简称教育教学权。这是教师为履行其职责而必须具备的基本权利。教师在教育教学活动中,有权依据其所在学校的教学计划、教育教学工作量等具体要求,结合自身教学特点自主地组织课堂教学;有权按照教学大纲的要求确定其教学进度、内容,不断完善教学内容;有权针对不同教育对象,在教育教学的形式、方法、具体内容等方面进行改革、实验和完善。任何组织和个人都不得非法剥夺在聘教师从事教育教学活动、开展教育教学改革和试验的权利。同时,学校也必须提供条件,保证教师对该项职权的顺利行使,教师在聘任期也不得随意放弃这一职权。

2. 科学研究权

教师享有从事科学研究、学术交流,参加专业的学术团体,在学术活动中充分发表意见的权利,简称科学研究权。作为专业人员,教师在完成规定的教育教学任务的前提下,有权进行科学研究、技术开发、撰写学术论文、著书立说;有权参加有关的学术交流活动,参加依法成立的学术团体并在其中兼任工作;有权在学术研究中发表自己的学术观点,开展学术争鸣。

3. 指导评价权

教师具有指导学生的学习和发展,评定学生的品行和学业成绩的权利,简称指导评价权。教师有权根据教育规律和学生的身心发展特点因材施教,有针对性地指导学生的学习,并在学生的升学、就业等方面给予指导;有权对学生的思想品德、学习、文体活动、劳动等方面给予客观公正的评价;有权运用正确的指导思想和科学的方式方法,使学生的个性和能力得到充分发展。这是一项与教师在教育教学中的主导地位相适应的特定权利,任何组织和个人不得以非法手段干预。学校及其管理人员未经教师允许不得随意修改教师对学生所作的品行和学业成绩的评价。当被指导者或被评价者认为指导不恰当或评价不公正时,可以向学校或教育行政部门申诉,通过法定的审查程序来确定是否需要改变或者撤销教师的指导和评价。在审查过程中,必须允许教师进行合理解释。

4. 报酬待遇权

教师有权按时获取工资报酬,享受国家规定的福利待遇以及寒暑假期的带薪休假权利,简称报酬待遇权。这是宪法规定的公民享有劳动和休息权利的具体化。教师的工资报酬一般包括:基础工资、职务工资、课时报酬、奖金、教龄津贴、科研奖励及其他各种津贴在内的工资性收入。福利待遇主要包括:教师的医疗、住房、退休等方面的各项待遇和优惠,以及寒暑假期的带薪休假。教师有权要求所在学校及其他主管部门根据国家教育法律、教师聘任合同的规定按时足额地支付工资报酬;有权享受国家规定的福利待遇。特殊岗位的教师还享有特殊的津贴补助。《教师法》第25条规定:"教师的平均工资水平应当不低于或者高于国家公务员的平均工资水平,并逐步提高。建立正常晋级增薪制度,具体办法由国务院规定。"这一规定有利于教师获得稳定的劳动报酬。各地各级政府对保障教师这一权利的实现负有法定责任,地方各级政府应采取必要措施保证所辖学校教师劳动报酬按时足额地发放。

5. 民主管理权

教师拥有对学校教育教学、管理工作和教育行政部门的工作提出意见和建议,通过教职工代表大会或者其他形式,参与学校民主管理的权利,简称民主管理权。教师的权利组织形式有教职工代表大会、工会等,他们通过组织的形式参与学校民主管理,讨论学校改革、发展等方面的重大事项,保障自身的民主权利和切身利益,推进学校的民主建设。在教职工代表大会中,教师可以听取校长的工作报告,讨论学校年度工作计划、发展规划、改革方案、教职工队伍建设等重大问题;讨论通过职工惩罚办法以及其他与教职工相关的基本规章制度;讨论教职工的津贴发放及其他有关教职工的福利事项;对学校的行政管理实施民主监督等。

6. 继续教育权

教师享有参加进修或者其他方式培训的权利,简称继续教育权。这是教师在继续教育方面享有的权利,规定这项权利的基本目的是提高教师的思想品德和业务素质,以保证教育教学质量。其内容包括:教师有权参加进修和接受其他多种形式的培训,不断更新知识,调整知识结构,提高业务水平和政治觉悟;学校及其他教育机构和教育行政部门应开辟多种渠道,采取各种形式为教师创造参加进修和培训的机会,切实保障教师该项权利的实现。

二、高校教师的义务

教师的义务,是指根据《教育法》《教师法》及我国其他有关法律、法规的规定,教师在从业过程中必须履行的责任,是国家对教师必须作出一定行为或不得作出一定行为的约束。

(一) 高校教师的义务

根据我国《教师法》第 8 条规定,我国教师应当履行下列义务:

1. 遵纪守法义务

教师应遵守宪法、法律和职业道德,为人师表。宪法和法律是我国国家、各种社会组织和所有公民一切活动的基本准则,任何组织和公民都必须遵守。但将守法作为教师的基本义务,其主旨并非强调教师是我国公民,而是强调教师承担着教书育人、培养社会主义事业建设者和接班人的责任,必须成为守法的模范,并在教育教学工作中养成学生的法制观念。与此相应,教师作为人类灵魂的工程师,应当遵守职业道德,"身正为师,学高为范",以使学生受到良好的道德熏陶。

2. 教育教学义务

教师应贯彻国家的教育方针,遵守规章制度,执行学校的教学计划;履行教师聘约,完成教育教学工作任务。这条义务的基本内容包括:教师在教育教学活动中,应当全面贯彻国家关于教育必须为社会主义现代化建设服务,必须与生产劳动相结合,培养德智体等方面全面发展的社会主义事业的建设者和接班人的方针。教师应当遵守不违反国家法律法规、不侵犯教师合法权益的各种规章制度,这些制度既包括有制定规章制度权的各级政府和教育行政部门制定的有关教育教学管理的各项规章制度,也包括学校及其他教育机构制定的学校内部教育教学管理的具体制度。教师应当执行学校依据国家有关规定制定的具体教学工作安排,应当履行聘任合同中约定的教育教学职责,完成职责范围内的教育教学任务。

3. 思想教育义务

教师在教学中应对学生进行宪法所确定的基本原则的教育和爱国主义、民族团结的教育,法制教育以及思想品德、文化、科学技术教育,组织、带领学生开展有益的社会活动。这是教师必须履行的在教育教学工作内容方面的义务。教师在履行教育教学职责过程中,不仅要将科技文化知识传授给学生,而且要将思想政治教育、品德教育、法制教育贯穿在日常工作中,或通过开展各种有益的社会活动,培养学生形成正确的政治态度,树立科学的人生观、世界观,具有良好的法律意识和社会公德,使学生成为具有社会公德、文明行为习惯的遵纪守法的公民。

4. 爱护尊重学生的义务

教师在教育教学活动中不仅要关心、爱护学生,更要尊重学生人格。人格尊严是宪法赋予公民的基本权利,教师不能因学生在教育教学活动中居于受教育者地位而忽视其人格尊严,尤其对有缺点错误的学生,更不能采取简单粗暴的教育方法。教师不能侮辱、歧视学生,更不能体罚和变相体罚学生;教师应当尊重学生个人隐私,不得侵犯学生的通信自由权利。

5. 保护学生权益的义务

教师应制止有害于学生的行为或者其他侵犯学生合法权益的行为,批评和抵制有害于学生健康成长的现象。教师在学校工作和与教育教学工作相关的活动中,对侵犯其所负责教育管理的学生之合法权益的违法行为给予制止。教师有义务批评和抵制社会上出现的有害于学生身心健康成长的不良现象。

6. 提升业务水平的义务

教师应不断提高思想政治觉悟和教育教学业务水平。教育教学工作责任重大、专业性强,教师应不断学习,加强自身的思想道德修养,提高自身的教育教学专业水平。

(二) 高校教师履行义务的物质保障

教师行使权利和履行义务是需要一定社会物质生活条件予以保证的,各级人民政府、教育行政部门、学校及其他教育机构必须提供必要的物质条件,创造良好的社会环境,为教师行使权利和履行义务提供可靠的支持体系。因此,我国《教师法》第9

条规定:"为保障教师完成教育教学任务,各级人民政府、教育行政部门、有关部门、学校和其他教育机构应当履行下列职责:① 提供符合国家安全标准的教育教学设施和设备;② 提供必需的图书、资料及其他教育教学用品;③ 对教师在教育教学,科学研究中的创造性工作给予鼓励和帮助;④ 支持教师制止有害于学生的行为或者其他侵犯学生合法权益的行为。"

思考题:

1. 高校教师法律地位的特点体现在哪些方面?
2. 高校教师的权利是什么?
3. 什么是高校教师的义务?高校教师应当履行哪些法律义务?

第八章　高校学生

内容提要

本章着重对学生作为公民、民事权利主体和学习主体的法律地位进行了剖析，并详细阐释了高校学生的权利和义务两方面的内容。

学习目标

1. 掌握学生的法律地位。
2. 把握高校学生权利义务的具体内容。

高校学生是高等教育法律关系的主体之一，是教育法律实施的对象。了解学生的权利，维护学生的权利，是高校教师依法施教和高校依法行政的必然之意。

第一节　学生的法律地位

学生是教育活动中主要的角色之一，也是教育法律关系中重要的主体之一。学生的法律地位，是指学生以其权利能力和行为能力依法在具体法律关系中所取得的主体资格。

一、学生作为公民的法律地位

公民是指取得一国国籍并根据该国宪法和法律规定享有权利和承担义务的人。学生取得一国国籍，即具有该国公民的身份或资格，意味着享有该国法律所赋予的权利。学生的公民身份主要体现的是学生与国家的关系，学生的公民权利也主要表现为一种针对国家的权利。我国现行法从不同角度对学生的法律地位进行了界定：《宪法》《民法通则》《民法总则》及其他一系列法律法规确认了学生作为中华人民共和国公民的法律地位。

二、学生作为民事权利主体的法律地位

除法律法规授权或规定的行政法律关系、内部管理法律关系外,学生与学校、教师作为平等的民事主体,还存在大量民事法律关系。学生在校学习、活动期间与学校、教师之间发生涉及人身权、财产权、知识产权方面的问题,如学生的隐私权在学校受到侵犯,或因财产损失而索取赔偿,或发明创造归属问题,这些都属于民事法律关系范畴,应当适用《民法通则》《民法总则》等民事法律规范进行处理。学生相互之间的法律关系一般属于平等主体之间的平权型法律关系,这是由学生一般具有相同法律地位决定的,是一种以平等为基本原则的法律关系。当然,在处理学生之间的法律关系时,也应当考虑不同学生的年龄、认知水平,从而区分其行为能力,使其享有和承担与之相适应的权利义务。如在处理未成年学生的法律关系时,要充分考虑未成年人的特殊法律地位。当然,学生在这些民事法律关系中,享有并承担与其自身行为能力相适应的权利和义务。

三、学生作为学习主体的法律地位

《宪法》《教育法》《义务教育法》《高等教育法》及其他有关教育的法律法规确认了学生作为受教育者的法律地位;《未成年人保护法》《预防未成年人犯罪法》等法律法规确认了未成年学生作为未成年人的法律地位。其中,《教育法》等专门教育法律法规对学生作为"受教育者"即"学习者"的界定,对于明确学生的法律地位尤为重要。

根据《宪法》第46条和《教育法》第9条的规定,我国公民有受教育的权利和义务。因此,学生具有法定的"受教育者"的法律地位。教育活动涉及多个主体,学生作为教育主体之一,依据教育法律法规的规定,在教育活动中与其他主体形成各种教育法律关系,主要包括:学生与教育行政部门之间的权利和义务关系;学生与学校及其他教育机构之间的权利与义务关系;学生与教师之间的权利和义务关系;学生相互之间的权利和义务关系。学生与教育行政部门之间的权利义务关系是行政法律关系。《教育法》第15条规定:"国务院教育行政部门主管全国教育工作,统筹规划、协调管理全国的教育事业。县级以上地方各级人民政府教育行政部门主管本行政区域内的教育工作。县级以上各级人民政府其他有关部门在各自的职责范围内,负责有关的教育工作。"教育行政主管部门依法主管和负责教育工作,是教育行政管理中的行政主体,而作为受教育者的学生则是行政相对人。由于主体地位的不对等,学生与教育行政部门的关系以服从为基本原则,是管理与被管理、领导与被领导

的关系。学生与学校、教师之间的法律关系比较复杂,现行教育法律法规并未作出明确的规定。根据《教育法》和《教师法》的规定,教师是学校聘任的专业人员,代表学校对学生进行教育教学活动,并行使相应的职权和履行相应的职责,因此,教师与学生之间的关系可以归属于学校与学生的权利义务关系。

第二节 高校学生的权利和义务

一、高校学生的权利

高校学生的权利和义务起始于学生在某一高校或高等教育机构登记,结束于取消注册。高等学校学生的权利和义务,包括宪法规定的公民的基本权利和义务,有关教育法律规定的学生的基本权利和义务及所在学区和学校规定的具体权利和义务。在高校学生享有的权利和承担的义务中,教育法律具体规定了学生权利和义务的范围,是宪法规定的公民基本权利和基本义务的具体体现,也是学校所在地区和学校规定学生权利和义务的基本依据。

(一) 高等学校学生的权利

高等学校学生的权利由两部分组成。一是作为学生享有同中小学学生一样的基本权利,《教育法》第 42 条对此作出了明确规定;二是作为高等学校的学生,同时享有由《高等教育法》规定范围的权利。

(二) 高校学生的基本权利

根据《教育法》第 42 条规定,受教育者享有下列权利:

1. 参加教育教学活动权

这是学生最基本的权利,也是保障学生参加学习、接受教育、享有实质性受教育权的前提和基础,任何组织和个人都不得以任何借口强行或非法剥夺。同时,为了保障学生充分享有和行使这一权利,学校及其他教育机构必须履行相应的义务并提供一定的条件,如向学生公开教育教学计划,使学生了解教育教学计划,知道具体的教育教学活动安排,并有意识或积极主动地去参与。为了教育教学活动的顺利开展,学校及其他教育机构又必须提供符合卫生安全标准的教育教学设备以及必需的图书资料和其他教育教学用品,而且对于教育教学设施、设备,如图书馆、实验室,每个学生都有平等使用的权利。此外,对于学校组织的各种教育教学活动,如授课、讲座、课堂讨论、观摩、实验、见习、实习、测验和考试等,任何组织和个人不得无故阻止或者设置障碍。

2. 获得奖贷学金权

这也是学生的一项实质性权利,是国家政府为学生的学业提供的物质保障。奖贷学金包括奖学金、贷学金和助学金。根据《普通高等学校本、专科学生实行奖学金制度的办法》《普通高等学校研究生奖学金办法》《普通高等学校本、专科学生实行贷款制度的办法》《关于在普通高等学校设立勤工助学基金的通知》《义务教育法》及《义务教育法实施细则》等,我国立了奖学金、贷学金和助学金制度。

为鼓励所有学生在校时争取思想上和学业上的进步,国家、社会团体和组织、企事业单位及学校为品学兼优的学生设立优秀奖学金。为保证国家重点建设项目、国防建设、文化建设、基础学科、边远地区和某些艰苦行业所需的专门人才,国家、学校、企事业单位或社会团体等用人单位在有关专业设立专项奖学金。针对家庭经济困难的学生,国家设立贷学金和助学金。

3. 获得公正评价权

公正评价包括学业成绩的评价和品行评价。学业成绩的评价是教育机构对学生在受教育的某一阶段(时期)的学习情况、知识结构和能力水平的概括性鉴定,包括课程考试成绩记录,平时学习情况和总评等。品行评价是教育机构对学生的思想品德和行为表现作出鉴定,包括对学生政治觉悟、道德品质、劳动态度的评定。学生有权要求获得学业成绩评价和品行评价,而且有权要求评价实事求是,体现公平、公正。实际上它不仅是学生的一项基本权利,也是教育机构必尽的义务。在评价过程中,教育者必须采取公正、客观的态度,一视同仁,不容许有性别歧视或受习惯、定势的影响使评价产生偏差。在评价的标准方面也要统一,不准许多重标准。

4. 获得学业证书和学位证书权

学业证书、学位证书是对学生某一受教育时期的学业成绩、学术水平和品行的终结性评定,对学生的就业和今后的发展具有重要的作用。因此,获取学业证书和学位证书是学生的一项重要权利。学生在思想品德等方面合格的前提下,学完或提前学完教育教学计划所规定的全部课程,经考核(考试、考查)及格或修满学分,在该教育阶段结束时均有权获得相应的学业证书和学位证书。国家建立了教育证书制度,经国家批准或认可的学校及其他教育机构可以依照国家有关规定向学生颁发相应的学历证书、资格证书及其他学业证书。国家还实行了教育考试制度,举办学历认定考试、自学考试、高等和中等专业学校招生考试及其他国家教育考试。经考试合格者,国家颁发相应证书。国家实行学位制度,学位分学士、硕士、博士三级,学校及其他教育机构或有关科研机构依照国家有关规定,对具有一定学术或者专业技术水平的公民授予相应的学位。

5. 申诉起诉权

这项权利也可称为"维护自身权益的权利"或"申请法律救济的权利"。它是公民申诉权和诉讼权在学生身上的具体体现。根据《民事诉讼法》和《教育法》第42条的规定,学生享有的诉讼权利包括以下几个方面:

(1) 学生对学校或教师侵犯其受教育权可以提起申诉或诉讼,如为提高升学率或其他一些功利性目的,学校或教师强迫学生转学或退学,学生有权提起诉讼。

(2) 学生对学校或教师侵犯其人身权利可以提起诉讼。学生的人身权主要包括学生的人身不受非法拘禁、逮捕、搜查以及侵害,人格尊严、通信自由不受侵犯。如教师私拆学生信件、污辱学生人格、体罚学生造成严重后果等,学生均有权提起诉讼。

(3) 学生对学校和教师侵犯其合法财产权利可以提起诉讼,如学校向学生乱收费、强制推销商品而收取不合理费用、教师故意不完成教学任务而实行补课收费等,学生均可提起诉讼。

(4) 学生对学校或教师侵犯其知识产权可以提起诉讼,如教师窃取学生的著作权、发现权、发明权或其他成果权,学校强行占有学生的知识产权等,学生有权提起诉讼。

此外,学生还享有申诉权。学生对学校给予的处分不服,认为处分过重或不该受处分,可以提出申诉,对学校、教师侵犯其人身权、财产权等合法权益的行为在不提起诉讼的前提下,也可提出申诉。需要明确的是,学生提起的诉讼,主要属于民事诉讼,学生的申诉则属于行政申诉。

6. 法律、法规规定的其他权利

该权利亦称为"法定的其他权利"。除《教育法》规定的上述权利之外,其他法律、法规如《宪法》《教师法》《高等教育法》等对学生的一些权利也作出了明确的规定。

(三) 高校学生的特殊权利

高等学校的学生处于学校教育的高级阶段,随着年龄的增长和生理、心理发展的日渐成熟以及知识的丰富和知识结构的变化,绝大部分学生已具备相应的辨别能力和运用知识分析问题、解决问题的能力,很多高中以下教育阶段的学生所不能行使的权利,高校学生都可以行使。因此,《高等教育法》对高校学生的权利在《教育法》基础上做了相应的扩大。2017年教育部修订后发布的《普通高等学校学生管理规定》对高等学校学生的权利进行了完整的表述,"学生在校期间依法享有下列权利:① 参加学校教育教学计划安排的各项活动,使用学校提供的教育教学资源;② 参加社会实践、志愿服务、勤工助学、文娱体育及科技文化创新等活动,获得就业创业指导和服务;③ 申请奖学金、助学金及助学贷款;④ 在思想品德、学业成绩等方面获得科学、公正评价,完成学校规定学业后获得相应的学历证书、学位证书;⑤ 在校内组织、参加学生团体,以适当方式参与学校管理,对学校与学生权益相关事务享有知情权、参与权、表达权和监督权;⑥对学校给予的处理或者处分有异议,向学校、教育行政部门提出申诉,对学校、教职员工侵犯其人身权、财产权等合法权益,提出申诉或者依法提起诉讼;⑦法律、法规规定的其他权利。"重点介绍以下权利。

1. 参加社会服务和勤工助学权

《高等教育法》第56条规定:"高等学校的学生在课余时间可以参加社会服务和勤工助学活动,但不得影响学业任务的完成。高等学校应当对学生的社会服务和勤工助学活动给予鼓励和支持,并进行引导和管理。"《普通高等学校学生管理规定》中第45条也作出规定:"学生参加勤工助学活动应当遵守法律、法规以及学校、用工单位的管理制度,履行勤工助学活动的有关协议。"

这里的社会服务主要是指由学校组织或者学生自行开展的与专业学习相结合的科学文化技术服务,如社区服务、法律咨询、受企业事业组织委托从事项目开发研究等。勤工助学主要是指以参加校内的助教、助研、实验室、校办产业的生产活动、后勤服务及各项公益劳动为主要内容的活动。

高等学校学生适当参加社会服务和勤工助学活动,是高校学生接触社会、了解社会的重要过程,也是贯彻教育与生产劳动相结合、使学生用自己所学知识服务社会,并通过这种活动积累知识和经验的过程。这不仅能提高学生学习的积极性,锻炼学生运用所学知识分析问题、解决问题的能力,也可使学生通过自己的劳动取得一定的报酬用以改善学习和生活条件,解决少数学生实际存在的经济困难,并进一步培养学生的劳动观念和自立精神。特别需要明确的是高校学生的主要任务仍然是学习,无论是学校还是学生个人都不能以提供社会服务或参加勤工助学为由,放松对规定教学内容的教授和学习。学生只有在学校学习好了,以后步入社会才能为自己创造更好的生活和工作条件,为社会创造更多的财富。因此,社会服务和勤工助学只能在课余时间进行,不得占用正常上课学习时间,是在学生已完成正常课业学习的前提下进行的。同时,从事社会服务和勤工助学不同于经商,国家不提倡学生从事经商活动。从这方面来说,《高等教育法》要求高等学校对学生的社会服务和勤工助学活动给予鼓励和支持,同时又要加以引导和管理,这对于保障社会服务和勤工助学活动沿着正确的方向发展、发挥正当功能,是十分必要的。

2. 组织社团权

《高等教育法》第57条规定:"高等学校的学生,可以在校内组织学生团体。学生团体在法律、法规规定的范围内活动,服从学校的领导和管理。"学生社团是指高等学校学生中有相同兴趣、爱好者自愿组织的群众性课外活动团体,一般不受专业、系科或年级的限制。学生社团活动内容可涉及文化、艺术、科学技术、体育各方面,活动方式也多种多样,如举办讲座,组织专题讨论,进行社会调查、实践,开展科学实验、文化展览、体育竞赛等。学生社团的机构设置、领导成员一般由参加者民主选举产生。

根据我国的学制体系,高等学校学生除少数高等学校的少年班学员外,大部分已具备完全民事行为能力,从其认知能力来说,已具备一定的是非分辨能力。另外,允许高校学生成立学生社团也能丰富学生课余生活,对学生的自我组织、自我管理能力能起到一定的锻炼作用。因此,总的来说,对高等学校学生成立学生社团,应当给予支持,高等学校应当鼓励和提倡学生通过社团开展科技、文化、艺术、体育等有益活动,开阔视野,提高自我组织、自我管理能力。但是,由于大部分高校学生毕竟是刚踏入成年阶段,属于广泛接触新知识、学习新技能的阶段,思想上、人格上都还有很大的可塑性,社会识别能力也还存在着一定的局限性,若不善加引导,必然会产生这样那样的问题,因此,对学生社团的成立和活动,还应加以一定的限制和引导。《普通高等学校学生管理规定》第44条规定:"学生可以在校内组织、参加学生团体。学生成立团体,应当按学校有关规定提出书面申请,报学校批准并施行登记和年检制度。学生团体应当在宪法、法律、法规和学校管理制度范围内活动,接受学校的领导和管理。学生团体邀请校外组织人员到校举办讲座等活动,需经学校批准。"第45条规定:"学校提倡并支持学生及学生团体开展有益于身心健康、成长成才的学术、科技、艺术、文娱、体育等活动。学生进行课外活动不得影响学校正常的教育教学秩序和生活秩序。"学生社团的成立,必须由负责组织学生社团的成员提出载有社团宗旨、章程、活动内容、形式和负责人的书面申请,报学校批准。学生社团必须服从学校的领导和管理。学生社团在宪法、法律和校纪校规范围内活动,不得从事与该社团宗旨无关的活动。学生社团邀请校外人员到学校进行社会政治和学术活动,均须经学校同意。学生社团创办面向校内的刊物,须经学校批准,并接受学校管理。学生建立跨学校、跨地区的团体和举办面向校外的刊物,须经行政主管部门批准等。这些规定对规范和引导学生社团发挥正当功能起到了积极作用。

3. 申请奖学金、助学金及助学贷款的权利

家庭经济困难、品学兼优的全日制本专科学生,可以申请国家奖学金。另外,各个省(直辖市)政府及各个高校也设立奖学金。助学金分为国家助学金、省(直辖市)政府助学金和学校助学金,主要资助家庭经济特别困难的公办高校全日制本专科学生。国家助学贷款的受助对象是公办全日制普通高校中家庭经济困难的本、专科生(含高职)、研究生和第二学位学生。民办大学的贫困生也可通过中国扶贫基金会获得助学金。

(四) 高等学校学生受教育权利的法律保护

受教育权利作为公民的一项不可剥夺的法定权利,其实现不仅有赖于权利主体的积极作为,而且需要义务主体,尤其是政府积极创造条件,为其提供制度和法律上的保障。

1. 实体法的保护

实体法对高校学生受教育权利的保护是多方面的,如受教育权利和机会平等、建立以保障受教育权为核心的高等教育制度、鼓励和支持社会办学以使更多的人享受高等教育等。正因为如此,国家制定了一系列的教育法律、法规,在一定程度上为学生享受高等教育权利提供了保障。1980年2月12日第五届全国人大常委会通过了《学位条例》,这是新中国成立以来第一部教育法律,也是第一部关于高等教育的法律。1995年3月18日颁布的《教育法》不仅全面地规定了保障受教育权利的制度及措施,而且以列举的方式规定了受教育者享有的各项权利。而1998年8月29日出台的《高等教育法》对高等学校学生的权利及保障更是作出了具体明确的规定。

另外,1996年5月15日颁布的《职业教育法》和2002年12月28日颁布的《民办教育促进法》对高校学生受教育权利及其保障也作出了相应规定。如《职业教育法》第32条:"职业学校、职业培训机构可以对接受中等、高等职业学校教育和职业培训的学生适当收取学费,对经济困难的学生和残疾学生应当酌情减免。……国家支持企业、事业组织、社会团体、其他社会组织及公民个人按照国家有关规定设立职业教育奖学金、贷学金,奖励学习成绩优秀的学生或者资助经济困难的学生。"《民办教育促进法》第34条:"民办学校的受教育者在升学、就业、社会优待以及参加先进评选等方面享有与同级同类公办学校的受教育者同等权利。"此外,还有大量的教育行政法规和规章也对高等学校学生受教育权的保障作出了相关规定。如《学位条例暂行实施办法》《关于招收攻读博士学位研究生的暂行规定》《博士后研究人员管理工作暂行规定》《关于在职人员申请硕士、博士学位的试行办法》《普通高等学校招生暂行条例》《普通高等学校招收保送生的暂行规定》《关于授予成人高等教育本科毕业生学士学位暂行规定》《高等学校招收定向培养研究生暂行规定》《关于授予具有研究生毕业同等学力的在职人员硕士、博士学位暂行规定》《实施细则》《研究生学籍管理规定》《招收攻读硕士学位研究生管理规定》《实施细则》《高等学校知识产权保护管理规定》等。

总之,随着教育立法的不断深入和教育法制的进一步完善,高等学校学生的受教育权利将得到更切实的保障。但与其他国家相比,我国对受教育权利保障部分的规定比较单薄,实效性或可操作性较差,有待于进一步地改进和提高。

2. 程序法的保护

如果仅有实体法而无程序法,那么实体法赋予学生的受教育权利将无法实现,当其受到侵害时,也无法获得法律救济。因为权利就其形态而言,有应有权利、法定权利和现实权利三种。某种权利被法律所宣示,成为一种法定权利时,并不意味着其必然会转化为现实权利,即一种真实的权利享有。受教育权利作为一种法定权利也是如此,在实践中,不可避免地会出现义务一方没有履行义务,或者权利一方滥用权力而导致学生受教育权利缺损(即权利的基本内容全部或部分丧失)的情况发生。而我国在某种程度上又存在着"重实体、轻程序"的倾向,我国宪法关于公民基本权利的原则性规定与西方国家没有多大差别,但这些权利义务根据什么标准和由谁来确定,对于侵权行为在什么场合以及按照什么方式进行追究等程序性前提的规定都一直残缺不全。因此,必须完善受教育权利的程序法保障,使程序法和实体法密切配合,这样才能使实体法所赋予学生的受教育权利得到充分而切实的保障。

随着我国教育法制的不断完善,对学生受教育权利的程序保障正逐步得到重视和发展,如宪法规定了公民的申诉权,《教育法》又确立了学生申诉制度,1999年4月29日通过的《行政复议法》明确将公民的受教育权利列入行政复议范围,当公民认为行政机关的具体行政行为侵犯其受教育权利时,有权向行政机关提出行政复议申请、寻求救济和补偿等。总体而言,我国对学生受教育权利的程序保障相对落后于实体法。一是公民受教育权利作为一项宪法权利,现行宪法并没有明确规定宪法基本权利具有直接司法效力,人民法院不受理违宪案件;二是1989年颁布实施的《行政诉讼法》没有把侵害受教育权利的行为确定为其受案范围;三是《教育法》第42条虽然规定了受教育者有申诉权和依法提起诉讼的权利,但没有法规和规章对学生申诉制度做进一步的具体规定,即缺乏专门负责受理学生申诉的机构和人员、时效及申诉后的救济渠道等方面的规定。因而,很多受教育权利受侵害事件,只能以受教育权利受到侵害致使财产受到损失为由,转化为民事索赔案,最终使学生受教育权利侵害案往往既不符合行政诉讼要求,又与民事诉讼存在着一定的距离,使得学生在维护自己的受教育权利行使起诉权时,很容易被法院以"不在受案范围"为由驳回起诉,从而得不到应有的补偿和救济。因此,必须改变这种现状,进一步健全受教育权利的保障机制,特别是完善学生申诉制度,尽快出台《学生申诉条例》或《学生申诉办法》,使其更加规范、细化和便于操作。另外,还要建立学生申诉制度与诉讼制度的联系,完善申诉后的救济渠道。

3. 对特殊学生群体受教育权利的法律保护

(1) 对贫困大学生的特别帮助

1997年,我国高等院校实现全面并轨,对所有高等学校学生统一实行收费制度,这样必然会导致一部分学生因家庭经济困难交不起学费而无法入学接受高等教育。为了保障高等教育机会均等,不使任何一个有资格和能力接受高等教育的学生因家庭经济困难而不能享有和行使这项权利,《高等教育法》第9条明确规定:"公民依法享有接受高等教育的权利。国家采取措施,帮助少数民族学生和经济困难的学生接受高等教育。"为了使这一原则规定落到实处,《高等教育法》在"高等学校的学生"一章又作出了具体的规定。

其一，申请补助或者减免学费。根据《高等教育法》第54条的规定，家庭经济困难的学生可以向被录取或所在的高等学校申请补助或者申请减免部分或全部学费。高等学校也可以对家庭经济特别困难的学生主动作出补助或者减免学费的决定。

其二，建立奖学金制度。《高等教育法》第55条规定："国家设立奖学金，并鼓励高等学校、企业事业组织、社会团体以及其他社会组织和个人按照国家有关规定设立各种形式的奖学金，对品学兼优的学生、国家规定的专业的学生以及到国家规定的地区工作的学生给予奖励。"奖学金制度是对一定的高等学校的学生进行奖励的制度，同时也是为家庭经济困难的学生提供资助的一种方式。国家教委和财政部在1987年联合颁布了《普通高等学校本、专科学生实行奖学金制度的办法》，1994年又发布了《普通高等学校研究生奖学金办法》，对在普通高等学校设立奖学金作出了明确的规定。其中将本、专科学生的奖学金分为优秀学生奖学金、专业奖学金和定向奖学金三类。对于品学兼优的学生实行优秀学生奖学金，用于鼓励德、智、体、美、劳全面发展的学生；对国家规定专业的学生实行专业奖学金，用于鼓励报考师范、农林、民族、体育和航海等专业学生；对到国家规定的地区工作的学生实行定向奖学金，用于鼓励立志到边疆地区、经济贫困地区和自愿从事煤炭、矿业、石油、地质、水利等艰苦行业的学生。上述奖学金是国家设立的。除此之外，国家还鼓励高等学校、企业事业组织、社会团体以及其他社会组织和个人在高校设立各种形式的奖学金，资助高等学校学生完成学业。因此，只要家庭经济困难的学生品学兼优，或者学习国家规定的专业，或者到国家规定的地区工作，就可获得相应的奖学金。

其三，设立勤工助学基金和贷学金。《高等教育法》第55条规定："国家设立高等学校学生勤工助学基金和贷学金，并鼓励高等学校、企业事业组织、社会团体以及其他社会组织和个人设立各种形式的助学金，对家庭经济困难的学生提供帮助。"勤工助学基金是指国家为保障高等学校的勤工助学活动具有稳定可靠的经费来源，使之逐步走向经常化、规范化，使家庭经济困难的学生，尤其是特困生得到有效资助，以完成学业而设立的一种基金。根据1994年5月10日国家教委、财政部《关于在普通高等学校设立勤工助学基金的通知》的规定，国家在普通高等学校设立勤工助学基金。勤工助学基金专门用于在校内勤工助学活动中支付学生的劳动报酬。对于通过勤工助学方式进行资助仍难以完成学业的学生，学校则可按一定的比例和标准在勤工助学基金中统筹一部分经费，根据特困生困难程度划分层次，进行不定期困难资助。贷学金则是根据国家的优惠政策，由金融机构或者设立的专门教育金融机构向家庭经济困难的学生提供，帮助其解决上学期间的部分费用，从而保证他们在上学期间能够具备基本的学习、生活条件。为了实施贷学金制度，中国人民银行在2000年8月24日专门发布了《中国人民银行助学贷款管理办法》，对助学贷款的方式、条件、期限及程序等方面作出了规定。但由于贷学金制度建立时间短，很多方面都缺乏经验,再加上信用制度和个别大学生诚信的缺失以及银行的规避风险,从而使得贷学金的发放面临许多困难。但是,开展助学贷款工作是实施科教兴国战略,加速人才培养,特别是经济困难的优秀青年得以深造的重大决策。政府和社会特别是教育、财政、银行等有关部门必须进一步提高认识,本着对国家和学生高度负责的精神,加强合作,积极主动地做好助学贷款工作,简化贷款手续,扩大贷款规模,为高等学校学生提供简便、快捷的服务。高等学校也应对在读学生申请助学贷款和贷款人发放、收回助学贷款的管理工作予以协助,如借款人在校期间发生转学、休学、退学、出国、被开除、伤亡等情况,借款人所在学校有义务及时通知贷款人。另外,高等学校还要对学生进行诚信教育,学生或借款人也要恪守信用,如因各种原因离开学校后,应主动告知贷款人其最新通信方式和工作单位,按期偿还贷款本息。

其四,设立助学金。根据《高等教育法》第 55 条的规定,高等学校、企业事业组织、社会团体以及其他社会组织和个人都可以设立各种形式的助学金,对家庭经济困难的学生提供帮助。它和高等学校、企业事业组织、社会团体以及其他社会组织和个人依据本条规定设立的各种形式的奖学金一样,都是社会助学的一种形式。助学金包括勤工助学性质的助学金和针对某些特别专业、特别人群的助学金等多种形式。目前已有一些高校将校内的服务岗位用于学生的勤工助学职位。一部分企业事业组织开始在高等学校设立勤工助学金,学生可以通过向其提供一定的技术及其他服务获得助学金。还有一些企业事业组织、团体及个人设立专项助学金,对某些专业的学生,或者一些特定的人群,如家庭经济困难的学生,或毕业后到特定地区、行业、单位工作的学生等提供资助。设立助学资金,可以采用无偿捐助形式,也可以采用民事合约形式,在给予有关学生以资助时,同时要求其履行相应的义务。

奖学金、贷学金、助学金和勤工俭学基金的设立,对于充分调动学生学习的积极性,保障经济困难却努力学习的学生顺利完成学业,具有重要意义。同时,对于引导和鼓励学生报考国家规定的专业和毕业后到国家最急需的地方或行业就业,也能起到一定的调整和调节作用。我国的奖学金、贷学金本身就带有一定的政策引导性质,奖学金、贷学金不仅针对认真学习、家庭经济困难的学生发放,专业奖学金、定向奖学金以及贷学金本身同时执行着一种国家高等教育学科结构和学生就业市场政策引导和调节功能,普通高等学校学生接受上述奖、贷学金,亦应接受它的相应的要求,履行相应的义务。高等学校、企业事业组织、社会团体以及其他社会组织和个人根据国家有关规定设立的奖、助学金也可设置类似要求。因此,这些奖、贷、助学金的实行,既是对优秀学生或家庭经济困难学生完成学业的资助,同时也是一份民事合同,学生在接受相关资助时,也应承担相应的义务。这种制度的实施一方面使经济困难的学生得以顺利完成学业,保障了收费制度改革的顺利进行,保证学生不因经济困难而中止学业,另一方面,也使一些国家急需的专业人才得到保障,为国家教育政策的落实起到引导和调节作用。因此,《高等教育法》第 55 条规定:"获得贷学金及助学金的学生,应当履行相应的义务。"

(2) 对残疾大学生受教育权利的法律保护

《残疾人保障法》第 2 条规定:"残疾人是指在心理、生理、人体结构上,某种功能丧失或者不正常,全部或者部分丧失以正常方式从事某种活动能力的人。""残疾人包括视力残疾、听力残疾、言语残疾、肢体残疾、智力残疾、精神残疾、多重残疾和其他残疾的人。"目前世界上已有很多国家和地区制定了关于残疾人受教育的法律。美国于 1975 年通过了《全体残疾儿童受教育法》,其中规定国家为 3~21 岁的各类残疾人提供免费的适应其需要的特殊教育和相关服务。1975 年法国制定了《残疾人照顾方针》,规定残疾儿童的预防、保健、教育、职业训练、生活保障、雇佣等均为国家应尽的义务。1944 年 6 月,联合国教科文组织和西班牙政府在西班牙萨拉曼卡市联合召开了"世界特殊需要教育大会:入学和质量",会议通过了《萨拉曼卡宣言:关于特殊需要教育的原则、方针和实践》和《特殊需要教育行动纲领》,并提出了全纳性教育和全纳性学校的思想和概念,即:"教育应当满足所有儿童的需要,每一所学校必须接受服务区域内的所有儿童入学,为这些儿童都能受到自身所需要的教育提供各种条件,并通过合适的课程、学校管理、资源利用及与所在社区的合作,来确保教育质量。学校不能只为一部分正常儿童服务,而将另一部分儿童拒之门外。一方面普通学校应逐步成为全纳性学校,另一方面,特殊教育学校将逐步减少,并加强与普通学校的联系。"大会宣称"每个儿童都有受教育的基本权利,必须获得可达到的并保持可接受的学习水平之机会",呼吁和敦促各国政府"以法律或方针的形式通过全纳性教育原则,在普通学校招收所有儿童,除非有不这样做的令人信服之理由"。

我国也制定了一系列法律、法规来保障残疾人的受教育权。《宪法》第 45 条第三款规定:"国家和社会帮助安排盲、聋、哑和其他有残疾的公民的劳动、生活和教育。"《残疾人保障法》第 18 条更是明确规定:"国家保障残疾人受教育的权利。"1994 年 8 月 23 日国务院又发布了《残疾人教育条例》,并在第 29 条规定:"普通高级中等学校、高等学校、成人教育机构必须招收符合国家规定的录取标准的残疾考生入学,不得因其残疾而拒绝招收。"否则,有关部门将对直接责任人员给予行政处分,并由教育行政部门责令该学校招收残疾人入学。此外,《教育法》第 10 条、《高等教育法》第 9 条以及《职业教育法》第 15 条都作出了相关或类似的规定。

二、高校学生的义务

所谓义务或法律义务,是指法律关系主体依法应承担的某种必须履行的责任,也就是法律规范对其必须作出一定行为或不得作出一定行为的约束。义务由三个要素构成：积极行为的义务、不行为的义务和容忍国家强制措施的义务。义务和权利是对立统一的关系，没有无义务的权利，也没有无权利的义务。因此，高等学校学生在享受法律赋予的权利同时，也必须履行法律规定的义务。与高等学校学生的权利一样，高等学校学生的义务也由作为学生的义务和作为高等学校学生的义务两部分构成。

（一）学生的基本义务

根据《教育法》第43条规定，受教育者应当履行下列义务。

1. 遵守法律、法规

这项义务可称之为"遵纪守法义务"。我国《宪法》第33条规定："任何公民享有宪法和法律规定的权利，同时必须履行宪法和法律规定的义务。"因此，遵守法律、法规是每个公民应尽的义务，学生作为国家公民之一员，当然也不例外。此处的"法律、法规"是指宪法、法律、行政法规和依据法律、法规制定的规章。特别是要遵守《教育法》《义务教育法》《高等教育法》《职业教育法》等有关教育的法律法规，重点则在于遵守法律、法规中有关学生的规定。

2. 遵守学生行为规范，尊敬师长，养成良好的思想道德和行为习惯

这项义务可称之为"养成良好品德义务"。这里的学生行为规范特指国家教育行政管理机关制定、颁发的关于学生行为准则的统一规定，它包括《小学生日常行为规范》《中学生日常行为规范》《高等学校学生行为准则（试行）》《小学生守则》《中学生守则》《高等学校学生守则》等。这些规章集中体现了国家对学生不同阶段政治、思想、品德等方面的要求，各级各类学校的学生都应当自觉遵守，养成良好的思想品德和行为习惯。

尊敬师长是遵守学生行为规范的具体要求，是良好的思想品德和行为修养的具体体现。我国有尊师重教的传统，现代社会又给教师以"人类灵魂的工程师""辛勤的园丁"等美称。作为履行教育教学职责的专业人员，教师承担着教书育人、培养社会主义事业建设者和接班人、提高民族素质的使命，教师职业的重要以及教师地位的崇高，受到了全社会尤其是学生的尊重。

3. 努力学习，完成规定的学习任务

这项义务又可称为"努力学习的义务"。具体包括以下几方面的内容：

（1）学生应按时上课，上课前准备好学习用品。不能无故迟到、早退或辍学，去做其他与学习无关的事情。

（2）上课时专心听讲，勇于提出问题，敢于发表自己的见解，积极回答老师的提问。

（3）放学后，应认真复习功课；按时独立完成作业。考试不作弊。珍惜时间，科学安排课余活动。

学生是以学习为主要任务的人,这是学生的本质特征之一,也是学生区别于其他公民的主要所在。学生的本职任务是学习,学生进入学校就意味着承担接受教育、完成学业的义务。对于义务教育阶段的学生来说,这种义务是强迫的、法律规定的、带有强制性的;对于非义务教育阶段的学生而言,这是自愿入学在享用受教育权利的同时应承担的义务。履行完成学业的义务是学生享有获得学业证书及学位证书的权利的前提。因此,学生必须认真对待,努力完成规定的学业,使自己成为德、智、体等方面全面发展的社会主义事业的建设者和接班人。

4. 遵守所在学校或者其他教育机构的管理制度

这项义务又可称为"遵守其他制度的义务"。学校及其他教育机构的管理制度是由国家授权于学校及其他教育机构并由其根据国家的法律、法规及政策制定的行为准则,是确保学校及其他教育机构教育教学活动正常有序进行的基本措施,同时也是国家教育管理制度的重要组成部分,是国家法律法规的具体化,因此,学生有义务遵守和服从。

(二) 高校学生的特殊义务

《高等教育法》第53条规定:"高等学校的学生应当遵守法律、法规,遵守学生行为规范和学校的各项管理制度,尊敬师长,刻苦学习,增强体质,树立爱国主义、集体主义和社会主义思想,努力学习马克思列宁主义、毛泽东思想、邓小平理论,具有良好的思想品德,掌握较高的科学文化知识和专业技能。"该条规定一方面确认了高等学校学生的基本义务(这些义务在《教育法》中已有规定),另一方面又针对高等学校学生的具体情况提出了更高的要求,这些要求以义务的形式体现出来并主要表现在两个方面:学业水平与思想道德水平。高等学校学生不仅要培养较高的思想道德水平,具有良好的思想品德,而且要努力学习马克思列宁主义、毛泽东思想、邓小平理论,达到一定的、较高的理论素养,并掌握较高的科学文化知识和专业技能。

另外,《高等教育法》第54条规定:"高等学校的学生应当按照国家规定缴纳学费。"因此,高等学校学生应当履行按照国家规定缴纳学费的义务。高等教育属于非义务教育,应当并可以收取适量的学费。高等学校学生实行缴费上学是世界上绝大部分国家普遍实行的一种制度。但我国自新中国成立以来,高等教育一直是免费的,这不仅与我国高等教育的非义务性和高回报的特点很不相称,而且,国家财政性教育经费不足严重影响了我国高等教育的发展速度。因此,我国自1994年秋季起在全国将近50所高校进行并轨改革,1995年扩大到200所,自1997年起实现全面并轨,对所有高等学校学生实行统一的收费制度。目前,按照国家规定缴纳学费已成为高校学生普遍需要承担的义务。

我国对高等学校的学生实行收费是从1989年开始的,当年由国家教委、财政部、国家物价局联合下发的《关于普通高等学校收取学杂费和住宿费的规定》中提出,从1989年入学的新生开始收取学杂费,对师范院校中享受专业奖学金的学生免收学杂费和住宿费,其他享受专业奖学金和定向奖学金的免收学杂费,对家庭经济确有困难的学生,酌情减免学杂费,住宿费不免。1993年中共中央、国务院颁布的《中国教育改革和发展纲要》中指出:"改革学生上大学由国家包下来的做法,逐步实行收费制度。高等教育是非义务教育,学生上大学原则上均应缴费。"在此基础上,1996年,国家教委、国家计委、财政部联合下发了《关于颁发义务教育等四个教育收费管理暂行办法的通知》,对高等学校收费问题再次做了明确规定:学校依据国家有关规定向学生收取学费,学费标准根据年平均教育培养成本的一定比例确定,不同地区、不同专业、不同层次学校的收费标准可以有所区别,现阶段收费标准一般不超过年平均培养成本的25%;对农林、师范、航海、体育、民族专业享受国家专业奖学金的高校学生免缴学费;对家庭经济困难的学生应酌情减免收取学费,并采取奖学金、贷款、助学金、困难补助等形式,切实帮助家庭经济困难的学生解决学习和生活上的困难,保证他们不因经济原因而中断学业;学校为学生提供住宿的收费要严格控制;具体收费标准由学校主管部门提出意见,提交当地教育、物价部门会同财政部门审核,报省级人民政府审批。

高校收费制度改革是在考虑我国社会发展水平和人民群众的实际经济承受能力以及改革的需要的情况下,逐步实行的,贯彻了国家出大头、社会和学生家长各出一部分,逐步理顺体制的原则。同时,考虑到我国经济总体发展水平不高和城乡、地区间差异较大等因素,为了保证学生不因经济困难而失学,《高等教育法》在坚持了改革以来一直实行的"家庭经济困难的学生,可以申请补助或者减免学费"的政策基础上,规定国家建立以"奖、贷、助、补、减"为主体酌情对经济困难学生的综合资助体系,使收费制度建立在全面、合理的基础之上,保障了它的全面、顺利实施。

《普通高等学校学生管理规定》第7条对高等学校学生的义务进行了完整的表述:"学生在校期间依法履行下列义务:① 遵守宪法和法律、法规;② 遵守学校章程和规章制度;③ 恪守学术道德,完成规定学业;④ 按规定缴纳学费及有关费用,履行获得贷学金及助学金的相应义务;⑤ 遵守学生行为规范,尊敬师长,养成良好的思想品德和行为习惯;⑥ 法律、法规及学校章程规定的其他义务。"

思考题:

1. 高校学生的基本权利有哪些?
2. 高校学生应履行哪些基本义务?

第九章　教育法律救济

内容提要

本章着重阐述了教育法律救济的目的及其意义,并对教育行政复议、教育行政诉讼及教育申诉这三种法律救济途径的受理范围、审理程序及其适用的法律依据分别进行了阐述。

学习目标

1. 了解教育法律救济的意义。
2. 掌握教育行政复议、教育行政诉讼和教育申诉的审理程序和法律适用依据。

教育法律救济是教育法律关系相关主体权利保障的重要途径。只有切实保障高等教育行政机关、高校、高校教师和学生的权利,并通过合法途径恢复或救济被侵害的权利,教育法治化的目标才能真正得以实现。

第一节　教育法律救济的概述

一、法律救济

法律救济是指通过一定的程序和途径裁决社会生活中的纠纷,从而使权益受到损害的相对人获得法律上的补救。法律救济具有以下几个特点:

其一,法律救济是通过法定的形式补救受害者的合法权益。它有别于经济资助、道义扶助、困难补助等,这种权利救济方式是针对所有的受害者的,是可以反复适用的一种制度形式。

其二,法律救济是民主政治和法治发展的结果,存在的基础和依据是我国宪法确立的民主制度和法治原则。我国宪法规定:公民"对于任何国家机关和工作人员的违法失职行为,有向国家机关提出申诉、控告或者检举的权利","由于国家机关和国家工作人员侵犯公民权利而受到损失的人,有依照法律规定取得赔偿的权利"。从宪法这一国家根本大法的高度对国家机关(包括行政机关)的侵权损害行为,提供了矫正和补救的依据。我国宪法确立了对人身权、财产权的保障,是民主制度和法治原则的集中体现。

其三,法律救济是国家对人民承担侵犯责任的方式和标志。法律救济的确立,是预防控制的一种手段,加重了国家机关及其工作人员的责任,有利于增强国家工作人员的责任感,有利于促使其依法行政。

其四,法律救济是一种公平救济,包含两层含义:一是通过对受害人权益的补救,矫正被歪曲、颠倒了的公平,还公平的本来面目;二是通过行政复议、行政诉讼、行政赔偿等形式和严格的程序,为公平救济的实现提供有效的途径,防止产生新的不公平。

二、教育法律救济的意义

教育法律救济是指通过合法程序裁决教育活动中的纠纷对受损者的合法权益依法给予保护的法律制度。它是法律救济在教育活动中的具体实现。

法律救济的根本目的,在于补救受害者的合法权益,为其合法权益提供法律保护。从教育法的角度看,其意义主要有:

(一) 有利于保护教育关系主体特别是教师、学生、学校及其他教育机构在教育活动中的合法权益

在教育活动中,大量存在的是行政法律关系。在行政法律关系中,掌握一定行政权力的管理者与其相对人之间的地位是不对等的,行政机关及其工作人员的管理者身份处于较优越的地位,它的全部执法和公务活动都涉及相对人的财产权或人身权,它在执法过程中的违法或不当的行为势必给相对人的合法权益带来一定损失。尤其是教师和学生,他们虽然享有法律赋予的多方面的权利,但不像行政机关或其他国家机关那样存在对相对人的强制性支配力,他们的权利的行使也不足以制止某些侵害行为的发生,更无权采取任何强制他人的措施。通过法律救济就可能平衡教育法实施过程中行政机关与相对人一方因明显的法律地位的不对等所带来的强者与弱者的反差。当教师、学生、学校及其他教育机构的权利受到来自行政机关及其工作人员所施加的侵害时,通过一定的途径和手段,请求国家有关机关(如法院)以强制性的救济方式来实现其权利,这时他们的权利才是现实的和真实的,才能在实际生活中受到尊重。因此,法律救济的根本作用在于保护教师、学生、学校及其他教

育机构的合法权益。

（二）有利于促进国家机关及其工作人员依法行政，预防和控制职务侵权行为的发生

实行法律救济制度，将有力促进国家机关内部管理的完善与行政监督约束的加强，增强国家机关工作人员的责任感，促进其加强自律，审慎行事，依法行政，确保公务活动的合法性。国家行政机关及其工作人员拥有一定的行政权力，一旦这种权力失去有效的控制和约束，其对相对人的人身权和财产权的侵害能量是难以估量的。而法律救济制度的确立，则强调了国家机关及其工作人员的责任，能够在一定程度上预防和控制国家机关及其工作人员的职务违法侵权行为。当然，法律救济只是预防控制的一种手段，而不是全部手段，并且这种救济是指向已经发生了损害的结果，通俗地说，是不得已而为之，因而带有一定的消极性。

（三）有利于显示和传播法治的基本精神，推进依法治教的发展

现代法治理论认为，一个国家是否民主，是否实行法治，重要的标尺之一就是国家和政府是否和人民一样有守法的义务，是否在违法后要承担相应的法律责任。随着我国教育法律体系的初步建立，教育活动已纳入法治的轨道。在依法治教过程中，通过建立法律救济制度，加强各级权力机关对教育法律实施的监督，明确教育行政执法主体的法律责任，唤起教育法律关系主体的权利意识和自我保护意识，纠正教育行政机关的违法或不当的行为。同时，通过建立、健全有关教育的申诉制度、校内调解制度以及运用行政复议、行政诉讼、行政赔偿等多种法律救济手段，及时、妥善地处理教育纠纷，是促进依法治教的重要内容和有效手段之一。

第二节　教育行政复议

一、行政复议的概念和特征

行政复议，是指行政管理相对人认为行政机关的具体行政行为侵犯其合法权益，按照法定的程序和条件向作出该具体行政行为的上一级行政机关提出申请，受理申请的行政机关对该具体行政行为进行复查，并作出复议决定的活动。它是行政机关在行政系统内部自行解决行政争议的一种行之有效的方式。

教育行政复议是行政复议的一种重要形式。教育行政复议，是指教育管理相对人认为教育行政机关的具体行政行为侵犯其合法权益，按照法定的程序和条件向作出该具体行政行为的上一级教育行政机关提出申请，请求依法给予补救的法律救济

制度。一般说来,教育行政复议概念包含以下几层含义:

(1) 教育行政复议只能由作为行政相对人的教师、学生这些自然人和其他行政管理相对人,如学校或其他教育机构等法人或组织提起。除此以外,任何其他主体不得提起行政复议。在教育行政复议中,作出具体行政行为的行政机关或法律、法规授权的组织只能作为被申请人。

(2) 教育行政复议权只能由作出具体行政行为的教育行政机关的上一级行政机关(行政机关所属的人民政府或上一级主管部门)行使。《行政复议法》第12条规定:"对县级以上地方各级人民政府工作部门的具体行政行为不服的,由申请人选择,可以向该部门的本级人民政府申请行政复议,也可以向上一级主管部门申请行政复议。"

(3) 教育行政复议对于教育行政管理相对人是一种程序性权利,不得被非法剥夺。但教育行政管理相对人可以自主处分自己的程序性权利,既可以提起行政复议,也可以放弃提起行政复议的权利。

(4) 教育行政复议的对象只能是教育行政机关的具体行政行为。抽象的行政行为具有普遍的约束力,并不针对特定的人和事。对抽象行政行为不服,不能申请行政复议,而只能向制定该规范文件的行政机关的同级权力机关或该行政机关的上一级行政机关提出审查申请。

二、教育行政复议的受案范围

教育行政复议的受案范围,指复议机关受理相对人申请对具体行政行为进行复议的范围。教育行政复议的受案范围决定着哪些行政行为可以成为行政复议的对象,因而关系到行政监督和行政救济的广度和深度的问题。同时,它也是解决教育行政相对人可以申请复议的问题。

根据《行政复议法》及其他相关法律、法规的规定,教育行政复议的范围包括下列几种情形:

(一) 不服行政处罚的

在这里,行政处罚专指教育行政处罚,即指行政机关依照法定权限和程序对违反行政法规范的学校、教师、学生等给予行政制裁的具体行政行为。教育行政处罚可以根据不同标准进行分类,《行政处罚法》第8条明确列举的行政处罚有警告、罚款、没收违法所得、没收非法财物、责令停产停业、暂扣或者吊销许可证、暂扣或者吊销执照、行政拘留等决定。对于上述各种形式的行政处罚,教育行政管理相对人都可以申请行政复议。

（二）对行政强制措施不服的

行政强制是指行政机关依照法律、法规的规定,为限制教育行政相对人的人身自由及其财产权而采取的强制性措施。根据目前我国有关法律、法规的规定,教育行政强制措施可分为两大类:一类是限制人身自由的,如强制扣留、强制治疗、强制隔离等;另一类是限制财产权而行使的,如查封、扣押、冻结、划拨、变价出售、强制销毁等。

（三）对行政不作为不服的

行政不作为是指行政机关依职责应为一定行为而不为。行政不作为是失职、渎职的一种表现。按照《行政复议法》的规定,行政不作为包括以下几种情况:

1. 对审批行为不作为的

认为符合法定条件,申请行政机关颁发许可证、执照、资质证、资格证等证书,或者申请教育行政机关审批、登记有关事项,教育行政机关没有依法办理的。因此不作为而申请行政复议,必须符合法定条件,具体包括:

（1）被申请的行政机关必须是法律、法规和规章规定的有权颁发资质证、资格证的教育行政机关。

（2）申请人必须在法定许可范围内申请许可。

（3）申请人必须具备相应的行为能力。

（4）申请须符合法定的形式要件。

教育行政相对人认为符合法定条件申请行政机关颁发资格证等,行政机关如果明确拒绝颁发,或者对申请既不拒绝也不批准,在法定期限或合理期限内没有依法办理的,申请人可以申请行政复议。

2. 对行政救济金不作为的

申请行政机关依法发放抚恤金、社会保险金或者最低生活保障费,行政机关没有依法发放的。因此类不作为而申请行政复议应满足两个条件:

（1）抚恤金,社会保险金或者最终生活保障费必须是由法律、法规或规章所规定的。如果有关规定未要求教育行政机关发给上述费用,则不能申请行政复议。

（2）上述费用必须是法律、法规、规章规定由教育行政机关发给的。对依法应该由企业、事业单位发给的,企事业单位没有发给,不能申请行政复议。

3. 对合法权益保护不作为的

申请行政机关履行保护人身权利、财产权利、受教育权利的法定职责,行政机关没有依法履行的。对于负有保护人身权利、财产权利、受教育权利的行政机关来说,没有依法履行保护人身权、财产权、受教育权利的法定职责是失职行为,受害人可以申请行政复议。应当指出,行政机关的职责是由法律、法规或规章规定的,不同的行政机关有着不同的职责,并不是所有的行政机关都负有保护人身权、财产权、受教育权的职责。如果向不负有保护人身权、财产权、受教育权的行政机关请求保护而被告知其改向有权机关提出诉求,其不能申请行政复议。

（四）行政侵权

教育行政相对人认为教育行政机关的具体行政行为侵犯其人身权、财产权时,可以依法定程序申请复议。依《行政复议法》的规定,行政侵权包括:

1. 认为行政机关侵犯合法的经营自主权的

经营自主权是法律确认的经营活动主体的一项最基本的权利。一般来说,经营自主权包括对财产的所有权和占有权,对收益的自主支配权、劳动用工和人事管理权、拒绝摊派权等。

侵犯合法的经营自主权,是指侵犯的主体必须是行政机关,其他国家机关或社会组织侵犯经营自主权不包括在内。被侵犯的对象必须是法律明确规定由行政管理相对人享有的经营自主权。要注意侵犯经营自主权与行政机关对经营主体进行管理的行为的区别。

2. 认为行政机关违法集资、征收财物、摊派费用或者违法要求履行其他义务的

在行政法上,教育行政管理相对人应当承担什么义务,由法律、法规或规章加以规定。行政机关要求其履行义务,必须有明确的法律依据。否则,构成违法要求履行义务的行为。根据《行政复议法》的规定,行政相对人认为行政机关违法集资、征收财物、摊派费用或者违法要求履行其他义务的,教育行政管理相对人可以申请行政复议。

（五）行政变更、中止和撤销

主要指对行政机关作出的有关许可证、执照、资质证、资格证等证书变更、中止、撤销的决定不服的。严格地说,这也是一种行政侵权行为。相对人只要对有关证书的变更、中止、撤销不服,均可以申请复议。例如,对"教师资格证书"的日期变更不服,教师可以要求相关教育行政机关予以更正,不予更正的,教师可以向有关行政机关申请复议。

（六）其他具体违法行为

行政管理相对人认为教育行政机关的其他具体行政行为侵犯其合法权益(人身权、财产权)的,均可以申请行政复议。

需要注意的是,根据《行政复议法》的规定,不服行政机关作出的行政处分或者其他人事处理决定的,可以依照有关法律、行政法规的规定提出申诉;不服行政机关对民事纠纷作出的调解或其他处理的,可以依法申请仲裁或向人民法院提起诉讼。

三、行政复议的管辖

申请人提请行政复议的案件,必须是受理该申请的复议机关依照《行政复议法》有关规定而拥有管辖权的。否则,申请人就不得向该复议机关提请行政复议,该复议机关也不得越权进行行政复议。这就涉及行政复议管辖问题。所谓行政复议管辖,系指各行政复议机关受理行政复议案件的权限分工,即某一行政争议发生后,应由哪一个行政机关来行使行政复议权。

根据《行政复议法》的规定,行政复议管辖可分为一般管辖和特别管辖。

(一) 一般管辖

一般管辖是指按照行政机关的隶属关系所确定的管辖。它具体分三种形式:本级人民政府管辖,上一级主管部门管辖和原处理机关管辖。

1. 本级人民政府管辖

本级人民政府管辖是基于政府与其组成工作部门之间的领导与被领导关系而确立的管辖。根据宪法和组织法,地方各级人民政府的工作部门必须接受本级人民政府的领导。因此,如果法律、法规明确规定由本级人民政府管辖的,必须由本级人民政府管辖。如果法律未规定只由上一级主管部门管辖的,当事人也可以选择由本级人民政府管辖。《行政复议法》规定:"对县级以上地方各级人民政府工作部门的具体行政行为不服的,由申请人选择,可以向该部门的本级人民政府申请行政复议,也可以向上一级主管部门申请行政复议。对海关、金融、国税、外汇管理等实行重点领导的行政机关和国家安全机关的具体行政行为不服的,向上一级主管部门申请行政复议。"

2. 上一级主管部门管辖

如果法律明确规定复议由上一级主管部门管辖的(如海关、金融等),必须由上一级主管部门管辖。同时,如果法律、法规未规定只由本级人民政府管辖的,当事人可以选择由上一级主管部门管辖。此外,依照《行政复议法》的规定,对地方各级人民政府的具体行政行为不服的,由上一级人民政府管辖。

3. 原处理机关管辖

原处理机关管辖即行政机关复议自己作出的具体行政行为的对与错,因此,这种行政机关级别都很高。依《行政复议法》的规定,此类管辖仅限两种:其一,对国务院部门具体行政行为不服的,向作出该具体行政行为的国务院部门申请行政复议。其二,对省、自治区、直辖市人民政府的具体行政行为不服的,向作出该具体行政行为的省、自治区、直辖市人民政府申请行政复议。

当然,对上述行政复议不服的,申请人可以向人民法院提起行政诉讼,也可以向国务院申请裁决。国务院依照《行政复议法》的规定作出的裁决为最终裁决。

(二) 特别管辖

所谓特别管辖,是指特殊行政主体所作具体行政行为的复议管辖权,同时也指由《行政复议法》来明确规定的复议案件管辖权。根据《行政复议法》的规定,特殊管辖主要包含以下几种情况:

第一,对县以上地方人民政府依法设立的派出机构的具体行政行为不服的,向设立该派出机构的人民政府申请行政复议。

第二,对教育行政机关依法设立的派出机构依照法律、法规或规章规定,以自己的名义作出的具体行政行为不服的,向设立该派出机构的教育行政机关或者该教育行政机关的本级地方人民政府申请行政复议。

第三,对法律、法规授权的组织的具体行为不服的,向直接管理该组织的教育行政机关申请行政复议。

第四,对两个或两个以上的行政机关以共同的名义作出的具体行政行为不服的,向其共同上级行政机关申请行政复议。这种情况比较复杂,具体包括以下四种情况:一是作出行为的上级行政机关从属于同一个人民政府的,由该人民政府管辖;二是作出行为的各级行政机关不属于同一级人民政府的,但属于职责相同的上下级管辖部门,由其中最高级的行政机关的上一级主管部门管辖;三是作出行为的各级行政机关不属于同一个人民政府的,但属于相同职能的管理部门,由共同的上一级主管部门管辖;四是做出行为的各级行政机关不属于同一个人民政府,并且也不属于上述二、三两种情况的,由他们的共同的上一级人民政府管辖。

第五,对被撤销的行政机关在撤销前所作的具体行政行为不服的,向继续行使其职权的行政机关的上一级行政机关申请行政复议。具有前五种情形之一的,申请人也可以向具体行政行为发生地的县级地方人民政府提起行政复议申请,由接受申请的县级地方人民政府依据《行政复议法》的规定办理。

四、行政复议的程序

根据《行政复议法》的规定,教育行政复议的程序有以下几个环节:

（一）行政复议的申请

1. 申请复议的条件

申请行政复议，必须满足一定的条件。根据《行政复议法》的规定，申请教育行政复议必须满足以下几个条件：

（1）符合申请时效。依《行政复议法》第9条规定，申请教育行政复议的申请人认为具体行政行为侵犯其合法权益的，可以自知道该具体行政行为之日起六十日提出行政复议申请；但是法律规定的申请期限超过六十日的除外。所谓"知道具体行政行为之日"，是指申请人通过法定途径或其他方式准确地获知具体行为已经作出，并且了解到具体行为的内容。如果在申请人是否知道作出具体行政行为难以确定的情况下，有管辖权的行政复议机关可以根据具体案件确定相对人应当知道具体行为作出之日。但如果在复议申请时效内，因不可抗力或者其他正当理由耽误法定申请期限的，申请期限自障碍消除之日起继续计算。

（2）不与行政诉讼发生冲突。根据《行政复议法》第16条的规定，申请人向法院提起行政诉讼，人民法院已经受理的，不得申请行政复议。因为行政复议与行政诉讼是各自独立的两种法律救济途径，申请人已经向人民法院起诉的行政案件，已经置于司法保护之下。

（3）申请人是认为具体行政行为直接侵犯其合法权益的行政相对人。教育行政复议的申请人可以是学生或学校或教师等。

（4）有明确的被申请人。申请人申请行政复议，必须明确提出被申请人。即复议申请人必须明确提出谁作出了具体行政行为，谁侵犯了自己的合法权益，否则复议机关不予受理。

（5）有具体的复议请求和事实根据。具体的复议请求是指申请人必须提出的实体权利请求，是撤销原具体行政行为还是改变原具体行政行为等；事实根据即案件事实，指能证明行政机关作出具体行为的材料。

（6）属于申请复议范围。指申请人提请行政复议的案件必须是依法可以由复议机关依照行政程序进行行政复议的行政案件。如果没有明确的法律依据，复议机关不予受理。

（7）属于受理复议机关管辖。申请人提起行政复议的案件，必须是受理该复议申请的复议机关依照《行政复议法》有关规定而拥有管辖权的。否则，复议机关不受理不属于自己管辖的复议案件。

2. 申请行政复议的形式

根据《行政复议法》的规定，申请人申请行政复议，可以书面申请，也可以口头申请。口头申请的，行政复议机关应当场记录申请人的基本情况，即申请人的姓名、性别、年龄、职业、住址等,以及行政复议请求,申请行政复议的主要事实、理由和时间。

此外,《行政复议法》规定,申请人提出复议申请不停止具体行政行为的执行。但是,有下列情形之一的,可以停止执行:被申请人认为需要停止执行的;行政复议机关认为需要停止执行的;申请人申请停止执行,行政复议机关认为其要求合理,决定停止执行的;法律规定停止执行的。

(二) 行政复议的受理

行政复议的受理,是指复议机关审查申请人的复议申请,认为符合法定条件而依法立案处理。根据《行政复议法》第四章的规定,复议机关接受申请人的申请而立案处理,必须具备几个条件:其一,行政复议机关收到复议申请后,应当在五日内进行审查,对不符合本法规定的行政复议申请,决定不予受理,并书面告知申请人;对符合本法规定,但是不属于本机关受理的行政复议申请,应当告知申请人向有关行政复议机关提出。除前款规定外,行政复议机关自行政复议机关负责法制工作的机构收到之日起即为受理。

其二,《行政复议法》第18条规定,依照本法第15条第二款的规定接受行政复议申请的县级地方人民政府,对依照本法第15条第一款的规定属于其他行政复议机关受理的行政复议申请,应当自接到该行政复议申请之日起七日内,转送有关行政复议机关,并告知申请人。接受转送的行政复议机关应当依照本法第17条的规定办理。规定属于其他行政复议机关受理的行政复议申请,应当自接到该行政复议申请之日起七日内,转送有关行政复议机关,并告知申请人。接受转送的行政复议机关应按照上述规定办理。

其三,法律、法规规定应当先向行政复议机关申请行政复议、对行政复议决定不服再向人民法院提起行政诉讼的,行政复议机关决定不予受理的或者受理后超过行政复议期限不作答复的,申请人可以自收到不予受理决定书之日起或者行政复议期满之日起十五日内,依法向人民法院提起行政诉讼。

其四,申请人依法提出行政复议申请,行政复议机关无正当理由不予受理的,上级行政机关应当责令其受理;必要时,上级行政机关也可以直接受理。

(三) 行政复议的审理

行政复议的审理,是指复议机关依法对行政案件进行全面审查的复议活动。具体包括以下一些程序。

1. 被申请人的答辩

行政复议机关负责法制工作的机构应当自行政复议申请受理之日起七日内,将行政复议申请书副本或者行政复议申请笔录复印件发送给被申请人。被申请人应当自收到申请书副本或者申请笔录复印件之日起十日内,提出书面答复,并提交当初作出具体行政行为的证据、依据和其他有关材料。被申请人逾期不答辩的,不影响复议。

2. 书面复议

《行政复议法》规定,行政复议原则上采取书面审查的办法,但是申请人提出要求或者行政复议机关负责法制工作的机构认为有必要时,可以向有关组织和人员调查情况,听取申请人、被申请人和第三人的意见。

3. 撤回复议申请

撤回复议申请是申请人的一项权利。《行政复议法》规定,行政复议作出前,申请人要求撤回行政复议申请的,经说明理由,可以撤回申请;撤回申请的,行政复议终止。

此外,《行政复议法》规定,在行政复议过程中,被申请人不得自行向申请人和其他有关组织或者个人收集证据。这一规定的立法动机在于切实保障举证责任的落实。

(四) 行政复议的决定

行政复议的决定,是指复议机关经过审理,根据所查明的案件事实,依法作出的权威性判定。根据《行政复议法》规定,行政复议机关负责法制工作的机构应当对被申请人作出的具体行政行为进行审查,提出意见,经行政复议机关的负责人同意或者集体讨论通过后,作出下列复议决定:

1. 决定维持具体行为

决定维持具体行为即具体行政行为认定事实清楚,证据确凿,适用依据正确,程序合法,内容适当的,决定维持。

2. 决定被申请人履行法定职责

决定被申请人履行法定职责即被申请人不履行法定职责的,决定其在一定期限内履行。

3. 决定撤销、变更或确认该具体行为违法

复议机关经过审理,发现具体行政行为主要事实不清、证据不足的,适用依据错误的,违反法定程序的,超越或滥用职权的,具体行政行为明显不当的,决定撤销、变更该具体行政行为,或确认该具体行政行为违法。当然,如果决定撤销或者确认具体行政行为因上述原因违法的,可以责令被申请人在一定期限内重新作出具体行政行为。

值得注意的是,行政复议机关责令被申请人重新作出具体行政行为的,被申请人不得以同一的事实和理由作出与原具体行政行为相同或基本相同的具体行政

行为。

4. 决定被申请人负责赔偿申请人的损失

行政复议机关对符合国家赔偿法的有关规定应当给予赔偿的,在决定撤销、变更具体行政行为或者确认具体行政行为违法时,应当同时决定被申请人依法给予赔偿。

行政复议机关应当自受理申请之日起六十日内作出上述复议决定;但是法律规定的行政复议期限少于六十日的除外。情况复杂,不能在规定期限内作出行政复议决定的,经行政复议机关的负责人批准,可以适当延长,并告知申请人和被申请人;但是延长期限最多不超过三十日。

行政复议机关作出行政复议决定,应当制作行政复议决定书,并加盖公章。

(五) 行政复议决定的执行

行政复议机关一经作出复议决定,并向受送达人送达复议决定书,受送达人即应在法定期限内提起诉讼或者自觉履行,否则,即发生强制执行的效力。《行政复议法》规定,申请人逾期不起诉又不履行行政复议决定的,按下列规定分别处理:

(1) 维持具体行政行为的行政复议决定,由作出具体行政行为的行政机关依法强制执行,或者申请人民法院强制执行。

(2) 变更具体行政行为的行政复议决定,由行政复议机关依法强制执行,或者申请人民法院强制执行。

第三节 教育行政诉讼

一、教育行政诉讼的概念和特征

(一) 教育行政诉讼的概念和特点

教育行政诉讼是指行政管理相对人认为行政机关的具体行政行为侵犯其合法权益,依法定程序和要求向人民法院起诉,人民法院在当事人及其他诉讼参与人的参加下,对行政机关具体行政行为的合法性进行审查并做出裁判,解决行政争议的制度。从教育法实施的角度看,教育行政诉讼具有以下特点:

第一,教育行政诉讼是解决教育行政争议的活动。教育行政争议是指在行政管理过程中,教育行政主体与教育行政相对人因特定的具体行政行为而发生的争执。教育行政争议范围广、种类多。行政诉讼解决的只是行政争议的一部分,主要是教育行政机关在对外管理中和相对人之间因具体行政行为的合法性发生的争议。

第二,教育行政诉讼是人民法院运用国家审判权解决教育行政争议的活动。教育行政诉讼是在人民法院的主持下展开的。人民法院运用国家审判权,对引起争议的具体行政行为进行合法性审查并做出裁判,从而达到解决行政争议的目的。教育行政诉讼的这一特征使其与教育行政复议相区别。教育行政复议只是行政机关适用行政程序解决行政争议的活动。

第三,教育行政诉讼的原告是认为教育行政机关及法律、法规授权的组织作出的具体行政行为侵犯其合法权益的教育行政相对人(包括教师、学生、学校及其他教育机构);被告是行使国家行政管理权的教育行政机关及法律、法规授权的组织。教育行政诉讼原被告的确定性是由行政管理中公权的性质所决定的。

第四,教育行政诉讼的核心是对行政机关的具体行政行为的合法性进行审查。具体行政行为的合理性及抽象行政行为,不能通过行政诉讼的方式解决。

第五,教育行政诉讼的目的是通过司法权对行政权进行监督,确保行政机关依法行政,保障相对人的合法权益。教育行政诉讼的目的是为了解决行政争议,但更深层的意义在于建立权力制约机制,以真正实现依法行政并保护相对人的权益。

(二) 教育行政诉讼与教育行政复议的区别

1. 性质不同

教育行政复议是由上一级行政机关对下一级行政机关所作的具体行政行为进行的审查,是一种行政行为,所有过程都是在行政系统内部进行。教育行政诉讼是人民法院对行政机关所作的具体行政行为实施的司法监督,属于司法行为。

2. 受理机关不同

教育行政复议的受理机关是作出具体行政行为的行政机关的上一级主管部门或所属的人民政府。教育行政诉讼的受理机关恒定为人民法院。

3. 审查力度不同

人民法院只审查具体行政行为的合法性而一般不审查其是否适当。复议机关不仅审查具体行政行为是否合法,而且还要审查其是否适当,因此,教育行政复议的审查力度要大于行政诉讼。

4. 受案范围不一致

人民法院所受理的教育行政案件,只是教育行政管理相对人认为行政机关的具体行政行为侵害其合法权益的案件。而复议机关所受理的教育行政案件既有行政违法的案件,也有行政不当的案件。

二、教育行政诉讼的受案范围

教育行政诉讼的受案范围,又称人民法院主管范围,是指人民法院受理并审理教育行政争议的范围。这一范围从人民法院与教育行政机关的关系而言，是法院对教育行政机关的哪些行政行为拥有司法解释权；从行政管理相对人的角度而言，是指其对教育行政机关的哪些行政行为不服时可以向人民法院起诉，以寻求司法救济。教育行政诉讼受案范围是一个十分重要的问题，直接影响到行政诉讼制度整体功能的发挥。

根据我国《行政诉讼法》第12条和第13条的规定，教育行政诉讼的受案范围分为两部分：一是人民法院受理案件的范围；二是人民法院不受理事项的范围。

（一）人民法院受理案件的范围

《行政诉讼法》具体规定了人民法院的受案范围。

1. 不服行政处罚的案件

行政处罚是国家行政机关或法律、法规授权的组织对实施了违反行政管理秩序行为的公民、法人或其他组织给予的行政制裁。它主要涉及公民、法人或其他组织的人身权、财产权。为切实保护相对人免受违法行政处罚的侵害，行政诉讼法明确规定行政处罚为可诉行为。《行政诉讼法》规定"对拘留、罚款、吊销许可证和执照、责令停产停业、没收财物等行政处罚不服的"，可以向人民法院提起行政诉讼。

2. 不服行政强制措施的案件

行政强制措施是指主管行政机关依法在必要时采取强制手段，对相对人的人身或财产加以限制或处理，使其处于某种状态或履行某种义务的行为。《行政诉讼法》规定可以起诉的行政强制措施有两类：

一类是对限制人身自由的强制措施不服的。这类强制措施有四种：① 收容审查；② 强制戒毒；③ 扣留；④ 其他。

另一类是对查封、扣押、冻结财产的强制措施不服的。行政机关对负有金钱给付义务或物品给付义务的相对人，在其不履行义务时，可以查封、扣押、冻结其财产。

3. 认为行政机关侵犯法律、法规规定的经营自主权的案件

经营自主权是指企业和各种经济组织依法享有的自主地调配和使用其人力、物力和财力的权利以及在产、供、销等环节上的自主决定权。

在实践中，行政机关侵犯经营自主权的形式多种多样。比如，校办企业具有的生产计划权、产品销售权等，认为受到行政机关侵犯，可以向人民法院提起行政诉讼。

4. 对行政机关拒绝颁发许可证和执照或者不予答复的案件

对各种特定的行业和活动实行许可证制度，是行政管理的重要手段。公民、法人或其他组织凡是符合法定条件申请许可证，主管行政机关都应在法定期限内予以颁发。否则，即可能侵犯公民、法人或其他组织的可得权利。比如，国家对社会力量办学实行许可证制度。学校在运营中也涉及一些申请执照的行业，如校办工厂申请

相应的执照等。如果行政机关拒绝颁发,在法定期限内不予答复,可以申请行政诉讼。

5. 申请行政机关履行法定职责而被拒绝或者不予答复的案件

保护公民、法人或其他组织的人身权、财产权是许多行政机关的法定职责。负有法定职责的行政机关不履行职责的,对行政机关来说,是违法失职行为。因而相对人可以向人民法院提出行政诉讼。例如,学校受到社会上不法分子骚扰,向管辖派出所报告,请求保护,而该派出所置之不理,这时学校可向人民法院起诉。

6. 认为行政机关没有依法发给抚恤金的案件

抚恤金是相对人因公或者因伤致残,死亡时发给本人或家属的款项,以维持本人或家属的日常生活。因此,若认为行政机关未能依法发放的,有权提起行政诉讼。

7. 认为行政机关违法要求义务的案件

公民、法人或其他组织在行政法上的义务由法律、法规设定,必须依法履行。但除法定义务外,行政机关不得要求相对人履行法外义务。否则,就是对相对人的侵害,相对人有权提起行政诉讼。

8. 认为行政机关侵犯其他人身权和财产权的案件

在实践中,具体行政行为的表现形式很多,除列举的七项可诉行为外,还包括行政确认、行政裁决、行政征服、行政给付等。行政机关在实施这些行为时侵犯相对人人身权、财产权的,亦属于行政诉讼范围。相对人不服,也可提起行政诉讼。

(二) 人民法院不受理事项的范围

根据《行政诉讼法》第13条的规定,人民法院不受理的事项有四类:
(1) 国际、外交等国家行为;
(2) 行政法规、规章或者行政机关制定、发布的具有普遍约束力的决定、命令;
(3) 行政机关对行政机关工作人员的奖惩任免等决定;
(4) 法律规定由行政机关最终裁决的具体行政行为。

三、教育行政诉讼的管辖

(一) 教育行政诉讼管辖的含义

管辖问题,在行政诉讼中占有重要地位。科学地确定管辖,在法院系统内合理分配第一审行政案件的审判权,有利于法院及时、正确地审理行政案件,并可以避免法院之间相互推诿和相互争夺管辖权的现象发生;另外,也有利于诉讼当事人有效行使行政诉讼权,从而保护其合法权益。

人民法院受案范围是解决人民法院与其他国家机关之间处理行政争议的权限分工，或者确定人民法院行政审判的权限。在人民法院受案范围确定之后，就要解决人民法院内部审理行政案件的权限分工，即某一具体案件由何地人民法院审理。

行政诉讼管辖是指在人民法院系统内审理第一审行政案件的权限划分的法律制度。行政诉讼管辖所要解决的是公民、法人或者其他组织认为属于人民法院受案范围的具体行政行为侵犯了自己的合法权益时，向哪一级哪一个人民法院起诉的问题。

（二）行政诉讼管辖的分类

根据行政诉讼法的有关规定，行政诉讼的管辖可分为级别管辖、地域管辖和裁定管辖三种。

1. 级别管辖

级别管辖是指各级人民法院在审理第一审行政案件时的分工和权限。按照行政诉讼法的规定，划分级别管辖的标准是行政案件的性质及其重大、复杂的程度。

（1）基层人民法院的管辖

基层人民法院对行政案件具有普遍管辖权，除法律规定由中级人民法院、高级人民法院和最高人民法院管辖的第一审行政案件外，其他行政案件都由基层人民法院管辖。

（2）中级人民法院的管辖

中级人民法院管辖的条件有：

一是对国务院各部门或者省、自治区、直辖市人民政府所作的具体行政行为提起诉讼的案件。

二是海关处理的案件。

三是本辖区内重大、复杂的案件。这是中级人民法院管辖的行政案件的概括规定。诉讼实践中，一般是指：其一，复议机关是国务院有关部门或省级人民政府的；其二，是被告为县级以上人民政府（不含县级）或省级人民政府所属部门；其三，有较大社会影响的集团诉讼案件；其四，涉外或涉港、澳、台的案件；其五，其他重大、复杂的案件。

四是其他法律规定由中级人民法院管辖的案件。

（3）高级、最高人民法院的管辖

高级人民法院管辖本辖区内重大、复杂的第一审行政案件。最高人民法院管辖在全国范围内重大、复杂的行政案件，如具有典型意义的案件以及在国际上有重大影响的涉外案件。

2. 地域管辖

地域管辖是同级人民法院之间在审理第一审行政案件时的分工和权限，又可分为一般地域管辖和特别地域管辖。

（1）一般地域管辖，是指在一般情况下的地域管辖制度。按照《行政诉讼法》第18条规定，行政案件由最初作出具体行政行为的行政机关所在地的人民法院管辖。或者说，由被告所在地法院管辖。

（2）特别地域管辖，是适用于特殊情况的地域管辖制度。在具体确定某一条件的管辖时，特殊地域管辖优于一般地域管辖。按照《行政诉讼法》规定，特殊地域管辖有：

其一，经复议的案件，复议机关改变原具体行政行为的，可以由最初作出具体行政行为的行政机关所在地法院管辖，也可以由复议机关所在地法院管辖。

其二，对限制人身自由的行政强制措施不服提起的诉讼，由被告所在地或原告所在地人民法院管辖。其中原告所在地包括原告的户籍所在地、经常居住地和被限制人身自由所在地。

其三，因不动产提起的行政诉讼，由不动产所在地法院管辖。

以上三类特殊地域管辖中，前两类不属于共同管辖。对同一行政案件，两个以上的法院都具有管辖权。相对人可以向其中的任何一个法院提起诉讼。如果同时向两个以上法院起诉的，由最先立案的人民法院管辖。

3. 裁定管辖

裁定管辖指人民法院依法所确定的管辖，与法定管辖相对应。按《行政诉讼法》规定，裁定管辖有三种：

（1）移送管辖

移送管辖是指人民法院受理行政案件后，发现本法院对该案件没有管辖权，依法将已受理的案件移送给有管辖权的法院而确定的制度。其实质为一种管辖纠错程序，其目的在于保证行政诉讼管辖制度的正确运用。

（2）指定管辖

指定管辖是指上级人民法院以裁定的方式指定某一下级人民法院管辖某一案件。根据《行政诉讼法》的规定，指定管辖运用于以下两种情况：一是有管辖权的法院由于特别原因不能行使管辖权；二是人民法院对管辖权发生争议，经协商未能解决。

（3）管辖权的转移

管辖权的转移是指基于下级人民法院的申请或上级人民法院的决定，下级人民法院把有管辖权的案件转移给上级人民法院审判，或上级人民法院把有管辖权的案件转移给下级人民法院审判的制度。规定管辖权转移，是赋予上级人民法院在管辖上的灵活决定权，以满足行政诉讼的需要。

四、教育行政诉讼的程序

根据《行政诉讼法》的规定,教育行政诉讼的程序可以分为:起诉和受理程序、第一审程序、第二审程序、审判监督程序、执行程序等一系列程序。我们在这里只讨论前两种程序和执行程序。

(一) 起诉和受理

起诉和受理是教育行政诉讼的启动程序,二者是两种性质不同却密切联系的诉讼活动。

1. 起诉

起诉是指公民、法人或其他组织认为行政机关的具体行政行为侵犯其合法权益,依法请求人民法院通过行使国家审判权给予司法救济的诉讼行为。行政诉讼的起诉分为两种类型:一是直接向法院起诉;二是经复议后向法院起诉。不管属于哪种情况,它必须具备以下几个条件:① 原告是认为具体行政行为侵犯其合法权益的公民、法人或者其他组织;② 有明确的被告,即原告知道谁是作出具体行政决定的行政机关或具体执行公务的行为人,并在起诉状中明确列出了作出具体行政行为的行政机关;③ 有明确的诉讼请求;④ 有明确的事实依据;⑤ 属于人民法院的受案范围和受诉人民法院管辖。

起诉除了符合上述的五个条件外,《行政诉讼法》对其还有适当的限制。主要表现在:其一,起诉的形式。起诉应以书面形式为之,但是对于有书写困难的,也可以采取口头方式;其二,起诉期限。公民、法人或其他组织直接向人民法院起诉的,应当在得知作出具体行政行为之日起三个月提出,向行政机关申请复议的申请人不服复议的,可以在收到复议决定书之日起五日内向法院起诉,复议机关逾期不做决定的,申请人可以在复议期满之日起十五日内向人民法院起诉。法律另有规定的除外。

2. 受理

受理是指人民法院对公民、法人或其他组织的起诉进行审查,对符合法律规定的起诉条件的案件决定立案审理的诉讼行为。根据《行政诉讼法》的规定,人民法院接到起诉状后,应在七日内审查立案或作出不予受理的裁定。原告对裁定不服,可以上诉。

(二) 行政诉讼的第一审程序

1. 第一审程序是从人民法院裁定受理到作出第一审判决的全部诉讼程序

在所有行政诉讼程序形式中,第一审程序是最基础、最重要的程序。这不仅因为第一审程序是所有行政案件的基本的、必经的程序阶段,更重要的是这一程序还是其他程序,特别是二审及再审程序的参照,在有关后两类程序的法律规定不甚详明时,需要比照第一审程序中的类似规定实行。

2. 第一审程序的具体操作规程

根据《行政诉讼法》的规定,第一审程序的操作规程如下:

(1) 组成合议庭

在一审程序中,合议庭可以全部由审判员组成,也可以由审判员与人民陪审员共同组成。合议庭的组成成员必须是三人以上的单数。

(2) 文书送达

文书送达主要包括:一是起诉状副本的送达。起诉状副本应当在立案后五日内送达被告,同时通知被告应诉并提供答辩状;被告不提供的,不影响案件的审理。二是答辩状副本的送达。答辩状副本应当在法院通知其参加诉讼后的十日内送交人民法院,人民法院在接到答辩状后五日内将副本送达原告。三是有第三人参加诉讼的,比照送达。

(3) 庭审

行政诉讼的第一审的庭审方式主要是开庭审理与公开审理。开庭审理是行政诉讼的基本方式;公开审理为原则,不公开审理为例外(因涉及国家机密、个人隐私及商业秘密等,经法院决定不公开审理)。

完整的庭审程序一般经过如下步骤:开庭准备、宣布开庭、介绍案情、法庭调查、法庭辩论、合议庭评议、宣读判决。

(4) 撤诉

撤诉是指原告在立案到宣告判决或裁定之间的诉讼过程中,主动撤回诉讼请求、申请人民法院终止诉讼程序的活动,是原告行使其处分诉讼权利的活动。

(5) 调解

在行政诉讼中,一般不得以调解作为审理和结案的方式,审判人员也不应参与调解,但是行政诉讼附带民事诉讼是行政诉讼的一种特殊形式,其中附带的民事诉讼可以调解。

(6) 审理程序的延阻

审理程序的延阻是指因特殊原因使诉讼活动不能按正常程序进行的程序中断、程序中止、延期审理等法定情形。

(7) 行政诉讼的第一审程序的判决

根据《行政诉讼法》的规定,一审判决可分为以下几种情况:

其一,人民法院经审理,对证据确凿,适用法律、法规正确,符合法定程序的具体行政行为,判决维持。

其二，人民法院对具体行政行为认为主要证据不足，适用法律、法规错误，违反法定程序和超越、滥用职权的，判决撤销或部分撤销，并可以判决被告重新作出具体行为。

其三，人民法院对被告不履行自己的法定职责所作出的，令其在一定期限内履行的判决。

其四，人民法院对于行政机关作出的显失公正的行政处罚决定，通过司法裁判直接判决予以改变。

此外，根据《行政诉讼法》的规定，人民法院的第一审判决应在立案之日起六个月内作出，有特殊情况需要延长的，由高级人民法院批准。高级人民法院审理第一审案件需要延长的，由最高人民法院批准。

（三）行政诉讼的执行

行政诉讼的执行是指义务人逾期拒不履行人民法院就行政案件依法作出的具有执行力的法律文书时，人民法院和有关行政机关依法采取强制措施，从而使生效法律文书得以实现的活动。在行政诉讼中，涉及执行的有以下几点基本要求：

（1）执行主体，分为两种：一是人民法院，二是行政机关。

（2）执行对象，即执行客体，一般可分为物、行为和人身。

（3）执行范围，一般按法律文书确定，执行时不能随意扩大或缩小。

（4）执行条件：执行程序的起动必须具备法定条件，必须有执行依据的法律文书且法律文书具有执行力及法律效力；负有义务的一方当事人有履行义务的能力；申请执行的期限为三个月。

（5）执行措施，分为两种情况：第一种情况为对公民、法人或其他组织的执行措施。《行政诉讼法》对此没有作出规定，可以参照《民事诉讼法》规定的措施，主要有查封、扣押、冻结、变卖被执行人的财产、强制迁出等。第二种情况为对行政机关的执行措施。《行政诉讼法》对此有明确规定，主要有：

① 划拨，即对应当归还的罚款或应当给付的赔偿金，从期满之日起，从该行政机关的账户内划拨。

② 罚款，即在规定期限内不履行义务的，从期满之日起，对该行政机关按日处以五十元至一百元的罚款。

③ 公告，将行政机关拒绝履行的情况予以公告。

④ 司法建议，即向行政机关的上一级行政机关或者监察、人事机关提出司法建议。接受司法建议的机关，根据有关规定进行处理，并将处理结果告知人民法院。

⑤ 拘留或追究刑事责任，即对拒不履行判决、裁定、调解书，社会影响恶劣的，可以对该行政机关直接负责的主管人员和其他直接责任人员予以拘留；情节严重，构成犯罪的，依法追究刑事责任。

此外,《行政诉讼法》还规定了非诉执行,即公民、法人或其他组织对具体行政行为在法定期限内不提起诉讼又不履行的,行政机关可以申请人民法院强制执行,或者依法强制执行。

五、教育行政诉讼的审理依据

(一) 教育行政诉讼的审理依据的具体内容

教育行政诉讼的审理依据是指人民法院审理行政案件,对具体行政行为是否合法进行审判与裁判时必须遵循的根据。《行政诉讼法》第 63 条规定:"人民法院审理行政案件,以法律和行政法规、地方性法规为依据。地方性法规适用于本行政区域内发生的行政案件。人民法院审理民族自治地方的行政案件,并以该民族自治地方的自治条例和单行条例为依据。人民法院审理行政案件,参照规章。"具体说来,人民法院审理行政案件的依据是:法律、行政法规、地方性法规和自治条例和单项条例等。

(二) 对行政诉讼审判依据的具体运用

人民法院审理行政案件以法律、法规为依据,但法律、行政法规、地方性法规、自治条例、单项条例的效力层次各不相同,法律地位和作用也有区别。低层级的规范只有符合高层级的规范才有效,据此作出的具体行政行为才有效。因此,所作"行政诉讼的审判依据"是从法律规范的整体结构上规定审查和裁判具体行政行为是否合法的根据。当低层次的规范没有宪法或法律根据或与宪法、法律、行政法规相抵触,因而不符合法律的规定或原则时,人民法院有权不适用低层级规范而最终依据高层级规范作出对具体行政行为合法性的确认和判决。

此外,人民法院审理行政案件,参照国务院所属部、委根据法律和国务院的行政法规、决定、命令制定发布的规章以及省、自治区、直辖市和省、自治区人民政府所在地的市和经国务院批准的较大的市的人民政府根据法律和国务院的行政法规制定、颁布的规章。

第四节　教育申诉制度

一、申诉制度的含义

申诉是指当公民或其他组织成员依宪法、法律或组织章程所享有的权利受到侵害时,按照法定程序向有权机关或组织说明和诉说,请求处理。教育申诉制度是指相对人在其合法权益受到损害时,向国家有权机关申诉理由,请求处理或重新处理的制度。我国现行法律规定了多种申诉制度,大体上可分为两类,一类是诉讼性质的申诉制度;另一类是非诉讼性质的申诉制度。

(一) 诉讼上的申诉制度

诉讼上的申诉制度专指人民法院受理的申诉。即当事人或其他公民对已经发生法律效力的判决、裁定不服向人民法院或检察院提出请求要求重新处理的申诉。根据法律适用的不同,诉讼上的申诉分为民事申诉、刑事申诉和行政申诉。

1. 民事诉讼上的申诉

民事诉讼上的申诉是指当事人、法定代理人对生效的民事判决、裁定和调解协议,认为有错误,向人民法院提出要求,请求案件重新进行审理的行为。民事诉讼上的申诉是《中华人民共和国民事诉讼法》赋予民事主体的一项诉讼权利。

民事申诉和申请再审不同,这表现在:① 当事人及其法定代理人申诉,是当事人的一项民主权利,而申请再审则是当事人的一项诉讼权利;② 当事人申诉不受时间、审级、条件和案件范围的限制,而当事人申请再审不但有严格的条件限制,而且有申请的时间、审级和案件范围的限制。同时,由于申请再审是涉及当事人的民事权利义务的承担,所以,法律规定一般应由当事人本人提出。只有无民事行为能力人,限制民事行为能力人的法定代理人,才可以代理当事人提出申请再审。尽管如此,两者还有共同之处。即都必须是对生效判决、裁定和调解协议认为有错误的情形下,才能申诉或申请再审;申诉或申请再审,既可以向原审人民法院提出,也可向原审人民法院的上一级人民法院提出;人民法院不论是根据当事人申请再审引起再审程序的发生,还是来自当事人的申诉由人民法院引起再审程序的发生,均应作出裁定停止原判决、裁定的执行,但在申请再审或申诉时均不得停止原判决、裁定的执行。

2. 刑事诉讼上的申诉

刑事诉讼申诉是对人民检察院诉讼终结的刑事处理决定以及对人民法院已经发生法律效力的刑事判决、裁定(含刑事附带民事判决、裁定)不服的,请求依法提起审判监督程序对案件重新审判的一种诉讼活动。《刑事诉讼法》第252条规定:"当事人及其法定代理人、近亲属,对已经发生法律效力的判决、裁定,可以向人民法院或人民检察院提出申诉,但是不能停止判决、裁定的执行。"可以看出,具有刑事申诉主体资格的是原案当事人及其法定代理人、近亲属;受委托的律师也可以代理申诉。

申诉最迟应在被告人刑罚执行完毕后二年内向人民法院提出。申诉是提起审判监督程序的一个主要的材料来源。因此,各级人民法院、人民检察院对于有申诉权的人提出的申诉,应当认真处理:对于下列刑事案件,申诉人超过两年提出申诉的,人民法院也应当受理。① 可能对原审被告人宣告无罪的;② 原审被告人在规定的期限内向人民法院提出申诉,人民法院未受理的。③ 属于疑难、复杂、重大案件的。

需要指出的是,刑事诉讼上的申诉不同于上诉。两者的主要区别是,上诉一经提出,就必须引起第二审程序,所以上诉可阻止判决裁定发生效力。申诉则不同,它只是提起审判监督程序的一个起因,不能直接引起审判监督程序,也不能停止判决、裁定的执行。

关于违犯构成犯罪应当追究刑事责任的法律规定,在《中华人民共和国教育法》中具体体现不多,主要包括:① 体罚学生,经教育不改的;② 品行不良、侮辱学生。上述情况影响恶劣,情节严重,构成犯罪的,要依法追究刑事责任。因此涉及教育的刑事诉讼上的申诉,在实践中较少出现。尽管如此也应给予充分重视,具体程序应依照《中华人民共和国刑事诉讼法》以及其他法律规定办理。

3. 行政诉讼上的申诉

行政诉讼上的申诉是指已生效的判决或裁定的当事人认为该判决或裁定是错误的,可以向原审人民法院、上一级法院、与原审法院同级的检察院或者其上一级检察院申诉的制度。行政诉讼上的申诉同民事诉讼的申诉大体相同。

行政诉讼上的申诉是《中华人民共和国行政诉讼法》赋予行政诉讼当事人或其他公民和组织的一项诉讼权利。违犯《中华人民共和国教育法》应当承担行政责任的规定,在教育法律责任中占主要地位。各种违犯《中华人民共和国教育法》的行为,除了少数构成犯罪应追究刑事责任和部分民事侵权应承担民事责任以外,均属承担行政责任范畴。通过诉讼解决教育纠纷时大量采用的应当是行政诉讼程序,所以行政诉讼上的申诉应当引起充分的重视。

(二) 非诉讼的申诉制度

非诉讼的申诉,是指不通过人民法院或人民检察院而向其他部门的申诉。作为一种非诉讼形式的行政申诉,教育申诉制度强调尊重并保护个人在教育法律关系中的申诉权利。教育申诉的范围比较广泛,可以向各级共产党纪律检查委员会、政府监察部门、教育督导部门、人民代表大会常务委员会或作出具体行政行为的教育行政机关的上一级行政机关或其设置的专门机构申诉。在教师与教育行政部门、学校的关系中,教师往往处于弱势,在学生与学校、教师的关系中,学生往往处于弱势,所以非诉讼性质的教育申诉比较多的是教师申述和学生申述。

二、教师申诉制度

(一) 教师申诉制度的概念和特征

教师申诉制度就是《教师法》所规定的为维护教师合法权益的行政救济制度,即教师在其合法权益受到侵害时，依照法律、法规的规定，向主管的行政机关申诉理由、请求处理的制度。我国《教师法》第 39 条规定："教师对学校或者其他教育机构侵犯其合法权益的，或者对学校或其他教育机构作出的处理不服的，可以向教育行政部门提出申诉，教育行政部门应当在接到申诉的三十日内，作出处理。""教师认为当地人民政府有关行政部门侵犯其本法规定享有的权利的，可以向同级人民政府或者上一级人民政府有关部门提出申诉，同级人民政府或者上一级人民政府有关部门应当作出处理。"这是《教师法》关于申诉权利规定在教师身上的体现。

教师申诉制度具有以下特征：一是教师申诉制度是一项法定的申诉制度，它以《教师法》和《宪法》为依据。二是教师申诉制度是一项专门性的权利救济制度。它在宪法赋予公民享有申诉权利的基础上，将教师这一特定专业人员的申诉权利具体化。三是教师申诉制度是非诉讼的申诉制度。司法机关不能参与这一申诉过程。

（二）教师申诉制度的具体内容

根据《教师法》的规定，教师申诉制度包括以下几个具体内容。

1. 教师申诉的条件

《教师法》对教师可以申诉的条件规定得比较宽，主要有以下三种：

其一，教师认为学校或其他教育机构侵犯其《教师法》规定的合法权益的。所谓合法权益指《教师法》规定的教师在职务聘任、教学科研、工作条件、民主管理、培训进修、考核奖惩、工资福利待遇、退休等方面的合法权益。

其二，教师对学校或其他教育机构作出的处理决定不服的。

其三，教师认为当地人民政府的有关部门侵犯其《教师法》规定的合法权益的。

2. 受理教师申诉的机关

受理教师申诉的机关，因被申诉主体的不同而不同。一般分为两类：一类是主管教育的行政机关，如教育厅、教育部等，它主要受理教师对学校或其他教育机构提出的申诉；一类是同级人民政府或者是上一级人民政府对口的行政主管部门，它主要受理教师对当地人民政府的有关行政机关提出的申诉。

3. 教师申诉的程序

教师申诉的程序分为三个环节：

第一环节，提出申诉。教师提出申诉，应以书面形式为主。申诉书应载明申诉人的基本情况（姓名、年龄、住址等），被申诉人的基本情况，申诉要求和申诉理由，申诉的证据。

第二环节，对申诉的受理。根据《教育法》的规定，受诉机关接到申诉书后，应当分别情况，作出以下处理：① 对符合申诉条件的应予以受理；② 对不符合申诉条件的,可以答复申诉人不予受理;③ 对于申诉书的内容不详细的,可以要求重新补正。

第三环节,对申诉的处理决定。根据《教育法》的规定,行政机关对受理的申诉案件,应当进行全面的审查,依据不同情况,可作出如下决定:① 维持原处理结果。即学校或具体教育机构的管理行为符合法定权限和程序,适用法律、法规正确,事实清楚,可以维持原处理结果。② 决定补正。即管理行为存在着程序上的不足,决定被申诉人补正。③ 决定限期改正。即对于被申诉人不履行法律、法规或规章规定的职责的,决定限期改正。④ 变更处理结果。即管理行为部分适合法律、法规,部分不适合的,可以变更其部分内容。⑤ 撤销原处理决定。即管理行为所依据的规章与法律法规相抵触的,可撤销其原处理决定。

三、学生申诉制度

(一) 学生申诉制度的概念

学生申诉制度是指学生的权益受到学校或教育行政机关的侵害时,可以依法向主管机关或有关部门申诉理由,请求给予处理的制度。我国《教育法》第 43 条第四项规定,学生有权"对学校给予的处分不服向有关部门提出申诉",有权"对学校、教师侵犯其人身权、财产权等合法权益,提出申诉"。这就在法律上确定了学生的申诉制度,为学生的合法权益受到侵害时寻求法律救济提供了法律保障。

学生申诉制度有其特殊性,主要表现为以下几个方面:

1. 学生申诉制度是一种法定制度

学生申诉制度首先是基于公民的申诉权而建立的,是公民申诉权在教育领域中的具体体现。我国《宪法》第 41 条规定:"中华人民共和国公民对于任何国家机关和国家工作人员,有提出批评和建议的权利;对于任何国家机关和国家工作人员的违法失职行为,有向有关国家机关提出申诉、控告或者检举的权利,但是不得捏造或者歪曲事实进行诬告陷害。"学生作为公民对学校或教师的失职行为有申诉的权利。其次,学生申诉制度是我国教育基本法所规定的,受《宪法》《教育法》和其他相关法律保护。所以,任何有关机关不得阻碍或剥夺、压制学生申诉。再次,学生申诉有特定的申诉范围、内容、程序和被申诉人。

2. 学生申诉制度是一种非诉讼性的申诉制度

学生申诉主要发生在教育领域中,是因学校或相关单位作出的处分或决定致使学生认为侵害了其合法权益而提出的申诉,不是诉讼方面的申诉,其申诉内容、程序、条件等也是非诉讼性的。

3. 学生申诉制度是一种特殊的权利救济制度

任何申诉的发生,都以申诉者主观上认为其合法权益受到侵害为前提,进而寻求对合法权益的保障。因此,申诉制度是一种权利保护制度,是公民除起诉、行政复议等制度之外的另一条权利保护途径。

(二) 学生申诉的条件

学生申诉的条件有四个:一是本人或家长认为学校或教育行政机关、相关部门的具体行政行为或处分侵害了学生本人的合法权益。二是合法权益所受的侵害在教育法律、法规规定的范围内。三是找对被申诉人,即找准权益侵害的实施方。四是要遵循一定的法定程序。

(三) 学生的申诉范围

学生申诉的范围十分广泛,一般涉及学生的受教育权、人身权、财产权等各项合法权益。按照我国《高等学校学生管理条例》《高校招生暂行办法》等法律、法规的规定,申诉的范围有以下几种:

1. 学生对学校给予的处分不服

这些处分包括学籍、考试、纪律、校规等方面。如果学生认定学校的处理不公正或侵害了其合法权益,可以提出申诉。

2. 学校或教师违反规定乱收费

学校未按照法律规定,乱收费、乱摊派,强迫学生购买与教育教学无关的东西,学生可以申述。

3. 学校或教师侵犯学生人身权

人身权包括人格权和身份权两部分。根据我国教育法等相关法律规定,学校或教师不得体罚和变相体罚学生,侵犯学生的生命健康权,不得侮辱学生的名誉权、姓名权和肖像权,否则学生可以向相关机关提起申诉。

4. 学校或教师对学生的评价不公正

学生评价包括多个方面,从日常的操行评语到小考、中考、期末考、毕业考、升学考等,学校和教师对所有这些评价都必须坚持客观、公正的原则。如果学生认为评价不公正,影响到自己的学业、生活或升学,可以提出申诉。

5. 学生的其他合法权益受到侵害

学校或教师侵犯学生的隐私权,如私拆学生信件、翻看学生日记等,或者非经法定程序随便剥夺学生的荣誉称号,或者学校或教师利用职权侵犯学生知识产权的,对于这些侵权行为,学生可以提出申诉。

（四）学生申诉的程序

学生申诉要遵循一定的程序，包括申诉的提出、申诉的受理和申诉的处理等，如果对申诉处理不服的，还可以向法院提起诉讼。

1. 学生申诉的提出

学生提出申诉可以采取口头形式或书面形式。以口头形式提出的，要讲明申诉人和被申诉人的自然状况，申诉的理由和事件发生的基本事实经过，最后提出申诉的要求。

书面形式的申诉要求：① 写明申诉人的姓名、年龄、性别、住址和与被申诉者的关系等；② 写明被申诉者的名称、地址，法定代表人的姓名、性别、职务等；③ 写明申诉要求，主要写明申诉人对被申诉者因侵犯其合法权益不服处理决定，或对某个具体行为的实施要求受理机关重新处理，或撤销决定的具体要求；④ 申诉理由和事实经过，要求写明被申诉人侵害申诉人合法权益的事实经过和处理或行为决定的事实与法律政策依据，并陈述理由。只要认为受侵害，都可提出申诉。

2. 学生申诉的受理

主管机关接到学生的口头或书面申诉后，要依具体情况经审查后作出不同的处理：对于属于自己主管的，予以受理；对于不属自己主管的，告知学生向其他部门申诉或驳回申诉；对虽属本部门主管，但不符合申诉条件的，告知学生不能申诉；对于未说明申诉理由和要求的，可要求其再次说明或重新提交申诉书。主管机关对于口头申诉应当在当时或规定时间内作出是否受理的答复；对于书面申诉则应在规定时间内给予是否受理的正式通知，各个学校都应对申诉的受理时间限制作出明确规定，一般以 5~30 天为宜。

3. 学生申诉的处理

如果主管机关对申诉进行受理，则应该对事件进行调查核实，根据不同情况作出不同处理：

（1）如果学校、教师或其他教育机构的行为或决定符合法定权限或程序，适用法律规定正确，事实清楚，可以维持原来的处分决定和结果。

（2）如果处分或决定违反相关的法律、法规规定，侵害申诉人的合法权益，可以撤销原处理决定或责令被申诉人限期改正。

（3）具体处分决定或具体行为决定的一部分适用法律、法规或部分撤销原决定。

（4）处分或决定所依据的规章制度或校规校纪与法律、法规及其他规范性文件相抵触时，可撤销原处理决定。

（5）如果是对侵犯人身权、财产权等而进行的申诉，学生对申诉处理结果不服，可依法向法院起诉。

思考题：

1. 教育行政复议包括哪些受理范围？
2. 教育行政诉讼与教育行政复议有什么区别？
3. 什么是高校教师申诉制度？高校教师申诉制度包含哪些内容？

第二篇 实践篇

第十章 《中华人民共和国教育法》概览与法律适用

内容提要

本章介绍了《中华人民共和国教育法》(以下简称《教育法》)的立法过程和主要内容;就教育法适用中的主要法律问题,受教育权的法律保护和教育行政机关的依法行政问题进行了分析。

学习目标

1. 掌握《教育法》的主要内容。
2. 掌握受教育权的法律保护包括哪些措施。

第一节 《教育法》概览

一、《教育法》的立法过程

《教育法》,于 1995 年 3 月 18 日经第八届全国人民代表大会第三次会议通过,并由中华人民共和国主席令第 45 号公布,自 1995 年 9 月 1 日起施行。这是新中国成立以来我国制定的第一部教育基本法,是我国教育史上具有里程碑意义的大事。它的颁行,标志着我国进入全面依法治教的新时代。

(一) 制定颁行的基本过程

1985 年《教育法》开始起草,经过十年调查、研究、反复修改,直到 1995 年《教育法(草案)》才被提交八届全国人大三次会议。整个过程可以分为三个阶段,即准备阶段、雏型阶段和成熟阶段。

1. 准备阶段(1985—1993 年)

从 1984 年起,在每年召开的全国人大和政协会上,都有一些代表、委员提出制定教育法的提议和建议,引起中共中央的关注。1985年5月公布的《中共中央关于教育体制改革的决定》指出:"在简政放权的同时,必须加强教育立法工作。"于是国家教委承担了《教育法》的起草工作。1985年年底开始在各地开展调查研究工作,1988年成立了专门的《教育法》起草工作小组。经过一年时间,《教育法(草案)》完成。1989年,国家教委年度工作会议对《教育法(草案)》进行了讨论。相继制定的政策法规及各地召开的关于教育法的讨论会,为教育法制定做了充分的准备。

2. **雏型阶段(1993—1994年)**

1993年2月,中共中央、国务院颁布的《中国教育改革和发展纲要》为教育法的出台奠定了基础。《纲要》指出:"要抓紧草拟基本的教育法律、法规,争取到本世纪末,初步建立起教育法律、法规体系的框架。"这加速了教育法的制定进程。经过酝酿、调研、修改,《教育法》基本定型。

3. **成熟阶段(1994—1995年)**

从1994年1月,国家教委广泛征求各界专家、学者的意见,对《教育法(草案)》进行再次仔细修改,于1994年5月将《教育法(草案)》提交国务院审议。国务院经过全国教育工作会议讨论和法制局近半年的审查和修改,于12月5日正式提请八届全国人大常委会审议。12月底,八届全国人大常委会第十一次会议审议通过《教育法(草案)》,决定提交八届全国人大三次会议审议。1995年3月18日,《教育法(草案)》获得八届全国人大三次会议通过。至此,《教育法》正式出台。

2009年8月27日,根据第十一届全国人民代表大会常务委员会第十次会议《关于修改部分法律的决定》,《教育法》第一次修正。

2015年12月27日,根据第十二届全国人民代表大会常务委员会第十八次会议《关于修改〈中华人民共和国教育法〉的决定》,《教育法》第二次修正。

(二) 立法依据

改革开放以来,随着党和国家工作重心的转移和经济建设的发展,教育被摆在优先发展的战略地位。教育作为关系社会主义现代化建设全局和社会主义历史命运的一个根本问题,被摆在突出的位置。同样,教育立法也成为一个重大问题,教育基本法的制定成为关系我国经济发展、教育改革、完善教育法制、依法治教的头等大事。制定一部教育基本法作为教育法规的"母法",将带动已经出台和即将出台的"子法",尽快构建完整的教育法框架,为我国教育改革与发展奠定坚实的法律基础。

1. 落实教育优先发展的战略地位的需要

现代教育的发展离不开教育立法,在一定程度上,教育立法是教育发展的基础。新中国成立以来,特别是改革开放以来,党和国家一再强调教育的重要性,并提出把教育放在优先发展的战略地位。然而,由于种种因素的影响,在实际工作中,教育优先发展的战略地位还没有完全得到落实。教育的投入不足、教师的待遇偏低、办学条件差等问题普遍存在,严重制约了教育事业的发展,进而影响到党和国家的中心工作——经济发展。为了确保我国的经济快速和可持续发展,制定教育基本法就成了落实教育优先发展战略地位的迫切需要。

2. 我国教育改革的需要

改革开放十几年来,我国在教育体制改革和教育事业发展方面已经积累了很多有益的经验,这些成功的经验需要从法律上加以巩固和确认。同时,随着我国教育改革的深入发展,普及化、终身化、一体化的教育体系正在形成。规模宏大的教育事业要做到有序运行,仅靠行政管理手段是不够的,要通过教育立法加以规范和引导。只有充分发挥法律的规范作用和调节作用,才能体现国家的整体利益,保证教育改革顺利进行。

3. 我国教育全面依法治教的需要

十一届三中全会以来,随着社会主义民主与法制建设的加强,各项事业逐步走向法制化的轨道。教育事业也不例外,教育立法工作也逐步得到了加强和重视,国家先后颁布了若干教育法律和教育行政法规。这些法律法规的制定与实施,使我国教育工作初步实现了有法可依。但是,这些法律法规都只是调整和规范某一方面的教育关系或某一项教育工作。教育领域中许多需要法律调整的重要的、带有根本性质的关系还没有相应的法律来调整,已有的法规还存在不协调、不统一、不科学等现象,教育立法还相对滞后。为了加快教育法制建设,早日建成符合我国国情的教育法律体系,促进以法治教,迫切需要制定一部《教育法》。

(三) 立法宗旨

《教育法》总则第1条明确了《教育法》的立法宗旨:"为了发展教育事业,提高全民族的素质,促进社会主义物质文明和精神文明建设,根据宪法,制定本法。"其含义如下:

1. 发展教育事业

新中国成立以来,特别是改革开放以来,党和国家十分重视教育,把教育作为关系社会主义现代化建设全局和社会主义历史命运的大事来抓,并把教育摆在优先发展的战略地位,使教育事业的发展取得了重大成就。但是由于种种因素的影响,教育优先发展的战略地位还没有全面落实,教育事业的发展还不能适应现代化建设的需要,教育改革还滞后于建立社会主义市场经济的需要。实践证明,发展教育事业,单靠政策手段和行政手段,靠领导人的重视等"人治"手段,是不能从根本上解决问题的,必须靠完备的法制来规范和保障。因此,有必要制定《教育法》,以进一步深化教育改革,加快教育事业的发展。

2. 提高全民族素质

民族素质,关系到民族的振兴和国家的兴旺发达。当今世界竞争日趋激烈,国家综合实力的竞争根本上还是人才的竞争、教育的竞争。从这个意义上说,谁掌握了 21 世纪的教育,培养出高素质的国民,谁就能在未来的国际竞争中取胜。我国是一个人口大国,劳动者接受教育的程度普遍偏低,已成为制约我国经济发展因素之一。如何将人口压力转化为人才优势,需要制定教育法,发展教育事业,从法律上保障公民的受教育权利和义务,提高民族素质。

3. 促进社会主义现代化建设

我们大力发展教育事业,提高全民族素质,最终是为了促进社会主义物质文明建设、精神文明建设和政治文明建设。我国社会主义物质文明建设的根本任务是发展生产力,集中力量进行现代化建设。生产力的发展有赖于文化教育的繁荣。《教育法》的制定,使我国的国民素质提高到一个新的水平,为现代化建设所需的合格劳动者和各类专门人才的培养打下坚实的基础,从而为社会主义物质文明建设创造必要的条件。社会主义精神文明是社会主义的重要特征。精神文明建设的根本任务,是适应社会主义现代化建设的需要,培养"四有"公民,提高整个中华民族的思想道德素质和科学文化素质。而社会主义政治文明建设又是前两个文明建设的保证。因此,制定《教育法》是社会主义物质文明、精神文明和政治文明建设所必需。

(四) 法律地位

《教育法》是教育的根本大法,由全国人民代表大会审议通过,是位于国家根本大法《中华人民共和国宪法》之下的国家基本法律之一,与《刑法》《民法》等国家基本法律处于同等的法律地位。《教育法》的颁布,为健全内容和谐一致、形式完整统一的教育法体系奠定了坚实的基础。在整个教育法律体系中,《教育法》处于"母法"和"根本大法"的地位,具有最高的法律权威。其他单行的教育法规只是调整和规范某一方面的教育关系或某一项教育工作,都是"子法"。各种单行教育法规的制定和实施,应以《教育法》为依据,不得与《教育法》确立的原则和规范相抵触。我国教育工作应当全面置于《教育法》的规范之中,它所规定的内容是我们全面依法治教的基本法律依据,是我国依法治教之本。

二、《教育法》的主要内容

《教育法》涉及面广,内容丰富,对教育事业各方面进行了总体规范,具有全面性、导向性、原则性。全文共十章八十四条。下面对其主要内容进行解读。

（一）适用范围

《教育法》总则第 2 条指出了本法的适用范围："在中华人民共和国境内的各级各类教育,适用本法。"这里所称的"各级各类教育",是指国家教育制度内的各级各类教育。其中的各级教育,包括学前教育、初等教育、中等教育、高等教育和继续教育。各类教育包括根据不同的教育分类标准所划分的不同类别的教育。

考虑到军事学校教育、宗教学校教育及境外办学的特殊性,《教育法》在第十章附则中第 84 条、第 85 条分别进行规定："军事学校教育由中央军事委员会根据本法的原则规定。宗教学校教育由国务院另行规定。""境外的组织和个人在中国境内办学和合作办学的办法,由国务院规定。"

（二）教育性质与方针

《教育法》总则第 3 条规定了我国教育性质："国家坚持以马克思主义、毛泽东思想和建设有中国特色的社会主义理论为指导,遵循宪法确定的基本原则,发展社会主义教育事业",确立了我国教育事业的社会主义性质。

从我国教育的社会主义性质出发,《教育法》总则第 5 条又明确规定了我国的教育方针："教育必须为社会主义现代化服务,必须与生产劳动相结合,培养德、智、体、美等全面发展的社会主义事业的建设者和接班人。"这是国家教育政策的总概括,是教育发展的总方向。教育方针进一步规定了我国教育的社会主义性质;规定了我国教育的目的——培养德、智、体、美等全面发展的社会主义事业的建设者和接班人;规定了实现教育目的的途径是教育与生产劳动相结合。

（三）教育的基本原则

教育的基本原则是发展我国教育事业所必须遵循的基本要求和准则。我国教育的基本原则是根据国家教育方针和教育的客观规律制定的。它同时也是我国社会主义教育实践经验的总结,是在批判继承历史遗产和吸收国外教育经验的基础上丰富发展起来的。根据《教育法》的规定,我国教育的基本原则可以概括为以下几个方面：

1. 对受教育者进行政治思想道德教育的原则

《教育法》第 6 条规定："教育应当坚持立德树人,对受教育者加强社会主义核心价值观教育,增强受教育者的社会责任感、创新精神和实践能力。国家在受教育者中进行爱国主义、集体主义、中国特色社会主义的教育,进行理想、道德、纪律、法治、国防和民族团结的教育。"

教育的根本目的是教书育人,教书是途径和手段,育人是根本和目的。我国在建设中国特色社会主义的过程中,面临着一场深刻的社会转型,重视对青少年的思想道德教育,具有重大意义。学校培养出来的学生的思想道德和文化科学素质水平,直接关系到21世纪中国的发展水平和面貌,直接关系到党的基本路线和社会主义道路是否动摇。我们必须以培养合格的跨世纪人才的战略眼光来认识德育工作,并把德育工作提高到一个新水平。

思想道德教育是一项社会系统工程,国家通过立法把它放在突出的地位,全社会都应当积极参与,学校教育、家庭教育和社会教育应当密切配合,共同承担这一神圣的法律责任。

2. 继承和吸收优秀文化成果的原则

《教育法》第7条规定了继承优秀文化成果的原则:"教育应当继承和弘扬中华民族优秀的历史文化传统,吸收人类文明发展的一切优秀成果。"

中国是世界上历史最悠久的国家之一,创造了光辉灿烂的文化,具有光荣的文化传统。这些构成了极为丰富的思想宝库,滋养着世代的人民,成为中华民族的凝聚力和发展基础之所在。所以必须认真研究和继承我国历史上优秀的道德文化、智力文化和艺术文化,并赋予其新的时代内涵。人类文化本身是一个整体,具有不可分割的关联性。任何一个民族的文化都是人类文化的一部分,只有在人类文化的长河中才能得到很好的发展。所以在继承和发扬本国文化传统的同时,必须学习别国先进的文化成果,以促进我国经济和社会的飞速发展。

在贯彻"继承和吸收优秀文化成果"这一原则时,我们必须坚持洋为中用、古为今用,立足中国现实国情,取其精华、去其糟粕的原则,有选择地、创造性地学习,使中华民族优秀文化传统和人类文明发展的一切成果成为我国人民奋发向上、团结奋进的深层文化动因。

3. 教育公益性原则

《教育法》第8条第一款规定:"教育活动必须符合国家和社会公共利益。"第26条第四款规定:"以财政性经费、捐赠资产举办或者参与举办的学校及其他教育机构不得设立为营利性组织。"

教育的公共性、公益性,是现代教育的特征。我国是社会主义国家,《教育法》明确规定以财政性经费、捐赠资产举办或者参与举办的学校及其他教育机构不得设立为营利性组织;教育必须面向全体公民,对国家、人民和社会公共利益负责;教育活动应当依法接受国家、社会的监督,任何人从事教育活动,必须遵守宪法和法律,不得违背或损害国家利益、人民利益和社会公共利益,否则,必将受到法律的制裁。

4. 教育与宗教相分离原则

《教育法》第8条第二款规定了教育与宗教相分离原则:"国家实行教育与宗教相分离。任何组织和个人不得利用宗教进行妨碍国家教育制度的活动。"

在国民教育和公共教育中,不允许宗教团体和个人办学进行宗教教育,不允许利用宗教进行妨碍国家教育制度的活动。教师在学校有权进行辩证唯物主义和无神论教育和宣传,但不得强迫学生不信仰宗教,也不得歧视信仰宗教的学生。

5. 受教育机会平等原则

《教育法》第9条确定了公民受教育机会平等原则:"中华人民共和国公民有受教育的权利和义务。公民不分民族、种族、性别、职业、财产状况、宗教信仰等,依法享有平等的受教育机会。"具体而言有以下三层意思:

(1) 公民享有不可剥夺的平等受教育权利。这种权利是由宪法来确认的。《中华人民共和国宪法》第46条规定:"中华人民共和国公民有受教育的权利和义务。"受教育,既是每个公民的法定权利,同时也是每个公民应当履行的义务。

(2) 义务教育阶段公民的就学机会、教育条件和教育效果平等。义务教育是国家对全体儿童和青少年实施的关系到国民素质和国家命运的免费教育。这个阶段所受的教育质量如何,将影响到公民以后的职业选择的机会和竞争能力。所以,该阶段不仅要让所有的适龄公民都能上学,而且要保证他们受到质量相当的教育,获得尽可能平等的教育效果。

(3) 义务教育阶段后,即初中教育后,公民的入学机会、竞争机会、成功机会均等。由于存在学生分流的问题,所以初中教育阶段后的教育机会均等原则就体现为入学机会均等、竞争机会均等、成功机会均等等。

6. 帮助特殊地区和保护弱势群体的原则

《教育法》第10条规定:"国家根据各少数民族的特点和需要,帮助各少数民族地区发展教育事业。国家扶持边远地区发展教育事业。国家扶持和发展残疾人教育事业。"

我国地域辽阔,民族众多,地区发展很不平衡,教育的基础也有很大差别。尤其是在少数民族地区和边远贫困地区,教育条件更为艰苦,教育水平也相对较低。这些地区的教育,不仅关系到我国整体教育事业的发展,而且关系到民族团结和社会安定。为了提高这些地区的教育发展水平,促进各民族、各地区共同繁荣,国家必须对少数民族地区给予特殊的扶持和帮助。

残疾人作为我国公民的组成部分,与正常人一样享有学习权、发展权。同时,我国《宪法》第45条第三款规定:"国家和社会帮助安排盲、聋、哑和其他有残疾的公民的劳动、生活和教育。"因此,必须对残疾人教育采取特殊扶植和帮助的政策,以保护弱势群体的受教育权。

7. 建立和完善终身教育体系原则

《教育法》第11条第一款规定:"国家适应社会主义市场经济发展和社会进步的需要,推进教育改革,推动各级各类教育协调发展、衔接融通,完善现代国民教育体系,健全终身教育体系,提高教育现代化水平。"

现代科技的迅猛发展和社会生活的变革加剧,导致教育需求的不断增长。传统的学校教育已经不能完全满足社会变革的需要,终身教育应运而生。终身教育思想已经成为国际教育改革的重要指导方针,建立与完善终身教育体系已成为国际教育体系改革与发展的共同目标。我国也以《教育法》的形式把建立和完善终身教育体系定为我国教育体系改革和发展的目标之一。

8. 鼓励教育科学研究原则

《教育法》第11条第二款规定:"国家采取措施促进教育公平,推动教育均衡发展。"第三款规定:"国家支持、鼓励和组织教育科学研究,推广教育科学研究成果,促进教育质量提高。"

要想全面提高教育质量,推进教育改革,发挥教育的最大社会效益,就必须加强教育科研,以科研为先导,使教育工作按科学规律办事。鼓励教育科研,除了国家的支持和组织外,科研部门还要努力提高科研质量,注重理论对实践的指导意义。

9. 以普通话教学为主,双语教学为辅原则

《教育法》第12条规定:"国家通用语言文字为学校及其他教育机构的基本教育教学语言文字,学校及其他教育机构应当使用国家通用语言文字进行教育教学。民族自治地方以少数民族学生为主的学校及其他教育机构,从实际出发,使用国家通用语言文字和本民族或者当地民族通用的语言文字实施双语教育。国家采取措施,为少数民族学生为主的学校及其他教育机构实施双语教育提供条件和支持。"

我国是一个多民族国家,各民族都有自己悠久的历史、文化和语言,一部分还有自己的文字。我国尊重各民族使用和发展自己语言文字的自由,允许在少数民族学生为主的学校及其他教育机构,使用本民族或当地通用的语言文字进行教学。然而,一个国家通用一种语言文字不仅是该国团结统一的象征,而且有利于沟通与交流,有利于经济建设和社会进步。汉语言文字是我国通用语言文字,在国内普遍通行,也是联合国工作语言文字之一。为此《教育法》规定汉语言文字为我国学校及其他教育机构的基本教学语言文字。

10. 奖励突出贡献原则

《教育法》第13条规定:"国家对发展教育事业作出突出贡献的组织和个人,给予奖励。"这是国家重视教育事业的表现。它有利于提高教师及教育工作的社会地位,有利于调动广大教师的积极性,并激发他们的使命感,有利于教师队伍的建设和发展,有利于在全社会形成尊师重教的良好风气。

(四) 教育管理体制

《教育法》总则第14条明确规定:"国务院和地方各级人民政府根据分级管理、

分工负责的原则,领导和管理教育工作。中等及中等以下的教育在国务院领导下,由地方人民政府管理。高等教育由国务院和省、自治区、直辖市人民政府管理。"这是我国现行的教育行政分级管理的基本体制。第 16 条又明确规定:"国务院和县级以上地方各级人民政府应当向本级人民代表大会或者其常务委员会报告教育工作和教育经费预算、决算情况,接受监督。"这些规定,首要的意义在于明确了国务院和地方各级人民政府对于教育工作具有义不容辞的法律责任。根据《教育法》及有关规定,各级教育组织的职责具体如下:

1. 国务院及国务院教育行政部门的职责

《教育法》总则第 15 条第一款规定:"国务院教育行政部门,主管全国教育工作,统筹规划、协调管理全国的教育事业。"具体说,国务院的主要职责是依据宪法和法律,制定教育行政法规和教育预算,掌握教育的大政方针,领导和管理全国的教育工作;国务院教育行政部门教育部主要是负责统筹整个教育事业的发展,协调各部门有关教育的工作,统一部署和指导教育体制的改革等。

2. 县级以上各级教育行政部门的职责

《教育法》总则第 15 条第二、三款规定:"县级以上地方人民政府教育行政部门主管本行政区域内的教育工作。县级以上各级人民政府其他有关部门在各自的职责范围内,负责有关的教育工作。"也就是县级以上的地方各级人民政府的教育行政部门在本级人民政府领导下,依照法律、法规和规章的规定,主管本行政区域内的教育工作。

3. 县级以上各级人民政府其他有关部门的职责

这些部门主要指县级以上各级人民政府的其他有关部门委托或授权的部门、教育咨询机构、教育督导机构等。

县级以上各级人民政府的其他有关部门,在各自的职责范围内负责本行业的人才培养和培训工作,负责管理其所属的学校及其他教育机构的有关工作。县级以上各级人民政府的计划、财政、人事等行政主管部门在各自的职权范围内,会同教育行政部门共同做好有关教育的各项工作。

委托行使教育职权主要是指上级委托下级、同级委托、省级人民政府及教育行政部门委托大型厂矿企业行使某些教育管理权。

教育咨询机构,是各级人民政府及其教育行政部门建立的由教育界和社会各界人士参加的咨询机构,主要是对教育的方针、政策、发展规划等提出建议,以形成科学、民主的决策。

教育督导机构,是由县级以上各级人民政府设立的机构,主要是对下级人民政府、教育行政部门、各级各类学校的教育工作进行监督和指导。

4. 各级人民代表大会或其常委会的职责

《教育法》要求国务院和县级以上地方各级人民政府应当向本级人民代表大会

或者其常务委员会报告教育工作,并接受其监督。所以,为了会同人民政府共同做好有关教育的各项工作,各级人民代表大会及其常委会必须发挥其应有的监督作用。只有这样,教育法律才能得到很好的落实和遵守,发挥它本身的规范作用,促进我国教育事业的发展。这是对国家权力机关加强教育执法监督工作的一个强有力的支持和补充。

(五) 教育基本制度

新中国成立以来,我国教育体制日臻完善,形成了一系列基本制度。《教育法》第二章对我国教育的基本制度做了明确规定。这里的教育基本制度是指狭义的教育基本制度,即指有组织的教育和教学机构及各级教育行政组织机构的体系和运行规则。

1. 学校教育制度

《教育法》第 17 条规定我国现行学校教育制度为:"国家实行学前教育、初等教育、中等教育、高等教育的学校教育制度。国家建立科学的学制系统。学制系统内的学校和其他教育机构的设置、教育形式、修业年限、招生对象、培养目标等,由国务院或者由国务院授权教育行政部门规定。"构成了担负着不同任务的不同层次但又互相衔接的学校教育系统。

学校教育制度简称学制。它规定各级各类学校的性质、任务、入学条件、修业年限以及它们之间的衔接和关系。我国现行学制分学前教育、初等教育、中等教育、高等教育四个等级。我国已经初步建立起普通教育和职业教育两种教育。此外,从教育时间来看,有全日制、在职教育之分;从教育形式来看,有面授、函授、广播电视教育、网络授课之分;从教育对象来看,有学龄期教育和成人教育之分等。这里所说的学校系统是指整个学制系统的主体,即根据受教育者的身心发展规律,以教育程度来划分的实施全日制教育的学校系统。由于我国学制系统存在复杂性和多样性,为了保证教育质量,培养合格人才,国家必须制定相应的规范和标准。各级各类学校及其他教育机构的设置要件、审批机构、审批办法、变更程序、教育形式的种类及确认、招生的指向和范围、修业年限、培养目标和质量标准,只有国务院或其授权的教育行政部门才有权规定。

2. 学前教育制度

《教育法》第 18 条规定:"国家制定学前教育标准,加快普及学前教育,构建覆盖城乡,特别是农村的学前教育公共服务体系。各级人民政府应当采取措施,为适龄儿童接受学前教育提供条件和支持。"

学前教育是基础教育的基础,给儿童今后的发展提供了"基调"。当下社会学前教育问题越来越受到关注,尤其是对 3~6 周岁或 7 周岁的儿童实施的保育和教育。

总体上看,学前教育仍是各级各类教育中的薄弱环节,教育资源不足,城乡发展不平衡,师资队伍不健全,一些地方"入园难"问题比较突出。为解决当下学前教育所突出的问题,《教育法》规定由各级政府监管当地学前教育的规划与普及,保障学前儿童生存、学习和发展的基本权利,促进学前儿童和谐全面发展。

3. 义务教育制度

《教育法》第 19 条规定:"国家实行九年制义务教育制度。各级人民政府采取各种措施保障适龄儿童、少年就学。适龄儿童、少年的父母、其他监护人、有关社会组织和个人有义务使适龄儿童、少年接受并完成规定年限的义务教育。"

新中国成立以来,我国中小学教育有了很大发展,但是总的来看,我国基础教育还远远不能适应社会主义现代化建设的需要。为了加快基础教育的发展,1986 年国家颁布《义务教育法》。《教育法》再一次对义务教育制度给予确定。我国实行的九年制义务教育,可以采用"六三"制、"五四"制或九年一贯制。"五三"制作为一种过渡学制,现已逐步被淘汰。实行九年制义务教育是由我国经济和教育发展水平决定的。为了保证义务教育的实施,各级人民政府在国务院的领导下,对本地区的义务教育全面负责,保障适龄儿童、少年就近入学,对残疾和弱智儿童、少年要实施特殊教育。实施义务教育所需的基本建设投资,由国务院和地方各级人民政府负责筹措,予以保证。社会各界都应支持和积极促进义务教育的发展。学校是实施义务教育的主体,必须贯彻国家的教育方针,努力提高教育质量,使儿童、少年在德、智、体、美等方面全面发展。父母或其他监护人必须保证子女或被监护人接受规定年限的义务教育,否则将被视为违法,应当承担相应的法律责任,接受有关方面的批评教育,并由当地人民政府责令其送子女或者被监护人上学。

义务教育制度的实施,必然大大促进我国基础教育的发展,使全民的素质有一个较大的提高。

4. 职业教育和继续教育制度

《教育法》第 20 条规定:"国家实行职业教育制度和继续教育制度。各级人民政府、有关行政部门、行业组织以及企业事业组织应当采取措施,发展并保障公民接受职业学校教育或者多种形式的职业培训。国家鼓励发展多种形式的继续教育,使公民接受适当形式的政治、经济、文化、科学、技术、业务等方面的教育,促进不同类型学习成果的互认和衔接,推动全民终身学习。"

职业教育是给学生从事某种职业或生产劳动所需要的知识和技能的教育。随着我国生产力发展水平和社会需求,教育结构应适当调整,当前应大力发展职业教育。我国的职业教育包括职业学校教育、职业培训和职前培训。职业教育分为初等、中等、高等三级。对小学、初中、高中后由于各种原因未能继续升学的青少年进行就业前培训,提高其职业适应性和职业技能,有利于发展生产。通过改革逐步形成和普通教育相互衔接、共同发展、比例合理的新格局。

继续教育是面向学校教育之后所有社会成员特别是成人的教育活动,是终身学习体系的重要组成部分。继续教育是一种特殊形式的教育,指已经脱离正规教育,已参加工作和负有成人责任的人所接受的各种各样的教育,是对专业技术人员进行知识更新、补充、拓展和能力提高的一种高层次的追加教育。主要形式有成人高考、远程网络教育、自学考试、电视大学等,自有其完整的体系。继续教育是人类社会发展到一定历史阶段出现的教育形态,是教育现代化的重要组成部分,它在社会发展过程中所起到的推动作用,特别是在形成全民学习、终身学习的学习型社会方面所起到的推动作用,越来越显现出来。

5. 国家教育考试制度

《教育法》第21条规定:"国家实行国家教育考试制度。国家教育考试由国务院教育行政部门确定种类,并由国家批准的实施教育考试的机构承办。"

国家教育考试制度是国家教育管理制度的重要组成部分。国家教育考试是指由国家批准实施教育考试的机构根据一定的考试目的,按照国务院教育行政部门所确定的考试内容、考试原则、考试程序,对受教育者的知识和能力进行的测定和评价,是检验受教育者是否达到国家规定的教育标准的重要手段。我国现行的国家教育考试主要有:普通高等学校和成人高校的招生考试;研究生入学考试;中等、高等教育自学考试;中国汉语水平考试;全国外语水平考试;计算机等级考试;对社会力量举办的高等教育进行的国家学历文凭考试以及教师资格证书考试等。对各种考试,国家都制定了相应的考试规则或条例。

实行国家教育考试制度,具有十分重要的意义。首先,能保证教育事业的健康发展;其次,能保障受教育者的合法权益。为了保证国家教育考试制度的科学性、公正性和权威性,《教育法》规定只有国家教育行政机关有权确定考试的种类,国家批准的国务院教育行政部门、省级教育行政部门及部分高等教育机构设立的考试机构有权负责组织和实施国家教育考试。

6. 学业证书制度和学位制度

《教育法》第22条规定:"国家实行学业证书制度。经国家批准设立或者认可的学校及其他教育机构按照国家有关规定,颁发学历证书或者其他学业证书。"学业证书是指学校及其他教育机构颁发的,证明学生完成学业情况的凭证。它是用人单位衡量持有者知识水平的依据。学业证书的发放是一种国家特许的权力,只有经过国家批准认可的教育机构或教育考试机构才有资格颁发学业证书。这是对学业证书的权威性、严肃性和有效性的法律保证。学业证书制度是保证教育活动有序进行、保证教育质量稳定发展、维系国家人事管理制度和教育管理制度的重要制度,是国家教育制度有序化、正常化、规范化的重要表现。我国的学业证书制度包括两大类:

学历证书和非学历证书。

《教育法》第 23 条规定:"国家实行学位制度。学位授予单位依法对达到一定学术水平或者专业技术水平的人员授予相应的学位,颁发学位证书。"学位制度是国家或高等学校以学术水平为衡量标准,通过授予一定称号来表明专门人才知识能力等级的制度。学位是评价学术水平的一种尺度。

7. 扫除文盲教育制度

《教育法》第 24 条规定:"各级人民政府、基层群众性自治组织和企业事业组织应当采取各种措施,开展扫除文盲的教育工作。按照国家规定具有接受扫除文盲教育能力的公民,应当接受扫除文盲的教育。"

我国是一个发展中国家,由于人口多,经济力量和教育基础都比较薄弱,在我国成年人中尚存在一部分的文盲和半文盲。根据最新一次人口普查的结果及相关大数据的建立,可以更高效地统计出需要接受扫除文盲教育的公民。扫盲是一项群众性的工作。在扫除文盲工作中,地方各级人民政府的职责是加强对工作的领导,而地方教育行政部门主要是对扫除文盲工作进行具体管理。扫除文盲工作的绩效,实行验收制度,并且作为考核县、乡人民政府、基层群众自治组织、企业事业领导人工作成绩的重要内容。

8. 教育督导制度和评估制度

《教育法》第 25 条规定:"国家实行教育督导制度和学校及其他教育机构教育评估制度。"

教育督导制度是县以上各级人民政府授权给所属的教育部门,对下级人民政府及其教育部门的教育工作进行监督、指导的制度。通过该项制度,可以保证国家的教育方针、政策和法律、法规得以很好地贯彻执行。我国的教育督导机构分为中央和地方两个层次:中央教育督导机构指国家教育督导团,在教育部党组的领导下,负责管理全国的教育督导工作;地方教育督导机构指地方县级以上教育督导机构,其组织形式和职责由省级人民政府确定。各级教育督导机构应设专职督学,或根据需要聘请兼职督学。

教育评估制度是依据一定的教育目标和标准,对学校的办学水平和教育质量等方面进行评价和估量,以保证办学基本质量的一项制度。评估是一个价值判断的过程,也是完整的科学管理过程的一个重要环节。评估可分为不同的类型,按评估的内容可分为综合评估和单项评估,从教育管理和办学质量方面可分为合格评估、水平评估和选优评估。教育评估以科学的调查和分析方法为基础,评估的准则、内容、指标体系、方法及实施细则等都经过一定的论证。因此,评估结果具有较高的真实度、可信度和有效度,是政府进行教育决策的重要依据之一,同时也对推动学校及其他教育机构进行改革、提高教育质量和办学水平起着极大的作用。

（六）学校及其他教育机构

学校及其他教育机构是指经国家主管机关批准设立或者依法登记注册设立的教育教学活动的社会组织。它是有计划、有组织、有系统地进行教育教学活动的重要场所，既包括学制系统内的以实施学历性教育为主的机构，又包括各种实施非学历性教育的机构。这些组织机构构成了教育关系的主体，《教育法》对各类教育关系主体的构成条件、权利、义务作了明确的规定，把教育关系主体的行为纳入法制化、规范化的轨道。

1. 学校及其他教育机构的构成要件

《教育法》第 27 条明确规定："设立学校及其他教育机构，必须具备下列基本条件：有组织机构和章程，有合格的教师，有符合规定标准的教学场所及设施、设备等，有必备的办学资金和稳定的经费来源。"以上四项基本条件，缺一不可。

（1）有组织机构和章程

举办学校及其他教育机构，必须有权责分工明确的管理机构，有管理人员形成的组织机构，有由机构名称、办学宗旨、教育教学任务、内部管理体制、财务、人事、民主管理、办学者的权利和责任、章程修改程序等内容组成的章程。这是建立现代学校教育制度，加强对学校的监督管理，实行依法治校，建立自主发展和自我约束运行机制的重要保证。

（2）有合格的教师

教师是履行教育教学职责的专业人员，承担着教书育人、提高民族素质的使命。举办学校及其他教育机构，必须有一支数量与质量都合格的教师队伍。教师应当具有法定的教师资格，并且具有相应的教师资格证书。

（3）有符合规定标准的教学场所及设施、设备等

教学场所及设施、设备等，是办学必备的物质条件，是从事教育教学活动的物质基础。否则，教育教学活动就无法进行。这些物质条件必须符合"规定标准"，即各级各类学校校舍规划面积定额、教室和课桌椅的具体要求、每班学生的最高名额限制、学生活动场所等要符合国家规定的标准。

（4）有必备的办学资金和稳定的经费来源

学校及其他教育机构的设立，除了固定资产的投入外，还必须具备开办费，教职员工的薪金和福利费、教学设备和设施消耗、更新费等，才能确保教育教学活动的正常运转。

2. 学校与其他教育机构的权利

《教育法》第 29 条规定：学校及其他教育机构行使下列权利：按照章程自主管理；组织实施教育教学活动；招收学生和其他受教育者；对受教育者进行学籍管理，

实施奖励或处分;对受教育者颁发相应的学业证书;聘任教师及其他职工,实施奖励或者处分;管理和使用本单位的设施和费用;拒绝任何组织和个人对教育活动的非法干涉;法律、法规规定的其他权利。

(1) 按照章程自主管理

学校及其他教育机构,有权依照法定程序建立,进行自主管理。办学章程由学校及其他教育机构自行拟定,国家拟制中小学示范章程。

(2) 组织实施教育教学活动

教育教学活动是学校及其他教育机构的最基本的、最主要的活动。学校及其他教育机构根据自己的办学宗旨和任务,依据国家主管部门有关教育计划、课程、专业设置等方面的规定,有权决定和实施自己的教学计划,决定具体课程、专业发展,决定选用何种教材,决定具体的课时和教学进度,组织教学活动、生产劳动、科技活动、义务劳动等。

(3) 招收学生和其他受教育者

学校及其他教育机构在符合国家招生规定的情况下,有权根据自己的办学宗旨、培养目标、规格、任务及办学条件和能力,制定本机构具体的招生办法,发布招生广告,决定招生的具体数量,决定录取或不录取等。

(4) 对受教育者进行学籍管理,实施奖励或处分

学校及其他教育机构有权对受教育者进行学籍管理,实施奖励或处分。实施学籍管理,主要是根据主管部门的学籍管理规定,针对受教育者的不同层次和类别,制定有关入学与报名注册、考试与成绩、纪律与考勤、休学与复学、转学、退学等管理办法。同时学校及其他教育机构有权根据国家有关学生奖励和处分的规定,结合本校的实际,制定具体的奖励与处分的办法,并对受教育者实施奖励与处分等。

(5) 对受教育者颁发相应的学业证书

学校及其他教育机构根据受教育者完成学业的情况,按照学业证书管理规定,有权对受教育者,按类别颁发毕业证书、结业证书或肄业证书。

(6) 聘任教师及其他职工,实施奖励或者处分

学校及其他教育机构根据国家有关教师和其他教职工管理的法律法规和主管部门的规定,有权从本校的办学条件、能力和实际编制情况出发,自主决定聘任、解聘教师和其他职工;有权制定本机构教师和其他人员聘任办法,依约签订和解除聘任合同;有权对工作成绩优异者,给予表彰或奖励,对不胜任者或玩忽职守者,给予批评或处分。

(7) 管理和使用本单位的设施和费用

学校及其他教育机构占有的场地、教室、宿舍、教学设备、设施等、办学经费以及其他有关财产,是学校开展教学活动的基本物质保障,学校有权自主管理和使用。

（8）拒绝任何组织和个人对教育活动的非法干涉

学校及其他教育机构有权拒绝任何组织和个人在招生和分配等方面的非法干涉；有权拒绝任何组织和个人的乱摊派、乱收费、乱罚款。

（9）法律、法规规定的其他权利

学校及其他教育机构的合法权益受法律保护，任何组织或个人侵犯学校及其他教育机构的合法权益，造成损失、损害时，将承担相应的法律责任。

（七）教师和其他教育工作者的相关规定

《教育法》第33条规定了教师享有法律规定的权利与义务；第34条规定了教师的合法权益受法律保护；第35条、第36条规定了教师职业实行的制度以及学校和教育机构中管理人员实行教育职员制度。上述内容在前文第七章中已有具体阐述。

（八）受教育者的相关规定

《教育法》第37条规定了受教育者在入学、升学、就业方面依法享有平等权利；第38条、第39条、第40条分别规定了对需要提供资助的受教育对象、残疾人群体和有违法犯罪行为的未成年人这三类群体实施教育时，国家、社会、学校及其他教育机构应当为其提供的资助、便利及条件；第41条规定了针对从业人员的职业培训与继续教育的权利和义务；第42条、第43条规定了受教育者享有的权利及应当履行的义务；第42条、第45条从国家、行政部门、社会、学校及其他教育机构的角度为受教育者提供客观学习环境。上述内容在前文第三章及第八章中已有具体阐述。

（九）国家和社会提供的保障

1. 提供保障的主体

《教育法》第六章第46条到第53条规定国家机关、军队、企业事业组织、社会团体、其他社会组织和个人、学校、未成年人的父母或者其他监护人等主体均应当依法为儿童、少年、青年学生的身心健康成长创造良好的社会环境及必要的受教育条件。

2. 提供保障的方式

（1）多种形式的合作

《教育法》第47条第一款规定："国家鼓励企业事业组织、社会团体及其他社会组织同高等学校、中等职业学校在教学、科研、技术开发和推广等方面进行多种形式的合作。"

（2）适当形式参与管理

《教育法》第47条第二款规定："企业事业组织、社会团体及其他社会组织和个人，可以通过适当形式，支持学校的建设，参与学校管理。"

(3) 提供社会实践便利

《教育法》第 48 条规定:"国家机关、军队、企业事业组织及其他社会组织应当为学校组织的学生实习、社会实践活动提供帮助和便利。"第 49 条规定:"学校及其他教育机构在不影响正常教育教学活动的前提下,应当积极参加当地的社会公益活动。"第 53 条规定:"国家鼓励社会团体、社会文化机构及其他社会组织和个人开展有益于受教育者身心健康的社会文化教育活动。"

(4) 提供保障的设施

《教育法》第 51 条规定:"图书馆、博物馆、科技馆、文化馆、美术馆、体育馆(场)等社会公共文化体育设施,以及历史文化古迹和革命纪念馆(地),应当对教师、学生实行优待,为受教育者接受教育提供便利。广播、电视台(站)应当开设教育节目,促进受教育者思想品德、文化和科学技术素质的提高。"

(5) 提供经费保障

《教育法》第七章着重针对教育投入作出了详细的规定,规定了国家建立以财政拨款为主、其他多种渠道筹措教育经费为辅的体制,逐步增加对教育的投入,保证国家举办的学校教育经费的稳定来源。

① 民办学校以举办者筹措为主。《教育法》第 54 条第二款规定:"企业事业组织、社会团体及其他社会组织和个人依法举办的学校及其他教育机构,办学经费由举办者负责筹措,各级人民政府可以给予适当支持。"② 国家经费支持。一是国家有财政新教育经费。《教育法》第 55 条规定:"国家财政性教育经费支出占国民生产总值的比例应当随着国民经济的发展和财政收入的增长逐步提高。具体比例和实施步骤由国务院规定。全国各级财政支出总额中教育经费所占比例应当随着国民经济的发展逐步提高。"二是各级人民政府的教育经费。《教育法》第 56 条规定:"各级人民政府的教育经费支出,按照事权和财权相统一的原则,在财政预算中单独列项。各级人民政府教育财政拨款的增长应当高于财政经常性收入的增长,并使按在校学生人数平均的教育费用逐步增长,保证教师工资和学生人均公用经费逐步增长。"三是教育专项资金。《教育法》第 57 条规定:"国务院及县级以上地方各级人民政府应当设立教育专项资金,重点扶持边远贫困地区、少数民族地区实施义务教育。"四是税务机关征收的教育经费附加。《教育法》第 58 条规定:"税务机关依法足额征收教育费附加,由教育行政部门统筹管理,主要用于实施义务教育。省、自治区、直辖市人民政府根据国务院的有关规定,可以决定开征用于教育的地方附加费,专款专用。"五是优惠措施。《教育法》第 59 条规定:"国家采取优惠措施,鼓励和扶持学校在不影响正常教育教学的前提下开展勤工俭学和社会服务,兴办校办产业。"六是固定社会组织和个人捐资助学。《教育法》第 60 条规定:"国家鼓励境内、境外社会组织和个人捐资助学。"七是教育经费专用。《教育法》第 61 条规定:"国家财政性教育

经费、社会组织和个人对教育的捐赠,必须用于教育,不得挪用、克扣。"八是固定金融、信贷手段。《教育法》第62条规定:"国家鼓励运用金融、信贷手段,支持教育事业的发展。"九是加强教育经费的监督管理和提高教育投资效益。《教育法》第63条规定:"各级人民政府及其教育行政部门应当加强对学校及其他教育机构教育经费的监督管理,提高教育投资效益。"十是统筹安排学校基本建设用地及所需物资。《教育法》第64条规定:"地方各级人民政府及其有关行政部门必须把学校的基本建设纳入城乡建设规划,统筹安排学校的基本建设用地及所需物资,按照国家有关规定实行优先、优惠政策。"十一是教育所需设施实行优先、优惠政策。《教育法》第65条规定:"各级人民政府对教科书及教学用图书资料的出版发行,对教学仪器、设备的生产和供应,对用于学校教育教学和科学研究的图书资料、教学仪器、设备的进口,按照国家有关规定实行优先、优惠政策。"十二是推广运用现代化教学方式。《教育法》第66条规定:"国家推进教育信息化,加快教育信息基础设施建设,利用信息技术促进优质教育资源普及共享,提高教育教学水平和教育管理水平。县级以上人民政府及其有关部门应当发展教育信息技术和其他现代化教学方式,有关行政部门应当优先安排,给予扶持。国家鼓励学校及其他教育机构推广运用现代化教学方式。"

(6) 促进对外交流与合作

① 坚持独立自主、平等互利、相互尊重的原则。《教育法》第67条规定:"国家鼓励开展教育对外交流与合作,支持学校及其他教育机构引进优质教育资源,依法开展中外合作办学,发展国际教育服务,培养国际化人才。教育对外交流与合作坚持独立自主、平等互利、相互尊重的原则,不得违反中国法律,不得损害国家主权、安全和社会公共利益。"② 多种形式交流人员其合法权益受国家保护。《教育法》第68条规定:"中国境内公民出国留学、研究、进行学术交流或者任教,依照国家有关规定办理。"第69条规定:"中国境外个人符合国家规定的条件并办理有关手续后,可以进入中国境内学校及其他教育机构学习、研究、进行学术交流或者任教,其合法权益受国家保护。"第70条规定:"中国对境外教育机构颁发的学位证书、学历证书及其他学业证书的承认,依照中华人民共和国缔结或者加入的国际条约办理,或者按照国家有关规定办理。"

(十) 法律责任

《教育法》第九章规定了各类相关违法行为所应承担的惩罚措施及法律责任。分别如下:

(1) 不按照预算核拨教育经费

《教育法》第71条规定:"违反国家有关规定,不按照预算核拨教育经费的,由同级人民政府限期核拨；情节严重的，对直接负责的主管人员和其他直接责任人员，依法给予处分。违反国家财政制度、财务制度，挪用、克扣教育经费的，由上级机关责令限期归还被挪用、克扣的经费，并对直接负责的主管人员和其他直接责任人员，依法给予处分；构成犯罪的，依法追究刑事责任。"

（2）扰乱教育教学秩序

《教育法》第72条第一款规定："结伙斗殴、寻衅滋事，扰乱学校及其他教育机构教育教学秩序或者破坏校舍、场地及其他财产的，由公安机关给予治安管理处罚；构成犯罪的，依法追究刑事责任。"

（3）破坏教育教学设施

《教育法》第72条第二款规定："侵占学校及其他教育机构的校舍、场地及其他财产的，依法承担民事责任。"第73条规定："明知校舍或者教育教学设施有危险，而不采取措施，造成人员伤亡或者重大财产损失的，对直接负责的主管人员和其他直接责任人员，依法追究刑事责任。"

（4）违规收费

《教育法》第74条规定："违反国家有关规定，向学校或者其他教育机构收取费用的，由政府责令退还所收费用；对直接负责的主管人员和其他直接责任人员，依法给予处分。"第78条规定："学校及其他教育机构违反国家有关规定向受教育者收取费用的，由教育行政部门或者其他有关行政部门责令退还所收费用；对直接负责的主管人员和其他直接责任人员，依法给予处分。"

（5）违法设立教育机构

《教育法》第75条规定："违反国家有关规定，举办学校或者其他教育机构的，由教育行政部门或者其他有关行政部门予以撤销；有违法所得的，没收违法所得；对直接负责的主管人员和其他直接责任人员，依法给予处分。"

（6）违规招生及招生徇私舞弊

《教育法》第76条规定："学校或者其他教育机构违反国家有关规定招收学生的，由教育行政部门或者其他有关行政部门责令退回招收的学生，退还所收费用；对学校、其他教育机构给予警告，可以处违法所得五倍以下罚款；情节严重的，责令停止相关招生资格一年以上三年以下，直至撤销招生资格、吊销办学许可证；对直接负责的主管人员和其他直接责任人员，依法给予处分；构成犯罪的，依法追究刑事责任。"第77条规定："在招收学生工作中徇私舞弊的，由教育行政部门或者其他有关行政部门责令退回招收的人员；对直接负责的主管人员和其他直接责任人员，依法给予处分；构成犯罪的，依法追究刑事责任。"

（7）考试作弊

① 考生作弊。《教育法》第79条规定："考生在国家教育考试中有下列行为之

一的,由组织考试的教育考试机构工作人员在考试现场采取必要措施予以制止并终止其继续参加考试;组织考试的教育考试机构可以取消其相关考试资格或者考试成绩;情节严重的,由教育行政部门责令停止参加相关国家教育考试一年以上三年以下;构成违反治安管理行为的,由公安机关依法给予治安管理处罚;构成犯罪的,依法追究刑事责任:一是非法获取考试试题或者答案的;二是携带或者使用考试作弊器材、资料的;三是抄袭他人答案的;四是让他人代替自己参加考试的;五是其他以不正当手段获得考试成绩的作弊行为。"② 组织和个人参与考试作弊。《教育法》第80条规定:"任何组织或者个人在国家教育考试中有下列行为之一,有违法所得的,由公安机关没收违法所得,并处违法所得一倍以上五倍以下罚款;情节严重的,处五日以上十五日以下拘留;构成犯罪的,依法追究刑事责任;属于国家机关工作人员的,还应当依法给予处分:一是组织作弊的;二是通过提供考试作弊器材等方式为作弊提供帮助或者便利的;三是代替他人参加考试的;四是在考试结束前泄露、传播考试试题或者答案的;五是其他扰乱考试秩序的行为。"③ 举办考试部门违规。《教育法》第81条规定:"举办国家教育考试,教育行政部门、教育考试机构疏于管理,造成考场秩序混乱、作弊情况严重的,对直接负责的主管人员和其他直接责任人员,依法给予处分;构成犯罪的,依法追究刑事责任。"

(8) 违规颁发学位证

《教育法》第82条规定:"学校或者其他教育机构违反本法规定,颁发学位证书、学历证书或者其他学业证书的,由教育行政部门或者有关行政部门宣布证书无效,责令收回或者予以没收;有违法所得的,没收违法所得;情节严重的,责令停止相关招生资格一年以上三年以下,直至撤销招生资格、颁发证书资格;对直接负责的主管人员和其他直接责任人员,依法给予处分。前款规定以外的任何组织或者个人制造、销售、颁发假冒学位证书、学历证书或者其他学业证书,构成违反治安管理行为的,由公安机关依法给予治安管理处罚;构成犯罪的,依法追究刑事责任。以作弊、剽窃、抄袭等欺诈行为或者其他不正当手段获得学位证书、学历证书或者其他学业证书的,由颁发机构撤销相关证书。购买、使用假冒学位证书、学历证书或者其他学业证书,构成违反治安管理行为的,由公安机关依法给予治安管理处罚。"

第二节 《教育法》适用中的主要法律问题

一、受教育权的法律保护

(一) 受教育权利的属性

受教育权是指公民依法享有的要求国家积极提供均等的受教育条件和机会,通过学习来发展其个性、才智和身心能力,以获得平等的生存和发展机会的基本权利。保障受教育权是使得受教育者充分和全面发展的关键性措施。这是因为:第一,受教育权具有天赋人权的性质,是人与生俱来的权利。受教育权的这一性质是由人的社会属性决定的。通过不同阶段的教育学习,个人不仅获得和发展了思维、情感、语言和行为方式,而且学会了在社会规范的制约下,提高自己适应社会发展变化的生存能力和发挥自身的创造能力。第二,受教育权是实现其他人权的基础性权利。受教育权是公民的基本权利,也是公民享有其他权利得以全面发展的前提。受教育权直接影响人的个性发展权、对社会成果的享受权和对社会发展的参与权。

(二) 公民主张受教育权的差异表现

虽然我国在公民受教育权的立法保护方面做了很多工作,但是,受教育权实现的状况仍然有很大差异。比如经济发达的东部地区受教育者比西部地区享有更多、更好、更优质的教育服务,这也决定了东西部地区的受教育者在教育资源和教学条件等方面有着较大差距。

从录取学生的角度来看,有的高校甚至以考生的相貌不佳和身体残障为由给考生设立障碍。如北京残疾女孩蒋南,以高出本科分数线12分的成绩被北京机械工业学院录取,但校方除了提出"上学期间身体出问题,学校不负责"外,还有个让蒋南感到委屈的条件:不给毕业证书,只能给结业证书。①

从学校管理的层面上看,学校在教学管理中出台了诸多加强学籍管理、严肃纪律的规定,其中有一些规定值得探究。例如,拖欠学费的学生不允许使用学校的学习工具等。这些行为都从一定程度上阻碍了公民受教育权的完全实现。这说明我国公民受教育权在法律保护的落实上还存在一些问题,我们需要认识这些问题并将其完善,才能更好地实现我国公民的受教育权。

(三) 存在的问题及对策建议

1. 教育立法力度不够

近些年来我国的法制建设有了明显的进步,我国教育法体系的基本框架已基本形成,但在某种程度上存在"重实体、轻程序"的倾向。《教育法》第42条虽然规定了受教育者具有申诉权和依法提起诉讼的权利,但没有法规或规章对学生申诉制度做进一步的具体规定,即缺乏专门负责受理学生申诉的机构和救济渠道等方面的规定。因而,当受教育权受到侵害时,只能以受教育权受到侵害致使财产受到损失为由,转化为民事诉讼索赔案,最终使公民受教育权利侵害案件往往既不符合行政诉

---

① 马振水.受教育拒绝附加条件.中国青年报[N],2001-9-14.

讼要求,又与民事诉讼存在着一定的距离。这使得公民在维护自己的受教育权利而行使起诉权时,很容易被法院以"不在受案范围"为由驳回起诉,结果得不到应有的补偿和救济。

2. 教育行政诉讼发展空间较大

在我国,法治发展的现状决定了有关受教育权保障的法律制度特别是教育行政诉讼制度依旧存在诸多空白,受教育权作为公民享有的基本权利依然缺少完整、具体、系统的法律制度保障。这使得行政主体在实施教育管理时具有过度的自由裁量权,从而对公民受教育权的保护形成制约。目前有关受教育权的规范性文件中,虽然已有几部法律,如《教育法》《高等教育法》《教师法》等,但由于缺乏法律保留原则的制约,法院在行政诉讼中,对涉及教育的事项只能遵循法律优先原则,对规范性文件的冲突只进行"合法性"审查,消极地要求行政主体的行为不得与效力等级高的规范性文件抵触,抵触无效,而无法运用法律保留原则对法律尚无明文规定、行政主体未得到法律明确授权而作出涉及公民重大权利的自主决定进行审查。2000 年颁布实施的《中华人民共和国立法法》明确了法律保留原则的适用,但并未直接将公民受教育权的事项列入法律保留的范围。这一立法的欠缺造成法院在行政诉讼中无法对此类事项进行实质的合法性审查,妨碍了公民受教育权的保障。

根据以上分析,我国公民受教育权的法律保护应做好以下工作:

第一,加大教育立法力度。权利通过宪法等法律形式被确认或认可,只是对权利的宣示。是否实际享有法律认可的权利,还需要接受实践的检验。加强教育立法力度,完善教育法制体系,才能在保护受教育权时做到有法可依。首先,加紧制定出一套关于受教育权具体实现的规范性法律文件。其次,法律文件要有可操作性,明确的法律责任,做到执法必严、违法必究,从而有效地保护教育事业的健康发展。

第二,完善教育执法系统。首先,建立完备的教育行政执法制度。其次,转变教育执法观念,实现管理方式和习惯的转变。各级党委、政府和教育职能部门的公务人员要提高认识,改变过去主要靠政策、靠行政手段的做法,转向主要依靠法律来对教育行为进行规制。再次,增强教育执法力度。明确教育执法责任制,将教育法律法规中的各项规定逐条分解到有关部门,使教育法律法规进一步得到贯彻实施。最后,加强教育执法机构和执法队伍建设。

第三,提高教育法律意识。"加强法制重要的是要进行教育,根本问题是教育人。"[1]学生作为受教育者,学习基本的法律法规知识,培养维护社会公共秩序,维护国家、集体和个人合法权益的自觉性和能力,是社会的需要,同时也是依法治教的需要。教育行政机关、教育司法机关和教育监督机关三者要通力合作,以身作则,切实

---

[1] 邓小平文选:第二卷[M].北京:人民出版社,1993:163.

提高依法治教的意识。

第四,完善教育法律救济制度。没有救济就没有权利,没有救济的权利不是权利。应健全、完善学生申诉制度。学生申诉权作为申诉权的具体的一种特定形式和类型,是保障学生合法权益的民主权利,同时也是基本人权的组成部分。学生申诉制度能给学生一条法律制度上维权的正当途径。一方面有利于提高学生法律主体的意识,增强权利观念;另一方面可以促使学校和教育行政机关依法治校和依法治教,强化其法律责任,以保护学生的合法权益。

第五,强化督导机制。改革监督体制,提高教育执法监督主体的权威性。教育执法监督工作有效开展的重要前提之一就是执法监督机构的相对独立性。提高监督机构的独立性和权威性,必须提高其地位,使之高于监督客体或至少与监督客体平等。教育执法监督机构必须严格履行监督职责,依法独立行使监督权。这样才能把公民的受教育权落到实处。[①]

二、教育行政机关的依法行政

教育行政权力是行政权力的一种。教育行政权力配置的合理化、运作的规范化与理性化对于我国教育改革与发展至关重要。在我国,政府主导的教育发展模式还将持续,无可替代。教育行政权力如何为促进教育内涵发展、提高教育质量服务,教育行政权力如何充分利用于回应和解决重大教育问题,成为我国教育行政改革不可回避的重要议题。

在教育改革中,该弱化还是强化教育行政权力?教育改革的深化,教育中重大教育问题的解决,需要行政权力的积极介入。不应该把教育行政权力妖魔化,也不应该把教育行政权力理想化。在教育改革中,既需要强化教育行政权力,也需要对之严格限制。

(一) 教育行政能力提升与教育行政权力优化配置

教育行政机关必须具有足够的行政能力才能有效推动教育的改革与发展。

教育行政能力,是指教育行政机关通过抽象行政行为和具体行政行为,最大可能地动员、利用、组合、发掘各种资源,为各级各类受教育者提供良好的教育公共服务,建立高效公平的教育秩序,适应与促进国家发展与社会发展,促进人的自由全面发展的能力。

教育行政能力与教育行政职能密切相关,实质上是教育行政机关履行教育行

---

① 刘冬梅,李谦.试论公民受教育权的法律保护[J].教学与管理,2010(1):20.

职能的能力。如果教育行政机关的行政能力弱,教育行政必定难有作为,甚至无所作为。教育行政能力是一种"管理"能力,是各级教育行政机关对于辖区内教育事业的行政管理的能力,包括统筹规划区域教育发展的能力、提升教育质量的能力、促进教育公平的能力、制定有效的教育政策和规范性文件的能力(制度建设能力)、为教育发展提供各种资源的能力(如获取财力、人力、智力支持的能力)、教育督导与评估的能力(控制能力)、维持教育秩序的能力等。

要提升教育行政能力,最为重要的路径是合理配置教育行政权力,优化纵向权力配置和横向权力配置。优化不是教育行政权力的单纯弱化(不是单一的放权),也包括强化;优化不只是教育行政权力的必要拓展,也包括必须施加的制约。

教育行政权力的配置包括纵向配置和横向配置两种形式。纵向配置是指不同层级的教育行政机关之间的权力划分以及教育行政机关与学校之间的权力划分,即教育权力的垂直性分割;横向配置是指与教育行政机关同一层级的、包括教育行政机关在内的各类行政机关之间对于教育行政权力的划分,即教育权力的水平性分割。当前,合理划分我国不同层级教育行政机构之间的权责,以及合理划分同一行政层级中教育行政部门与人事行政部门、与党务组织部门与财政部门等之间的权责,成为优化我国教育行政权力配置的关键环节。

教育行政权力的配置除发生在行政机关之间、行政机关与学校之间外,还发生在一个行政机关内部。某个教育行政机关内部也存在教育行政权力的纵向配置和横向配置问题。教育行政改革必须把教育行政机关的内部改革作为重要内容,要根据教育改革与发展的需要,在某个教育行政机关内部进行调整,如内部机构的改变、撤销、合并甚至扩大等。

不论是教育行政权力的初始配置还是教育行政权力的再分配,目的是使教育行政机关转变行政职能,"做正确的事"并"把事做正确",前者涉及行政内容即"管什么",后者涉及行政方式即"怎么管"。核心是使教育行政机关"为所当为"并大有作为,使教育行政机关关注重大教育利益与重大教育问题,在履行职责时不避重就轻,不碌碌无为。

教育行政权力优化配置的一个重要目的在于提升教育行政能力。从我国现状看,要提升教育行政能力,首先需要拓展教育行政权力,给教育行政机关更大的权力,包括更多的统筹权、人事权和财权。优化配置的另外一个目的是制约教育行政权力,约束行政权力的运行过程,提高行政权力实现质量,保护行政相对方的权益。

我国教育行政权力优化配置的基本思路是:在横向上,加大各级教育行政机关统筹教育发展的权限,使事权、财权、人事权力相对集中于教育行政机关,尤其是加强中央教育行政机关即教育部的统筹能力;在纵向上,加大放权和分权力度,中央教育行政机关向地方放权,地方高层教育行政机关向低层教育行政机关放权,教育行政机关向学校放权、向社会和市场分权,让学校成为依据章程自主管理的办学实体。加快加大教育行政机关内部改革力度,调整内部机构与职能,提高公务员专业素养;对于抽象教育行政行为和具体教育行政行为的结构、比例、频次予以调整,加大抽象教育行政行为力度,加强教育制度建设,提高教育行政机关制定规范性文件的水平,产出更多更好的规范性文件,使依法行政有法可循,同时解决低层次的"文山"问题;同时,加大对于具体教育行政行为的限制,尤其是要合并数量过多的对于学校的检查评估、减少数量过多的比赛和大型活动,对于学校工作,教育行政机关应该多一些专业化的指导,少一些表面化的监督检查,少一些简单化的评比奖惩,需要大大减少各种会议的数量,解决颇受非议的"会海"问题;进一步完善相关教育行政程序制度和行政救济制度,约束行政自由裁量权的行使,保障利益相关者对于行政过程的充分参与,保障行政相对方的合法权益。

在教育行政权力优化配置的基础上,通过立法程序,完善关于教育行政机关的实体法和程序法,用法律手段与权威把教育行政权力的调整予以固化,使教育行政权力的运行有"良法"可依。

教育行政权力的优化配置应谨防陷入要么集权要么分权的"非此即彼"的二元化改革思维模式。实际上集权与分权并非水火不容,许多国家的教育改革中集权与分权是齐头并进的。

(二) 教育行政权力的合理扩张

20世纪70年代末兴起的以政府向学校"放权"、鼓励家长和学生"择校"的市场化教育改革,绝不是简单的放权。教育事关国家战略的实现,一个负责任的国家不会对教育放任自流。因此,教育中的"放权"都是有限度的、有条件的。

放权的同时往往意味着高层级政府(如英国的中央政府、美国的各州政府等)对于某些行政职能的集权,意味着某些权力的保留(如中央集权制国家的中央政府),还意味着放权后对于学校问责的强化。放权、集权、问责制共同构成教育行政改革的全景图,展现出中央政府、地方政府和学校之间权责划分的结构性、立体化调整。

集权的主要方式就是对于课程和学业标准的控制。尽管给学校下放了财政权和管理权,但是,通过颁布国家课程标准与学业标准大大加强了政府对于整个教育、对于单个学校的控制,"学校可能在财政和行政两方面被赋予新的职责,但在其他领域,特别是在课程相关的领域则节节退让"。例如在英国、美国、澳大利亚、新西兰和瑞典五国,"无论国家还是州政府,都掌握了决定学校知识的标准、成就评估的方式以及评估报告的对象等新的权力"。尽管许多职责从国家或者地方政府转移,但五国中"没有一国政府的总体作用在明显地下降","决策者似乎乐意授予地方层面的学校和家长更大的自治权,但不情愿放弃高层政府的控制权","向单个学校放权的措施往往与那些增强中央控制权的措施并驾齐驱"。①

国外市场化的教育改革并非只是单一的市场导向,政府对于学校的管理和控制也同时加强了。因此,英美所引领的市场化教育改革在本质上是政府利用市场机制强化对学校的控制,是政府与市场联姻的产物。尽管也大喊分权、放权、校本管理,但本质上对学校的自上而下的政府控制和由外向内的市场控制(家长择校)同时加强了。表面上学校自主权有所增加,但实际上政府仍在"遥控",而且政府更多地把责任转移到家长和学校身上。②

在我国,对于某些教育行政职能的集权以及教育问责制的健全都势在必行。我国在教育行政管理上素有集权的传统,集权所带来的弊端也显而易见,所以在教育行政改革中某些教育事务的分权是大势所趋,但某些教育事务的集权也迫在眉睫。集权既意味着收权,也意味着承担更多的责任。分权有时成为政府下移和转嫁责任的手段。政府通过分权或者打着分权的旗号逃避责任,是中外教育改革中都出现过的现象。

政府尤其是高层级政府要承担自己应该承担的责任。该管的必须管好,不该管的坚决"放权",是政府教育行政职能转变的基本要求。"教育行政部门主要管好方向、速度、结构、质量、数量。政府对教育的宏观管理,不再仅仅是行政性的、指令性的,而是开始通过法律、规划、督导、拨款、评估等方法和措施来实现。政府由原来的单纯行政手段的直接管理,改变为运用多种手段的间接管理,即运用立法的、经济的、学术的和必要的行政手段进行的管理。政府教育行政部门的主要职能则是统筹规划、政策引导、组织协调、监督检查、提供服务。"③这样,政府的角色发生了重要变化,政府成为教育体系的构建者、教育条件的保障者、教育服务的提供者、教育公平的维护者、教育标准的制定者和教育质量的监管者。

教育中的分权、择校、集权与问责等改革都是在政府主导下推进的,政府主导的教育发展与改革模式未来还会持续下去,不论是中央集权制国家还是分权制国家概莫能外。教育改革的主动权始终掌握在政府尤其是中央政府手中。

政府对教育实施行政管理的必要性毋庸置疑,关键是采取什么样的策略。笼统地、抽象地谈论分权与集权孰优孰劣没有什么意义。分权与集权怎样在不同层级政府间组合、如何在政府与学校的关系间组合才最有效力,要根据不同国家甚至不同区域的具体情况确定。更为重要的是,要明确政府公共权力的配置与使用应该服务于教育目的的实现,应该有助于提高教育质量、促进教育公平。如果政府所选择的

---

① 惠迪,鲍尔,哈尔平.教育中的放权与择校:学校、政府和市场[M].马忠虎,译.北京:教育科学出版社,2003:49,60.
② Ball S J.Politics and Policy Making in Education:Exploration in Policy[M].London:Routledge,1990:80-81.
③ 陈云贵.我国教育行政管理体制改革探略[J].六安师专学报(综合版),1997(4):59-62.

教育改革策略如市场化策略违反了教育的本质,就应该及时反思和调整。

教育的市场化改革并不否认政府的作用。即便市场机制进入教育领域后,政府依然有管制教育的职责。政府在培育、发展和规范市场中有着不可替代的作用,其责任是培育市场发展环境,规范市场运行秩序,制定有利于教育市场发展与规范的"游戏规则",创造教育领域平等竞争的环境和条件,发挥市场机制作用。政府还应纠正市场功能缺陷和市场失效的消极效应,关注弱势群体和贫困地区教育,缩小差距,推进教育公平。①

在中国这样一个发展中国家,由于长期计划经济体制导致的学校自主管理、自主发展能力较弱,由于市场、公民社会和第三部门发育相对不成熟,就更加需要发挥政府在多方治理中的主导作用。

在教育行政权力的纵向配置上,推进简政放权的同时,应该加大教育行政权力在某些管理事务上"合理扩张"即向上集权的力度,尤其是要加大中央政府和省级政府统筹教育发展与改革的力度。

《教育规划纲要》对于教育行政改革提出明确的要求,要求中央政府统一领导和管理国家教育事业,制定发展规划、方针政策和基本标准,优化学科专业、类型、层次结构和区域布局,整体部署教育改革试验,统筹区域协调发展。地方政府负责落实国家方针政策,开展教育改革试验,根据职责分工负责区域内教育改革、发展和稳定。《教育规划纲要》特别要求进一步加大省级政府对区域内各级各类教育的统筹。统筹管理义务教育,推进城乡义务教育均衡发展,依法落实发展义务教育的财政责任。促进普通高中和中等职业学校合理分布,加快普及高中阶段教育,重点扶持困难地区高中阶段教育发展。促进省域内职业教育协调发展和资源共享,支持行业、企业发展职业教育。完善以省级政府为主管理高等教育的体制,合理设置和调整高等学校及学科、专业布局,提高管理水平和办学质量。依法审批设立实施专科学历教育的高等学校,审批省级政府管理本科院校学士学位授予单位和已确定为硕士学位授予单位的学位授予点。完善省对省以下财政转移支付体制,加大对经济欠发达地区的支持力度。根据国家标准,结合本地实际,合理确定各级各类学校办学条件、教师编制等实施标准。统筹推进教育综合改革,促进教育区域协作,提高教育服务经济社会发展的水平。支持和督促市(地)、县级政府履行职责,发展管理好当地各类教育。

(三) 教育行政权力的严格制约

行政权力在现代社会中具有举足轻重的作用。在20世纪不断扩张,有三种表

---

① 陈谟开.经济全球化与我国教育行政职能的转变[J].国家高级教育行政学院学报,2002(6):26-28.

现:一是行政权的自身扩张,行政"自由裁量权"范围扩大;二是向立法权扩张,行政机关大量涉足立法领域,"委任立法"猛增;三是向司法权扩张,"行政司法"突显。①

行政权力是国家权力的核心部分。由于现代行政的发展出现了职权的交叉、混合,同样一个行政机关,可能同时具有行政职能、准立法职能和准司法职能。现代行政已不限于简单地执行法律,行政机关兼有立法、司法等职能。行政行为不仅存在是否合法的问题,还存在是否适当的问题。②

行政权力的扩张有其历史必然性,但相伴而生的是行政越权现象。这是行政权力的恶性膨胀导致的负效应。行政权力具有自我膨胀的特性。这种特性表现为两种情况:一种是行政权力的自然增长,由行政权力的结构功能正向发展所决定,属正常状态;另一种是行政权力的恶性膨胀,属异常现象。行政权力的自我膨胀导源于行政权力的自身结构、行政权力的性质以及行政权力客体的状况:行政权力的运动是自上而下的放射结构,且每经过一层中介,其放射都要扩大一定的范围;而由于自主性的逻辑,各级权力的行使者又常常产生扩大权力的本能冲动,这就使行政权力具有一种无限延伸的能力;随着社会的发展,行政权力作用的对象也必然日益增加,行政权力也就随之扩大,这样又自然会带来行政权力结构的变化,形成连锁反应。如此三种因素的相互作用,行政权力的膨胀就成为不可避免的事情,对于行政权力的制约和精简为内容的行政改革在当代也成为政治学和行政学永恒的主题之一。③

在各个领域,包括教育领域,权力的横行霸道与权利的委曲求全司空见惯。为保护相关主体的权利和自由,必须约束国家权力,特别是要约束日益膨胀的行政权力。

在教育行政法律关系中,政府或教育行政机关是行政主体,享有并行使国家行政权力,在具体的法律关系中占有主导地位;与行政主体相对的另一方当事人,是行政相对方,如学校、教师、学生等。行政主体与行政相对方的法律关系具有不对等性,使得行政相对方的权利容易受到权力的侵害,亦即学校、教师、学生的权利容易受到政府或者教育行政机关的权力的侵害。

在我国,教育行政机关对学校侵权,常见的是侵害学校的办学自主权、财产所有权和土地使用权;对教师侵权,常见的是侵害教师的教育教学权、获得报酬待遇权、进修培训权、申诉权等。在教育行政管理中,尽管教育行政机关不直接从事学生的日常管理工作,但也会有侵害行为发生,如乱收费行为对于学生财产权的侵害,考试工作组织不善侵害学生获得公正评价的权利,招生工作中的不当行为侵害学生受教

---

① 谢晖.行政权探索[M].昆明:云南人民出版社.1995:137-151.
② 罗豪才.行政法学[M].北京:北京大学出版社,1996:2,24.
③ 张国庆.公共行政学[M].北京:北京大学出版社,2007:98.

育的平等权等。①

因此,在教育发展与改革中,教育行政权力是双刃剑。一方面,它能够提升教育效能、拓展教育自由、促进教育公平、提高教育效率、维护教育秩序,是实现教育改革目标的强大助推器,是不可替代、不可或缺的重要资源;另一方面,教育行政权力在行使中也会成为阻碍教育发展的力量,损害公共教育利益,侵害公民和学校的权益,造成负面作用。因此,对于教育行政权力要予以必要的制约。教育行政权力在行使过程中之所以会产生一些负效应,原因有二:

其一,教育行政权力行使的人格化。教育行政权力在行使时必然有一个人格化的过程,教育行政权力是通过一个个具体的公职人员去行使的,他们不可避免地都有自己的特殊利益。如果缺乏相应的利益协调机制和权力制约机制,公职人员在行政权力行使过程中,就有可能为了追求自己的利益而置公共利益于不顾,用公共行政权力去满足私人的需要,出现权力滥用甚至腐败现象。

其二,教育行政权力的自我膨胀的特性。同其他行政权力一样,教育行政权力不仅具有集中统一的特性,而且存在一种自然增长、自我膨胀的趋势。由于教育在整个公共服务系统中的地位越来越重要,由于建立终身教育体系的压力越来越大,由于教育活动越来越复杂,教育行政管理的广度和深度都不断拓展,导致教育行政权力边界的外展和自由裁量权的扩张。扩张无可厚非,但在扩张中难免无度和失序,而无度与失序则会挤压行政相对方的权利空间。

必须对教育行政权力进行制约,因为"权力导致腐败,绝对权力导致绝对腐败"②"一切有权力的人都容易滥用权力,这是万古不易的一条经验。有权力的人使用权力一直到遇有界限的地方才休止。"③对于教育行政权力的制约必须与教育行政权力的行使共始终。

有效约束、严格限制我国的教育行政权力,有以下三条路径。

(1)通过实体立法限制教育行政权力

通过实体立法确定教育行政权力的边界,使之不被逾越。就我国而言,需要分解和转移传统的教育行政权力,并予以法律化,把权力放在法律的"笼子里"进行约束。教育行政权力的分解和转移是指政府向学校"下放"权力、向市场"转移"权力、向第三部门"转移"权力。这三者意味着教育行政职能的转变,其中的关键是给学校放权。

首先,政府向学校"下放"权力。学校成为自主办学的权力主体。给学校自主权,实质上是要求校本管理,是"以基层为本的管理"这一大趋势的反映。以基层为

---

① 褚宏启.教育法制基础[M].北京:北京师范大学出版社,2002:100-101.
② 阿克顿.自由与权力[M].侯建,等译.北京:商务印刷馆,2001:1,328,342.
③ 孟德斯鸠.论法的精神[M].张雁深,译.北京:商务印书馆,1961:154.

本的管理在本质上要求把决策权下放给基层,这样做的理由在于基层更了解实际情况,能更有效率地做出反应。给学校自主权,就是让学校摆脱对政府的依附性,逐步形成"自主管理、自主发展、自我约束、社会监督"的机制,凸显学校的主体性,增进学校办学的专业性,更好地满足学生的教育需求,促进学生的发展。① 目前,校本管理在我国已经成为一种受各方推崇的学校管理模式。

其次,政府向市场"转移"权力。市场机制有时能够发挥政府不能发挥的作用,教育券、择校等市场机制在中国一些地区对于提高教育效率具有明显效果,因为这种机制促进了学校之间的竞争,而竞争带来了办学质量的提升。另外,在土建、仪器设备购买、图书采购中实行严格的监理制度、招投标制度,也是市场机制的引入,成效显著。②

第三,政府向第三部门"转移"权力。第三部门是指处于代表市场力量的第一部门(企业)和代表公共力量的第二部门(政府)之间的社会组织,常被称为中介组织、非政府组织、非营利组织等。由于政府失灵和市场失灵的存在,第三部门作为一种中间调节机制,在一定程度上很好地弥补了政府和市场两方面的不足,充当了宏观国家和微观市场之间的一个中观协调角色,在利益表达、利益分配、社会纠偏等方面起重要作用。实际上,共同治理的本质是第一、二、三部门对于公共事务的共同治理。③《国务院关于〈中国教育改革和发展纲要〉的实施意见》非常重视第三部门的作用,指出:"为保证政府职能的转变,使重大决策经过科学的研究和论证,要建立健全社会中介组织,包括教育决策咨询研究机构、高等学校设置和学位评议与咨询机构、教育评估机构、教育考试机构、资格证书机构等,发挥社会各界参与教育决策和管理的作用。"

共同治理是否意味着政府功能的削弱、衰退甚至退出呢? 回答是否定的。在多方共同治理的体制中,政府依然发挥主导作用,政府充当的是"元治理"的角色,政府在社会管理网络中被视为"同辈中的长者",它虽不具有最高绝对权威,却承担着确定教育发展方向、目标、标准的重任,为多方主体参与管理提供共同的行动目标和行为准则。④

学校拥有办学自主权后,政府依然需要对学校进行监控。权利和义务、权力和责任是对等的,政府放权给学校,学校获得的不仅有权利(力),还有义务和责任,政

---

① 褚宏启.审视现代学校制度//褚宏启.中国教育管理评论:第 2 卷[M].北京:教育科学出版社,2004: 104-105.
② 褚宏启,刘旭东."中英甘肃基础教育项目"管理独立评估报告[R].甘肃省教育厅,英国剑桥教育集团, 2005:55-56.
③ 俞可平.治理与善治[M].北京:科学文献出版社,2000:152-153.
④ 魏海苓,孙远雷.论治理视野下的教育行政管理体制改革[M].辽宁教育研究,2006(6):29-31.

府需要对学校履行义务职责情况进行监管、监控、监督。因此,学校的自主管理权是有限性的,学校的自主是有限自主,"在进一步落实学校办学自主权的同时,政府要切实加强对各级各类学校办学行为的规范和教育质量水平的检查和评估"。①

(2) 通过程序立法约束教育行政权力

教育行政机关在做出行政行为时必须遵循一定的行政程序。程序违法的行政行为应视为无效。在以法治原则作为背景的行政权行使过程中,行政程序法律制度的发展与行政权作用的扩展基本上成一种"正相关"关系。教育行政程序制度主要包括行政信息公开制度、行政告知制度、行政听证制度、行政回避制度、行政决策制度、行政救济制度等几种。

第一,信息公开制度。政府教育信息公开是指政府(包括各级政府、教育行政部门和相关行政部门)在实施教育行政管理过程中,通过一定的形式和程序,将行政机关在履行职责过程中制作或者获取的、以一定形式记录与保存的信息主动向社会公众或依申请向特定的个人或组织公开的制度。

公开政府信息、使行政权力运行透明化是信息化时代行政改革的一个新趋向。据不完全统计,到2002年,全球已有50多个国家进行了信息公开化立法,其中1993—2002年十年间立法的国家和地区高达34个,超过两百年间总数的一半。②

我国政府信息公开的制度化真正起步于2003年的"非典"时期,当年启动了《政府信息公开条例》的起草。2008年国务院正式发布《政府信息公开条例》,为我国各级政府和教育行政部门公开政府教育信息提供了法规依据。《政府信息公开条例》认为政府信息公开的目的是:"为了保障公民、法人和其他组织依法获取政府信息,提高政府工作的透明度,促进依法行政,充分发挥政府信息对人民群众生产、生活和经济社会活动的服务作用。"

第二,告知制度。告知制度是一种基本的行政程序制度,其具体要求是:行政主体作出影响行政相对人权益的行为,应事先告知该行为的内容,包括行为的时间、地点、主要过程,作出该行为的事实根据和法律根据,相对人对该行为依法享有的权利等。

第三,听证制度。听证制度是与告知制度紧密衔接的一项行政程序制度。行政主体拟实施一定行政行为,在告知相对人之后,相对人可能认为相应行为违法、不当,根本不应实施该行为;也可能认为相应行为虽应实施,但所持事实、法律根据不当;或者认为行政行为虽不存在瑕疵,但对行为实施的时间、地点、方法有所建议、要求。无论属何种情况,行政主体都应认真地听取相对人的意见,并加以认真的、充分

---

① 陈流汀.进一步转变政府教育行政职能加快教育改革发展[J].改革,2003(6):114-117.
② 周汉华.外国政府信息公开化制度比较[M].北京:中国法制出版社,2003:10-12.

的考虑,如其合理、适当,则应予以采纳;如不合理、不适当,虽不应予以采纳,但应向相对人予以解释、说明。行政主体听取相对人的陈述和申辩一般应记录在案,以作为行政复议和司法审查的证据。

第四,回避制度。公务员在执行公务时,如相应事项与本人有利害关系或者有其他关系可能影响公正处理,不得参与该事项的处理。回避制度的主要价值在于防止偏私,保障程序的形式公正。

第五,决策制度。《教育规划纲要》明确要求:"提高政府决策的科学性和管理的有效性。规范决策程序,重大教育政策出台前要公开讨论,充分听取群众意见。成立教育咨询委员会,为教育改革和发展提供咨询论证,提高重大教育决策的科学性。"健全教育行政决策制度,首先要建立规范化的程序,决策程序除了可以提高决策效率外,还可以提高决策的科学性,弱化或者避免主要决策者的人治化、随意性、情绪化的草率决策;其次,要保证利益相关者的参与,要改变精英决策的模式,鼓励多方利益的教育相关者共同参与教育决策的过程。

第六,救济制度。在教育行政关系中,行政机关以管理者的身份处于较优越的地位,它的全部执法和公务活动都涉及相对人的利益,它在执法过程中违法或不当的行为必将给相对人的合法权益带来一定损害。在这种情况下,就非常需要通过法律的途径来平衡教育法实施中行政机关、学校与被管理者一方因明显法律地位不对等带来的反差。当教师、学生或学校的权利受到某种侵害时,能够通过一定的途径和手段,请求国家有关机关以强制性的方式来实现其权利,这时他们的权利才是真实的,才能被尊重。这种途径或手段,就是教育行政法律救济。

教育行政法律救济,是指教育管理活动的相对一方当事人(即被管理者),因教育行政机关或其他管理部门的违法或不当行为,致使其行政法上的合法权益受到侵害时,请求国家有关机关予以补救的法律制度。① 教育行政法律救济是针对行政主体行使行政权力所产生的消极后果进行的一种法律补救。根据我国现行的有关法律、法规的规定,我国的教育行政法律救济的途径主要包括教育申诉、教育行政复议、教育行政诉讼以及教育行政赔偿。

(3)通过建立行政问责制度约束教育行政权力

行政主体必须对自己的行政行为承担责任。教育行政问责制是指对教育行政部门(或其委托授权组织)及其责任人履职情况进行合理性质询或责任追究的制度。其实施有利于提高教育公务员的责任意识,为我国教育发展提供重要的制度保障。②《教育规划纲要》明确指出:"要把推进教育事业科学发展作为各级党委和政府政绩

---

① 褚宏启.教育法制基础[M].北京:北京师范大学出版社,2001:170.
② 赵银生.我国教育行政部门问责制度研究[D].上海:华东师范大学博士论文,2008:23-25.

考核的重要内容,完善考核机制和问责制度。"

教育问责制之"责"有政府责任和法律责任两层含义:"从最广意义上来看,政府责任是指政府能够积极地对社会民众的需求做出回应,并采取积极的措施,公正、有效率地实现公众的需求和利益。从狭义的角度来看,政府责任意味着政府机关及其工作人员违反法律规定的义务,违法行使职权时所承担的否定性的法律后果,即法律责任。① 两种责任相互联系,不能履行政府责任,就必须承担法律责任。因此,明确政府的教育责任,并据此进行教育政绩考核,是追究法律责任的前提。另外,还必须明确政府不能履行教育责任所要承担的法律责任,否则问责就失去其严肃性和约束力。②

案例分析:

罗某霞诉王某俊等人侵权案③

一、基本案情

罗某霞,湖南省 SD 县灵官殿镇人。2004 年,她作为 SD 县第一中学应届毕业生参加高考,考了 514 分,没有达到湖南省当年 531 分的二本录取分数线。罗某霞随后填报了三批专科院校志愿,但罗某霞没有收到任何高校的录取通知书。复读一年后,她考取了天津 N 大学历史文化学院旅游管理专业。王某俊,与罗某霞同为湖南省 SD 县第一中学的同学,是罗某霞的高中同学。2004 年高考考分为 335 分,王某俊以罗某霞的名义进入贵州 N 大学读书,2008 年顺利毕业。

2009 年 3 月,罗某霞和几名同学去参加招聘会,在闲暇时间去建设银行鑫茂支行开通网上银行业务时发现自己身份可能被冒用。回到宿舍后,罗某霞把这件事讲给同学听,大家议论的结果是,这不是巧合,应该是件大事。同学的提醒让罗某霞想到 2008 年 7 月,她申请办理高级中学教师资格时负责资格考试的老师打电话问她是不是已经在贵州申请了教师资格证。随后,她向天津市西青区学府派出所报案,称自己的身份证信息被盗用。公安机关介入后,罗某霞最终确认盗用自己身份证信息的就是自己的高中同学王某俊。王某俊利用罗某霞的身份已经申请过教师资格证,罗某霞本人自然不能再次申请教师资格证。另外,王某俊冒用罗某霞的身份取得了大学毕业证书、学位证书并申领到教师资格证,使"真正的罗某霞"失去了申请毕业证、学位证以及教师资格证的权利。2009 年 5 月,罗某霞以侵犯姓名权、受教育权为由,将王某俊列为第一被告同王某嵘(王某俊父)、杨某华(王某俊母)、湖南省 SD 县

---

① 张成福.责任政府论[J].中国人民大学学报,2000(2):75-82.
② 褚宏启.教育行政权力的优化配置:合理扩张与严格制约[J].北京大学教育评论,2013(7):160-170.
③ 卢珺:教育法律纠纷案例与实务[M].北京:清华大学出版社.2018.

第一中学、湖南省 SD 县教育局、贵州 N 大学、GY 市教育局 6 名被告共同告上天津市西青区人民法院。同年 6 月,罗某霞又将贵州 N 大学历史与政治学院院长唐某雄追加为第 8 被告。要求判令:① 第一被告王某俊停止对原告罗某霞姓名权的侵害行为;② 要求王某俊对罗某霞姓名权和受教育权的侵害造成的损失给予 41 190 元的赔偿,赔偿原告精神损害抚慰金 100 000 元,其他被告须承担连带赔偿责任。天津市西青区人民法院并没有受理原告关于受教育权等诉讼主张,而仅以侵犯姓名权受理了本案。经法院调查,2004 年 9 月,王某俊的父亲王某嵘为了让女儿就读本科,找到时任罗某霞和王某俊的班主任张某迪,并通过张某迪获取了罗某霞的高考成绩,得知罗某霞没有达到其所报考院校的分数线因而没有被录取等相关信息。因当年二本最低控制线分数为 531 分,而部分院校可降低 20 分录取新生。于是王某嵘利用自己的关系多方打听,了解到罗某霞的成绩达到了贵州 N 大学定向补录的分数线,于是委托同学将罗某霞招为贵州 N 大学的定向补录生。王某嵘时任 LH 县公安局政委,刚好家中有一张空白户口迁移证,于是在拿到罗某霞的录取通知书后,请他人私自雕刻了一枚公章和一枚"空白"印章,盖在空白户口迁移证上,伪造了一份罗某霞的户口迁移证,并证明罗某霞的曾用名为王某俊。2004 年 10 月王某俊拿着伪造的罗某霞的户口迁移证和档案顺利地进入了贵州 N 大学就读。

2009 年 5 月,贵州省教育厅收回了王某俊以罗某霞名义在贵州 N 大学毕业后获得的毕业证书、学位证书、教师资格证书、普通话水平测试登记证书原件并予以注销。

2010 年 8 月,案件开庭审判。对罗某霞造成的损失经法官的调解由被告王某嵘一次性赔付给原告罗某霞 4.5 万元,原告放弃其他诉讼请求本案得以终结。

2009 年 10 月,王某嵘被湖南省 SY 市 BT 区人民法院,以伪造国家机关证件罪判处有期徒刑 2 年,与原犯受贿罪所判处的有期徒刑 3 年刑罚实行数罪并罚,决定执行有期徒刑 4 年。

二、争议焦点

(1) 本案的性质是否涉及受教育权被侵犯,如何救济。
(2) 本案精神损失赔偿的问题。

三、本案启示

罗某霞案属于顶替类的受教育纠纷案件。所谓顶替类受教育权纠纷,是指公民在受教育的过程中,因被他人冒名顶替失去相应的入学机会、学习条件及成功机会等后果,与国家行政机关、教育机构、冒名顶替人或其他公民、组织所发生的争议。从这个案件的诉讼过程及结果看,大多顶替类的受教育纠纷,法院都以姓名权受侵犯案件来处理。可以看出,受教育权并不在现行法律的受案范围之内。我国《宪法》明确规定,中华人民共和国公民有受教育的权利和义务。为了全面保障公民的受教育权,我国《教育法》也相应地规定,不同民族、种族、性别、职业、财产状况、宗教信仰的公民,依法享有平等的受教育机会。受教育权,作为公民的一项宪法性权利,当受到侵害时,应当获得救济,而不应仅限于相关法律法规的原则性规定。

思考题:

1. 结合"罗某霞诉王某俊等人侵权案"说明受教育权的含义与性质。
2. 结合本案说明如何在司法上保护公民受教育权。

第十一章 《中华人民共和国高等教育法》概览与法律适用

内容提要

本章对于《中华人民共和国高等教育法》(以下简称《高等教育法》)的立法过程和主要内容进行了介绍,并对该法适用中的主要法律问题、高校自主权的法律保护和校长责任制的法律问题进行了分析。

学习目标

1. 掌握《高等教育法》的主要内容。
2. 掌握高校自主权的理论价值和实践意义。

第一节 《高等教育法》概览

一、《高等教育法》的立法过程

新中国成立以后,国家开始着手构建高等教育法律制度。1998年《高等教育法》通过并于1999年开始施行。该法确立了我国基本的高等教育法律制度,但是由于历史、立法技术等方面的条件限制,该法对很多有争论或者分歧比较大的问题没有进行明确。随着社会发展,《高等教育法》原有的缺陷日益暴露出来。进入新世纪以来,国家相关部门开始着手研究和推动《高等教育法》的修改工作。十二届全国人大常务委员会第十八次会议通过了《关于修改〈中华人民共和国高等教育法〉的决定》,就原《高等教育法》部分有问题的制度设计进行了四个方面的补充与完善。面向未来,《高等教育法》如何执行和再完善成为目前比较现实的问题,因而,对此问题的研究也就显得十分必要。

(一)《高等教育法》的制定过程

新中国建立初期,我国教育法制建设进程缓慢。在高等教育领域,主要是一些行政规章,如1950年8月教育部颁布的《专科学校暂行规程》和《高等学校暂行规程》,1956年5月教育部颁布试行的《中华人民共和国高等学校章程草案》,1961年9月中共中央批准试行的《教育部直属高等学校暂行工作条例(草案)》等。十一届三中全会以后,国家开始有计划地推进高等教育法制建设。1980年2月第五届全国人大常委会第十三次会议,通过了新中国第一部有关高等教育的专门法律《中华人民共和国学位条例》。随后,国务院1986年3月颁布了《高等教育管理职责暂行规定》,1986年12月颁行了《普通高等学校设置暂行条例》等行政法规或规章。与此同时,国家教育主管部门也制定了一系列的规章,如国家教委1988年4月发布的《成人高等学校设置的暂行规定》,1992年8月发布的《关于国家教委直属高校内部管理体制改革的若干意见》等。此外,1993年颁布的《中华人民共和国教师法》,1995年颁布的《中华人民共和国教育法》,1996年颁布的《中华人民共和国职业教育法》等法律中都有涉及高等教育的内容。

这一阶段,关于高等教育的法制建设虽然有了一定的成果,但是还存在规定比较分散、位阶较低等问题,其中最大的缺陷还是这些法规、规章、条例等都没有涉及高等教育发展的深层次矛盾。而当时我国高等教育最突出的问题就是高校的发展严重滞后于社会政治经济的发展,其根本原因在于长期以来我国高校实行计划管理模式,存在着国家对高校统得过死、高校没有办学自主权、资源配置不合理、办学与社会不接轨等诸多弊端,这种体制在一定程度上制约了高校的进一步发展。为改善这种高校发展与社会发展不协调、高校发展难以适应社会发展需求的现状,我国迫切需要起草一部专门的、系统的《高等教育法》,以激励、保障、规范和约束高等教育的各种活动,因此《高等教育法》立法事宜成了当时我国教育事业发展中的头等大事。

20世纪80年代,以国家教委为牵头单位的《高等教育法》立法工作小组成立,专门推进《高等教育法》的立法工作。鉴于当时我国高等教育的发展水平,该法在起草初期确立了立法的几个基本原则:第一注重从我国高等教育实际出发,积极借鉴吸收国外经验;第二立足现实,适当超前;第三注意研究我国高等教育中存在的突出问题,加强立法针对性。[①] 为此,《高等教育法》在起草的过程中,特别注重总结吸取新中国高等教育改革发展的基本经验,尤其是改革开放以来的各方面经验,以及借鉴国外发展高等教育的成功经验。1997年年初《高等教育法》的法律草案基本成型。1997年6月《高等教育法》草案在国务院第57次常务会议讨论和八届全国人大常委会第二十六次会议审议之后,被发到全国各地征求意见。根据各个方面的反馈意见,全国人大法工委和国家教委在反复研究后,对《高等教育法》草案进行了修改。

---

① 王革.《高等教育法》的主要内容和特点[J].中国农业教育信息,1999(1):22-23.

1997年12月，乔石委员长主持召开委员长会议，听取了《高等教育法（草案）》修改意见的汇报，并决定将草案修改稿提请全国人大常委会第二十九次会议第二次审议。1998年4月，九届全国人大常委会第二次会议进行第三次审议，会议对高校内部的领导体制等问题提出了修改意见。之后，在人大法律委员会进行了两次审议并修改后，法律草案提交九届全国人大常委会第四次会议再次审议。① 最后，1998年8月29日，《高等教育法》获得通过并于1999年1月1日开始施行。

可以看出，该法从着手起草到通过审议，历时十几年时间，起草过程经历了四次常委会审议，这在我国立法史上是不多见的，充分表明了《高等教育法》的重要性。②

（二）《高等教育法》的修订

可以说《高等教育法》的颁布，基本确立了我国高等教育管理制度。但是随着社会快速发展，民主法制进程加快，高等教育事业的发展与改革向纵深推进，高等教育面临的内外部环境都发生了很大的变化，《高等教育法》构建的制度体系在新的历史条件下难以起到应有的作用，很多现实问题成了长期困扰我国高等教育事业发展的瓶颈问题，比如大学严重的行政化、学术委员会的作用得不到发挥、高校内部的管理水平严重落后于社会发展等，都成为全社会高度关注的问题。在新形势下，推进高等教育法制建设，完善高等教育法律体系也显得愈发必要和迫切。

2010年党中央、国务院印发了《国家中长期教育改革和发展规划纲要（2010—2020年）》，提出了建设高等教育强国、加快完善教育法律制度，推进高等教育领域综合改革的要求。随后党的十八届四中、五中全会相继召开，要求完善教育法律法规，全面提高高等教育质量，推进"双一流"建设。在此背景下，《高等教育法》等相关法律的修订提上了国家立法机关的议程，立法机关将《教育法》《高等教育法》《教师法》和《民办教育促进法》进行打包考虑、一揽子修改（也称为"包裹立法"③）。2013年9月5日，国务院法制办公室开始就《高等教育法》等四部法律向社会公开征求意见，以进行系统修改。经过两年的反复讨论，2015年12月27日，十二届全国人大常委会第十八次会议表决通过了关于修改《高等教育法》的决定，对第4、5、24、29、42、44、60条共七个地方进行了修改。这是《高等教育法》在1998年通过以来的首次修改，这次修改对一些已经形成共识的制度设计进行了创新性的突破，主要涉及专科

---

① 温红彦，董洪亮.十年磨一剑：《中华人民共和国高等教育法》颁布的风雨历程[N].人民日报，1998-8-31.
② 张世诚.关于《高等教育法》中的若干问题[J].中国司法，1998(11).10-11.
③ 包裹立法（或"综合立法""大衣立法"），指为了达到一个立法目的，提高立法的效率和立法质量，实现法律的内在统一性、协调性，对不同法律的相关法律条款进行系统性、一次性打包修改的立法模式。这种立法模式在德国、法国等传统的大陆法系国家使用比较普遍，在英美法系国家也比较多见。此次对《高等教育法》等进行一揽子修改，是我国立法史上的第一次尝试。关于包裹立法的相关内容，可参见：汪全胜，黄兰松.包裹式立法模式考察[J].甘肃政法学院学报，2015(3)：1-8.

层次新设立高校审批权的下放、学术委员会的地位与职责、高校办学质量评价、高校办学经费筹措四个方面的内容。此外,还对高等教育要坚持的方向、高等教育的任务等条款进行了修改,对一些不符合教育发展规律、不适合社会发展需求的法律条款进行了删除。

二、《高等教育法》的主要内容

《高等教育法》的颁布和实施,结束了长期以来我国高等教育"无法可依"的状况。作为一部规范高等教育内外部社会关系和自身组织活动的法律,《高等教育法》兼具总结性、预见性和前瞻性,通过法律形式全面总结和固定了我国多年来高等教育发展的经验,同时也较为明确地回答了高校发展中的一系列重大问题,比如政府与高校的关系、高校办学自主权、高校内部管理体制等,为后来高等教育事业的进一步改革与发展指明了方向。

《高等教育法》主要包括总则、高等教育基本制度、高等学校的设立、高等学校的组织和活动、高等学校教师和其他教育工作者、高等学校的学生、高等教育投入和条件保障以及附则等八章内容,总计 69 条。本书第六章至第八章已就高校设立的条件、高校的组织、高校教师的权利和义务、高校学生的权利与义务进行了专门叙述,这里仅就高等教育的发展原则和管理机制、高等教育的基本制度和高等教育的投入和条件保障等问题进行重点说明。

(一) 高等教育的发展原则和管理机制

高等教育是完成高级中等教育基础上实施的教育,是提高全民族素养,提升我国科技竞争力的重要教育阶段。因此,为了高等教育的健康发展,进一步推动科教兴国战略的实施,大力开展依法治教,我国于 1999 年开始颁布施行《高等教育法》。

1. **《高等教育法》是宪法关于教育基本原则的体现**

《高等教育法》明确规定,公民依法享有接受高等教育的权利,任何人不能随意侵犯。同时,为了保障少数民族学生和经济困难学生接受高等教育的权利,法律规定国家应采取必要措施帮助上述学生入学。对于残疾学生而言如果其符合国家规定的录取标准,高校不能因其残疾而拒绝招收。为了保障高校教师和学生科学研究和创新,法律规定,国家依法保障高校的科学研究,文学艺术创作和从事其他文化活动的自由。

2. **《高等教育法》明确了高校人才培养的方向**

人才培养是高校的主要任务。在迈入知识经济时代以后,高校的人才培养对经济社会发展的引领和推动作用更趋明显。为谁培养人才,培养什么样的人才,是高校办学和发展必须面对的问题。培养社会主义建设者和接班人,是我们党的教育方针,也是我国各级各类学校的共同使命。《高等教育法》明确规定,高校要培养具有社会责任感、创新精神和实践能力的高级专门人才,发展科学技术文化,促进社会主义现代化建设。为了推动高校的培养更多、更好的社会主义建设者,法律规定国家应按照社会主义现代化建设和发展社会主义市场经济的需要,根据不同类型、不同层次高等学校的实际,推进高等教育体制改革和高等教育教学改革,优化高等教育结构和资源配置,提高高等教育的质量和效益。

3. 《高等教育法》确定了高校的管理机制

《高等教育法》在第13条、第14条中对高等教育的宏观管理体制做了大致的安排,国务院"统一领导和管理"全国的高等教育事业,省级政府"统筹协调"本行政区内的高等教育事业,高等教育实行国家与省级政府两级管理、分工负责的体制,教育部管理"主要为全国培养人才的高等学校",国务院其他部委负责本部委或行业"有关的高等教育事业",省级政府管理"为地方培养人才和国务院授权管理的高等学校"。此外,为了进一步明确这种管理体制,《高等教育法》还对不同主体的职责和权限也做出了规定。以高等学校设立审批权为例,可以明确看出国家和省级政府对高校两级管理与分工的运行机制。《高等教育法》第25条第二款、第三款规定,"设立高等学校,应当具备教育法规定的基本条件。""设立其他高等教育机构的具体标准,由国务院授权的有关部门或者省、自治区、直辖市人民政府根据国务院规定的原则制定。"为了激活地方政府办学的积极性,推动高等教育领域的简政放权,《高等教育法》明确规定专科类高校的审批权下放到了地方政府,即第29条第1款规定"设立实施专科教育的高等学校,由省、自治区、直辖市人民政府审批,报国务院教育行政部门备案。"在法律上形成了一种相互监督、相互制约的机制,既保证了高校设立审批权的有序、规范运行,又保障了审批权不会流于形式、不被滥用。

(二) 高等教育的基本制度

1. 学历教育制度

我国的高等教育学历教育制度包括两种:学历教育和非学历教育。学历教育是根据教育部下达的招生计划录取的学生,按教育主管部门认可的教学计划实施教学,学生完成学业后,由学校颁发国家统一印制的毕业证书和学位证书。非学历教育是指各种培训、进修,完成学业后,经考核合格,由所在高等学校或者其他高等教育机构发给相应的结业证书。结业证书应当载明修业年限和学业内容。根据学历教育的不同,我国高等教育采用全日制和非全日制教育两种形式,并且国家支持采用广播、电视、函授及其他远程教育方式实施高等教育。

我国的学历教育分为专科教育、本科教育和研究生教育。根据《高等教育法》第

16条第二款的规定:高等学历教育应当符合下列学业标准:

（1）专科教育应当使学生掌握本专业必备的基础理论、专门知识,具有从事本专业实际工作的基本技能和初步能力；

（2）本科教育应当使学生比较系统地掌握本学科、专业必需的基础理论、基本知识,掌握本专业必要的基本技能、方法和相关知识,具有从事本专业实际工作和研究工作的初步能力；

（3）硕士研究生教育应当使学生掌握本学科坚实的基础理论、系统的专业知识,掌握相应的技能、方法和相关知识,具有从事本专业实际工作和科学研究工作的能力。博士研究生教育应当使学生掌握本学科坚实宽广的基础理论、系统深入的专业知识、相应的技能和方法,具有独立从事本学科创造性科学研究工作和实际工作的能力。

同时,针对学历教育的修业年限,《高等教育法》第17条规定,专科教育的基本修业年限为二至三年,本科教育的基本修业年限为四至五年,硕士研究生教育的基本修业年限为二至三年,博士研究生教育的基本修业年限为三至四年。非全日制高等学历教育的修业年限应当适当延长。高等学校根据实际需要,可以对本学校的修业年限作出调整。

2. 自学考试制度

我国施行高等教育自学考试制度。1977年邓小平在《关于科学和教育工作的几点意见》中指出,"教育要两条腿走路,大专院校是一条腿,各种半工半读是一条腿。"这为我国自学考试制度的发展奠定了基础。1981年我国开始正式施行对自学者进行以学历考试为主的高等教育国家考试。《高等教育法》第21条规定,自考学生经考试合格的,发给相应的学历证书或者其他学业证书。

3. 学位制度

我国实行学位制度。学位分为学士、硕士和博士三个类别。《高等教育法》第19条规定:高级中等教育毕业或者具有同等学力的,经考试合格,由实施相应学历教育的高等学校录取,取得专科生或者本科生入学资格。本科毕业或者具有同等学力的,经考试合格,由实施相应学历教育的高等学校或者经批准承担研究生教育任务的科学研究机构录取,取得硕士研究生入学资格。硕士研究生毕业或者具有同等学力的,经考试合格,由实施相应学历教育的高等学校或者经批准承担研究生教育任务的科学研究机构录取,取得博士研究生入学资格。接受高等教育或者自学者,其学业水平达到国家规定的学位标准,可以向学位授予单位申请授予相应的学位。

（三）高等教育的投入和条件保障

《高等教育法》第七章共六个条文规定了"高等教育投入和条件保障",明确了高等教育的投资体制和各相关主体的条件保障责任,保证国家举办的高等教育事业的经费逐步增长,并鼓励企业事业组织、社会团体等向高等教育投入经费,同时该法还对高等学校筹措办学资金、经费管理等做出了详细说明。《高等教育法》第60条第三款规定:国家鼓励企业事业组织、社会团体及其他社会组织和个人向高等教育投入。这样我国高等教育"多种渠道"投资办学的体制就建立了起来,不但为高等教育发展解决了经费难题,而且引入了竞争机制,打破了单一的国家财政拨款、高等学校等靠要的僵化体制,对于激发高等学校的办学活力、提高办学质量等起到了重要推动作用。《高等教育法》进一步细化了办学经费多元筹措机制,明确举办者是高校办学经费的主要投入者,学生等受教育者要通过学费等合理分担办学成本;为了推动民办高等教育的发展,探索营利性和非营利性民办高校的分类管理,2015年《高等教育法》修订时,在设立高校的目的条款中删除了"不得以营利为目的"的规定,这样对于进一步吸引民间资本投资高等教育事业提供了法律保障。为了保障高校办学经费的来源,法律规定高等学校的举办者不得抽回其投入的办学资金。并对高校在进口图书资料、教学科研设备以及校办产业施行优惠政策。

《高等教育法》对高校资金经费的规范使用进行了明确规定,如第62条规定:国务院教育行政部门会同国务院其他有关部门根据在校学生年人均教育成本,规定高等学校年经费开支标准和筹措的基本原则;省、自治区、直辖市人民政府教育行政部门会同有关部门制订本行政区域内高等学校年经费开支标准和筹措办法,作为举办者和高等学校筹措办学经费的基本依据。高校收取的学费应该符合国家的法律规定,不得挪用。高校应当依法建立、健全财务管理制度,合理使用、严格教育经费管理。第65条第二款规定高等学校的财务活动应当依法接受监督。

第二节 高校自主权与校长责任制相关法律问题

一、高校自主权存在的问题

总体上,可以将我国关于高校自主权的研究路径概括为以下两个阶段:一是对高校自主权内涵、发展以及意义的探讨。经历了国外理论的借鉴,中国高校自主权特征的辨析,制度政策的回顾,内涵意义的明确以及发展建议的提出这样一个整体的过程。二是研究问题的聚焦。在对我国高校自主权进行全面认识之后,研究的重心开始转向我国现行状况下最为迫切的问题,高校法人化制度的建设和政府与高校关系的均衡。

(一)高校自主权的内涵与发展

对高校自主权的概念、内涵、意义的探讨是我国该领域研究的起点。由于高校自主权与大学自治、学术自由的关系十分复杂,而高校自主权这一话语的提出又与西方大学的大学自治、学术自由传统有较大相关性,相关研究中对高校自主权的解析都会将西方的自治传统拿来做比较,因此对于我国高校自主权的概念和内涵在很长时间内没有得到明确的诠释。在这一问题上,整理相关研究可以发现,早期研究是以国外高等教育相关理论和自治传统来解释高校自主权含义的。之后有学者对高校自主权和大学自治、学术自由的关系进行深入探讨后,逐渐认识到了我国高校自主权的特殊性。随着高等教育相关法律法规和政策的出台,我国高校办学自主权在内容上得以明确,高校自主权行政放权式的改革目标得以确定。学界对高校自主权的概念、内涵和意义的把握有了更加清晰的路径,逐渐将高校自主权研究细化于法治和政校关系的问题上。

1. 国外研究的启示

西方大学自治的传统是基于历史与文化的特点。佛罗斯特[①]、克伯雷[②]、博伊德[③]都从历史和文化的视角梳理了部分国家高等教育发展的历史变迁,证明了西方大学自治传统的历史性根源。杨克瑞、王凤娥等编著的《政治权力与大学的发展——国际比较的视角》一书,对典型国家高校自治传统进行了分析,自治城市的兴起,社团性大学的诞生,近代民族国家的发展都是西方大学自治传统的历史性因素。但是随着经济、社会的发展,大学的地位日益上升,"大学通过做出唯其所能的贡献,有责任和义务服务于社会。"[④⑥]因此,各国对大学的干预逐渐加强,西方大学的自治传统受到冲击,"就像战争的意义太重大,不能完全交给将军们决定,高等教育也相当重要,不能完全留给教授们决定。传统的高等教育自治现在不是,也许从来就不是绝对的。"[⑤]

第二次世界大战以后世界各国对高等教育的干预逐渐加强,这引起了学者们的普遍担忧。"任何相关人士都必须设法考虑到诸多不同的价值观念——学术自由权利的维护,高学术水平的维持,学术事业免受外界的干涉,受大学影响的个人权利、合法利益不遭损害,以及满足从充满活力的大学所提供的知识服务中获益的那些人的需求等。"目前,各国都相应调整了大学自主权的改革,并且通过明确的报告和规定对大学自治进行诊释。国外相关机构和学者对高校自治进行了具体的描述。美国卡内基高等教育委员会的一份报告对大学自治进行了界定。英国学者埃里克·

---

① 佛罗斯特.西方教育的历史和哲学基础[M].吴元训,等译.北京:华夏出版社,1987:78-79.
② 克伯雷.外国教育史料[M].任宝祥、任钟印译,武汉:华中师范大学出版社,1990:53-55.
③ 博伊德 金.西方教育史[M].任宝祥、吴元训,等译.北京:人民教育出版社,1985:40-42.
④⑥ 博克.走出象牙塔:现代大学的社会责任[M].徐小洲,等译.杭州:浙江教育出版社,2001:101.
⑤ 约翰 S 布鲁贝克.高等教育哲学[M].王承绪,等译.杭州:浙江教育出版社,2011:32.

阿什比也将大学自治的要素进行了概括。① 罗伯特·伯达尔将现代大学自治区分为实质性自治和程序性自治。② 在明确了高校自治权限的基础上,集权式管理的国家在适度放权,分散化管理的国家在积极加强对高等教育的管制。

国外的研究带给我们两个层面的启示。一是对于根植于大学理念中的学术自由,政府、社会和高校都有责任予以保障,这是大学创新发展的基石。虽然国外的大学自治传统给学术自由提供了肥沃的土壤,但并不意味着大学自治就必然带来学术自由。按照范德格拉夫对学术权力的分类,个人权威和学术寡头在大学自治的状态下会给学术自由带来灾害。③ 由此,高校自主权并不是单纯的治理权的归属问题,保障学术自由,需要政府、社会、高校共同参与的多元治理模式。二是,各国的改革印证了高校自主权的动态平衡特点,这种动态平衡具有历史性、层次性和动态性特征。历史性体现在各国高等教育发展的历史过程中,与国外的大学自治传统不同,我国有特有的高等教育发展的背景;层次性体现于高等教育各层级之间的权力分配模式,我国高等教育的权力分配有自身的体制性依赖;动态性则反映在历史变迁中权力分配的调整过程方面,在我国,权力分配的调整是通过政府的相关政策改革实现的。因此,对我国高校自主权相关政策的梳理有助于我们加深对我国高校自主权特质的认识。

2. 我国高校自主权的内涵

(1)政策变迁体现出的历史性、动态性特征

随着《高等教育法》的颁布,以及相关政策的出台,我国政府明确了大学办学自主权的具体内容,主要涉及以下几个方面:学校具有自主招生权、专业设置权、教学权、科研与社会服务权、国际交流权、人事自主权和财产权。在高校自主权外延概念(内容)方面,我国有了统一的认识,这种对院校权力的明确规定,实质上是高校自主权的外在表现,是从政府角度对政府与高校关系的界定。但自主权概念不仅包括外延,也包括对其真正内涵的定位。政府政策的变迁一方面反映了我国高校自主权外延上的变化过程,另一方面这种变迁恰恰是高校自主权历史性、动态性特征的体现。

对中国高校自主权发展的历史性描述和对相关政策的梳理,加强了学术界对该问题的认识。周光礼教授对1952—2012年中国大学办学自主权的政策变迁进行了

---

① Ashby E, Anderson M. Universities: British, Indian, African - A Study in the Econology of Higher Education [M]. London: Weidenfeld and Nicoson, 1966:296.

② Rober Berdahl. Academic Freedom, Autonomy and Accountability in British Universities[J]. Study of Higher Education, 1990,15:169.

③ 范德格拉夫 J,等.学术权力:七国高等教育管理体制比较[M].王承绪,等译.杭州:浙江教育出版社,2001:4-7.

完整的梳理,通过新中国成立 17 年、改革开放初期、市场经济转型期三个阶段的分析,说明了我国高校办学自主权从无到有、从抽象到具体、从法定权利到实际权利的演变过程,并从同构逻辑(宏观环境影响)、认知逻辑(学术自由)、积淀逻辑(历史连续性)三个角度分析了我国高校自主权制度变迁过程中的阻力,并提出了相关的解决对策。① 龙献忠、刘志国也用同样的方法对改革开放后的相关政策进行了分析。② 孙霄兵将我国高校办学自主权的发展分为政策推进阶段(1979—1994年)、立法确权阶段(1998—2010年)和章程规范阶段(2011年至今),并对高校办学自主权运行机制的建立提出了建议。蔡国春③、黄厚明④等学者从历史、文化的视角阐明了大学自主权的动态特性,说明高校自主权的内涵在不同的历史阶段有不同的时代特征,各国的改革都在维持政府和高校之间的动态平衡,这种平衡点与各国的发展状况相关,呈现出历史性的特征。

以上三种分析分别是在经济体制改革,法律体系建设和国际比较的视角下进行的。首先,中国高校自主权必须放在经济体制和政治体制改革的时代背景之下,其中体现出高校自主权发展在中国的政府驱动特性。计划体制带来的路径依赖问题首先需要政府强有力的推动来予以解决,这是中国高校自主权建设的突破口,将政策回顾放在时代背景下进行,可以清晰地看出近些年由政府主导扩大高校自主权的积极效用。在法治建设的视角下,依法推行高校自主权的改革对于我国而言是一个有利的机遇。由于我国法制建设相对滞后,将高校自主权作为现阶段法制建设的一部分,能够发挥有效的后发优势,这也是我国自主权建设的有一个机遇性特征。总体而言,如果从政策价值定位理论出发,能够发现在 1978 年以来高等教育放权的过程中,我国高校自主权政策正在沿着行政放权,高校法人主体地位确认,规范高校运行机制的脉络发展。这是在改革开放大背景下的历史性选择,同时高校自身运行机制的规范也意味高校的有限自主,这就形成了顺应历史需求,扩大自主权,之后为保障高教质量,对自主权进行限定的动态互动。

(2)我国高校自主权的内涵

通过国际经验的借鉴,结合我国高校自主权发展的特点,学术界对我国高校自主权内涵进行了确认。

首先,学术自由、大学自治和大学办学自主权之间存在相互的联系。大学自治

---

① 周光礼.中国大学办学自主权(1952—2012)政策变迁的制度解释[J].中国地质大学学报(社会科学版),2012(3):78-86,139-140.
② 龙献忠,刘志国.改革开放以来我国大学办学自主权的政策文本分析及启示[J].黑龙江高教研究,2006(10):74-76.
③ 蔡国春.高等学校办学自主权:历史与比较[J].现代教育科学,2003(1):3-6.
④ 黄厚明.大学自主权的历史、文化角度[J].理工高等教育,2002(6):30-31.

是学术自治,是西方源远流长的一种学术价值观,目前这种古典的大学自治制度已经走向瓦解,而现代的大学自主权其实是大学自主与政府(社会)干预两极之间的均衡问题,是现代大学制度的核心。建立现代大学制度,一方面需要建立以法律为依据、以大学法人化为标志的外在制度;另一方面必须培育植根于大学本质以学术自由精神为核心的内在制度。而学术自由在西方大学管理中表现成为一种自治视角——从外部的权利诉求转变到内部学术自由精神的培育。因此对于中国而言,办学自主权的落实要从内外两种制度的角度来实现。①

其次,我国高校办学自主权不同于西方传统的大学自治,我国高校办学自主权有特定的社会背景和内容范畴。我国的计划体制、集中的管理模式对高校管理存在不利影响,需要从行政放权的角度改变高度集中的管理方式,同时高校在享有权利的同时应当履行义务,遵守规范。② 这种特征不仅体现在历史维度上,也在权力分配的层级关系中表现出来。林正范③等学者对高校自主权的层次特征进行了阐述,主要包括基层组织关系,即大学和大学内部各组成部分与教职员的关系;中间层级,高校管理部门与大学办学自主权的关系;顶层关系,即政府与整个高教系统的关系。各层级关系之间的权力分配模式决定了各国高校自主权发展的方向。其中凸显出两个关键性的影响因素:一是层次之间的权力如何分配,二是层次之间的权力流动状况。对这两点做出明确的解析,才能够真正对我国的政府与高校关系进行合理的确认,找到高校自主权发展的方向。

经过以上的研究过程,学术界逐渐形成了对中国特色高校自主权的统一认识:大学自主权是指大学在法律上作为具有独立法人资格的机构,在不受其他组织或个人非法干扰和阻碍的前提下,依据国家有关方针和政策,结合自身办学规律和特点,充分发挥自主决策、自主执行、自主监督的积极性和主动性,行使教育决策和教育活动的权力。④ 大学的自主权实质上是一种专门的权力。大学有权为现实学校的运转制定自律性的基本文件,并依此来实施学校内部有关教育教学工作的组织管理。⑤

这种统一的认识其实反映了现阶段以及未来高校自主权研究的两个主题:一是法学视角下高校独立法人制度的安排,二是政府与高校关系的均衡。从价值追求出发协调我国大学与政府价值追求存在必要性与合理性,高校自主权改革与现阶段政治体制改革的目标是相辅相成的。⑥ 在改革的过程中存在困难和阻力,首先在文化

---

① 周光礼.学术自由与大学办学自主权[J].科技导报,2002(2):28-32.
② 唐玉光,薛天祥.大学自治与高校办学自主权[J].上海高教研究,1994(4):34-36.
③ 林正范,吴跃文.论高校办学自主权的含义:依据与范畴[J].上海高教研究,1994(2):51.
④ 徐小洲.自主与制约:高校办学自主权政策研究[M].杭州:浙江教育出版社,2007:142.
⑤ 胡劲松,革新斌.关于我国学校"法人地位"的法理分析[J].教育理论与实践,2000(6):19-24.
⑥ 吴鹏.落实大学办学自主权的价值意蕴[J].科技导报,2001(10):3-6.

层面存在文化惯性,我国的伦理文化、政治文化和"大同"文化限制了高校的内部制度,即学术自由精神的发展。① 在外在制度层面,政府对大学的授予性或让渡性权力模式,法律法规的不完善,以及大学章程的法律效力问题都限制了我国高校自主权的发展。② 针对这些问题,学者们提出了加强大学学术规范体系建设,完善立法机制,拓宽高校资源获取渠道,设置相关中介机构的解决措施。③

(二) 高校自主权的本质

相对于一般管理权力而言,高校自主权具有一定的特殊性:即学术活动的自主性、创造性或学术活动过程的非重复性。可以说,高校自主权在法律规定上有很大的自主空间,这个自主空间,在法律规定上表现为高校主体的自由裁量权,这就是高校自主权的本质。换言之,我国高校自主权就是由宪法、法律、法规和规章规定的、由高校根据自身办学特点行使的自由裁量权。

高校自主权由法律权利体系和自由裁量行为共同构成。权利体系决定于高校的目的,而高校目的则通过高校职能得以体现。只要高校的职能发挥了作用,高校的目的也就得到了实现。法律规定的高校自主权,就是将高校抽象的职能表现为法律上的权利,通过法律保证高校职能的实现。由于高校职能在法律上表现为自主权的抽象性,各高校因定位不同而职能表现各异。因此,高校在法律上的抽象自主权转变为现实自主权的过程,就是高校自主权具体化的过程,也就是高校对自主权的自由选择和自由裁量过程。所以,高校自主权以法律规定为依据,以高校职能为基础,以高校自主裁量为手段,共同形成现实的自主权。自主就是"独立地管理自己的事务"。④ 而现代社会的自主只能是法律范围内的自主,自主权是"对自己事务在职责范围内独立自主地进行支配"。⑤ 高校自主权就是指高等学校依据法律、法规,在其职责范围内,按照自身特点和内部规律的要求,自主决策、自主实施、自主承担责任的资格和能力。由于高校活动的特殊性,高校自主权的重心是学术自主权,也就是教学、科研、学习方面的自主权。

高校自主权是一个历史的、相对的、具有多层次含义的概念。作为历史的概念,高校自主权在不同历史时期具有不同的内容,而且由于不同国家、不同地区的经济、政治、文化传统、习俗等不同,高校自主权呈现多样性特点。中世纪大学的共同语言

---

① 敬然.我国大学自主权落实难的根源探究[J].长白学刊,2011(6):147-148.
② 陈金圣,刘志民,钟艳君.我国大学办学自主权落实的困境与出路[J].国家教育行政学院学报,2013(10):55-59.
③ 于洋.高校自主权研究评述[J].教育学术月刊,2015(7):35-42.
④ 中国社会科学院语言研究所词典编辑室.现代汉语词典(第2版)[M].北京:商务印书馆,1993:948.
⑤ 中国社会科学院语言研究所词典编辑室.现代汉语词典(第2版)[M].北京:商务印书馆,1993:1538.

(拉丁语)以及大学简单的物质条件,使中世纪大学拥有很多特权(居住权、司法自治权、罢课权和自由迁徙权);①民族国家高校建立后,高校承载了民族国家发展的重任,具有了研究职能和社会服务职能,高校也就具有了研究自主权和为社会服务的自主权。相对性表现为自主与他律的对抗,自主权总有一个相对更强大的力量对其进行干涉或控制。中世纪大学的他律以教会为主,教会与政府对高校实行二元控制。民族国家建立后,国家作为社会的特殊机构,其政府权力成为高校自主权的他律控制力量。随着高校"社会轴心机构"地位的确立和巨型跨国组织的发展,高校自主权的他律控制力量越来越呈现多元趋势。高校自主权的多层次性,来源于高校不同的定位和职能的非均衡性发展。由于高校具有多层次性,其职能也各不相同,因而自主权的范围、重点因校而异。也由于高校涉及的主体复杂,高校与政府、高校与市场各主体、高校与教职员工和学生等,表现为不同的控制与反控制关系,自主权的内容自然各不相同。

(三) 高等学校自主权的性质

我国虽然在法律理论上没有明确承认公私法制度的分野,但民法与行政法分立的立法体制和司法体制,事实上承认了私法和公法分立的制度。就《教育法》《高等教育法》所规定的高校自主权而言,显然突出表达的是以公法为主的权利体系。

在高校与学生的关系方面,高校自主权表现为教育管理权和教育教学权,是国家教育权的延伸。基于此,大陆法系国家行政法认为大学院校、公立中学等均属于公务法人的范畴,和地方团体、国家机关一样具有行政主体地位。② 因而,才有了特别权力关系理论在教育上的运用。《教育法》第 21 条规定:"国家实行学业证书制度。经国家批准设立或者认可的学校及其他教育机构按照国家有关规定,颁发学历证书或者其他学业证书"。第 22 条规定:"国家实行学位制度。学位授予单位依法对达到一定学术水平或者专业技术水平的人员授予相应的学位,颁发学位证书"。第 28 条规定:"学校及其他教育机构行使下列职权:……对受教育者进行学籍管理,实施奖励或处分;对受教育者颁发相应的学业证书……。《中华人民共和国学位条例》第 8 条规定:"学士学位,由国务院授权的高等学校授予;硕士、博士学位,由国务院授权的高等学校和科学研究机构授予"。可见,从高校自主权的来源上说,高校自主权是在国家教育主权的基础上,由政府下放给高校并由高校在法律法规范围内独立行使的行政权。从高校自主权的内容看,各级各类高校从招生到

---

① 张斌贤,孙益.西欧中世纪大学的特权[J].北京师范大学学报(社会科学版),2004(4):16.
② 申素平.论公立高等学校的公法人化趋势[J].清华大学教育研究,2002(3):65.

学生毕业都纳入国家计划,学籍、学历、学位更是行政机关严格管理的办学事项。高校在管理过程中作出的不颁发毕业证、学位证,或退学、开除学籍等决定,对学生的名誉及将来的发展都会产生极大影响,是典型的行政行为。美国著名的行政法学家施瓦茨认为,公立学校给予学生纪律处分的行为应作为公权行政的研究范围。[1] 从高校自主权的目的来说,高校自主权是国家教育权的具体实施,其目的是保障学生受教育权的实现。受教育权作为公民的一项基本权利,已得到世界大多数国家的认可,在142个国家的宪法中,规定了公民受教育权的占51.4%,[2] 我国宪法第54条规定:"中华人民共和国公民有受教育的权利"。因此,高校自主权表现在与学生的关系上就是自主维护学校的教学秩序、工作秩序、生活秩序,保证学生受教育权的实现,这既是高校对公民宪法权利的落实,也是高校自主权的最高法律依据。

在高校与政府关系方面,高校是政府与学校间法律关系的行政相对人。《高等教育法》规定:"国务院教育行政部门主管全国高等教育工作,管理由国务院确定的主要为全国培养人才的学校"。"省、自治区、直辖市人民政府统筹协调本行政区域内的高等教育事业,管理主要为地方培养人才和国务院授权管理的高等学校"。政府主要通过制定标准、审批、评估和监督等手段履行管理职责,对高等教育的规模、结构、质量、效益等方面予以宏观调控。高校与教育行政管理部门间表现为典型的行政法律关系,高校是行政主体的原告,其目的是通过法律保障政府对高校自主权的尊重,使高校能从法律上对抗政府的干预,也是高校要求政府或司法对其自主权提供法律保护的依据。

(四) 高等学校自主权的载体:高校法人

长期以来,我国高校作为事业单位隶属政府,与政府之间的关系被视为内部管理关系。[3] 1986年,我国《民法通则》第一次对"法人"进行了规定,将我国的法人分为企业法人和非企业法人两类,非企业法人又包括机关法人、事业单位法人和社会团体法人。符合法人条件的高校取得了民事意义上的事业单位法人资格,明确了高校享有民事权利和承担民事义务的主体资格。[4] 但在《民法通则》颁布之时,教育体制改革才刚刚开始,作为事业单位法人的高校,其法律地位并未引起人们的重视,仅

---

[1] 姜明安.行政法与行政诉讼法[M].北京:北京大学出版社,1999:102.
[2] 亨利 范 马尔赛文,格尔 德 唐.成文宪法的比较研究[M].陈云生,译.北京:华夏出版社,1987:159-160.
[3] 1998年10月25日国务院公布的《事业单位等级管理暂行条例》规定,事业单位是指国家为了社会公益目的,由国家机关举办或者其他组织利用国有资产举办的,从事教育、科技、文化、卫生等活动的社会组织。
[4] 1986年《民法通则》第36条规定:法人成立的条件:(1)依法成立;(2)有必要的财产或者经费;(3)有自己的名称、组织机构和场所;(4)能够独立承担民事责任。具备法人条件的高校,自成立之日起,取得事业单位法人资格。

在民法意义上予以承认。直到 1992 年,在《关于国家教委直属高等学校内部管理体制改革的若干意见》中,才首次提出"国家教委直属高校是国家教委直接管理的教育实体,具有法人地位"。由于我国高等教育管理体制的原因,这个文件规定的仅是国家教委直属高校,而非所有高校。同年 9 月,国家教委《关于加快教育改革和发展的若干意见》再次强调,"在政府与学校的关系上,通过立法,逐步确定高等学校的法人地位"。1993 年,《中国教育改革和发展纲要》颁布,正式提出"要使高等学校真正成为面向社会自主办学的法人实体"。虽然实践中政府不断强调高等学校法人地位以解决自主办学的问题,但在 1995 年《教育法》颁布之前,高校与政府的关系仍没有超出传统的民事性质的法律定位。

《教育法》第 31 条规定:"学校及其他教育机构具备法人条件的,自批准设立或者注册登记之日起取得法人资格"。首次在法律上明确规定了包括高校在内的学校的"法人"资格。1998 年颁布的《高等教育法》第 30 条规定:"高等学校自批准设立之日起取得法人资格。高等学校的校长为高等学校的法定代表人。高等学校在民事活动中依法享有民事权利,承担民事责任"。再次确认了高校的"法人"地位。从立法史的角度来说,《教育法》《高等教育法》在《民法通则》规定了高校的"事业单位法人"地位之后,进一步规定高等学校的法人地位,显然不是民法意义上的表达,而是从公法角度强调高等学校的法人地位,说明我国高校从此取得了公法人地位。

再从我国公法的发展来说,1989 年后《行政诉讼法》《行政处罚法》《行政复议法》和《行政许可法》相继颁布实施,行政权在我国受到前所未有的关注,不仅高校在行政法律关系中的行政相对人地位得以确立,而且因为高校内部管理问题引发的诉讼频频发生,促使理论界开始关注高校的行政主体地位,开始对《教育法》《高等教育法》规定的高校法人性质进行研究;司法实践也对此做出了谨慎的回应。代表性案例是 1998 年的"田永诉北京科技大学案"。在这个首例因学生对学校给予的"退学"处分不服而起诉学校侵犯受教育权利的行政诉讼案件中,北京市海淀区法院指出:"在我国目前条件下,某些事业单位、社会团体,虽然不具有行政机关的资格,但是法律赋予它行使一定的行政管理职权。这些单位、团体与管理相对人之间不存在平等的民事关系,而是特殊的行政管理关系。它们之间因管理行为而发生的争议,不是民事诉讼,而是行政诉讼。"这一案件由《最高人民法院公报》1999 年第 4 期作为典型案件发布,从而使全国法院审理类似案件有了依据,高等学校作为行政法上的特别法人地位在司法实践上得到了回应。大学法人资格的确立为高校办学自主权的落实提供了法律依据。①

---

① 就我国的私立高校来说,除了资金的来源方式外,可以说其本质与公立高校没有差别。从《民办教育促进法》中也不难窥见这一立法精神。

(五) 高校自主权的自由裁量限度

英国教育家埃里克·阿什比将高校自主权的内容归结为六个方面:在学校管理中抵制非学术的自由;学校自主分配经费的自由;聘用教职员工并决定其工作条件的自由;招生的自由;课程设置的自由;决定考试标准方式的自由。[①] 阿什比的大学自主权范围基本体现了罗伯特·伯达尔的程序性自主内容,即具有法人地位的大学或学院只拥有为实现自身发展目标和计划而决定有关措施的权力。我国高校自主权的内容主要集中规定在《高等教育法》中。但事实是,高等学校自主权的内容不限于《高等教育法》32条至38条的专门规定,还包括了《高等教育法》所规定的高校的其他权利和《学位条例》规定的高校权利。无论是法律直接规定的高校自主权,还是通过法律授权高校的权力,都应当统属于高校的自主权范畴。高校自主权从大类上可分为财产自主权、办学自主权、管理自主权;从权限上可分为有限自主权与完全自主权。

1. 财产自主权

财产是法人成立的基本条件,财产自主权是高校法人的活动基础。财产自主权体现为高校法人的民事主体地位和民事权利。高校民事法律地位的确立,实质上体现了高校参与社会交往、服务社会的合格法律主体身份。在高校的财产制度上,《高等教育法》第38条规定:"高校对举办者提供的财产、国家财政性资助、受捐赠财产依法自主管理和使用。高校不得将用于教学和科学研究活动的财产挪作他用"。第60条规定:"国家建立以财政拨款为主、其他多种渠道筹措高等教育经费为辅的体制……国家鼓励企业事业组织、社会团体及其他社会组织和个人向高等教育投入"。第61条规定:"高等学校的举办者应当保证稳定的办学经费来源,不得抽回其投入的办学资金"。第63条规定:"……高等学校所办产业或者转让知识产权以及其他科学技术成果获得的收益,用于高等学校办学"。第64条规定:"高等学校收取的学费应当按照国家有关规定管理和使用,其他任何组织和个人不得挪用"。这些条文虽然规定了高校广泛的筹资权和自主支配资金权,但对这些经费的用途也做了明确的规定,表明高校的财产自主权是有限自主权。其有限性表现为:自主管理和使用财产必须依据有关法律,用于教学和科学研究的财产不得挪作他用。

2. 办学自主权

办学自主权是高校自主权的核心和主体,我国高校自主权在改革开放后得以提出,也是从办学自主权开始的。

---

① 别敦荣.我国高等学校的自主办学与西方的大学自治[J].高等教育研究,1999(5):33.

(1) 招生自主权

1985年,高校招生逐步打破了由教育行政部门包办的做法,开始实行"学校负责,招生办监督"的新体制。《高等教育法》规定:"高等学校根据社会需求,办学条件和国家核定的办学规模,制定招生方案,自主调节系科招生比例。"从此,高校招生自主权有了法律的明确规定。这条规定表明高校的招生自主权是有限自主权,也就是高校的招生方案必须根据社会需求和办学条件的实际情况来制定,高校每年的招生数还必须经过国家有关部门的批准,不能随意增减。

(2) 专业设置自主权

《高等教育法》第33条规定:"高等学校依法自主设置和调整学科、专业。"专业设置受学科基础、社会需求等多种因素的影响,不同地区、不同类型的高校只能根据其自身办学力量和社会经济发展水平,因地制宜、因时制宜地自主设置专业。虽然高校绝大多数的专业设置都应参照教育部制订的《普通高校本科专业目录》,原则上不能设置该《目录》以外的自创名称的专业,但对经过论证设置的目录以外的专业,经教育部批准后也可设置。表明高校的专业设置权正在逐步成为完全自主权。

(3) 教学自主权

《高等教育法》第34条规定:"高等学校根据教学的需要,自主制订教学计划、选编教材、组织实施教学活动。"这条规定明确了教学自主权包括制订教学计划权、选择教材权、组织实施教学活动权。高等教育不同于基础教育,高等教育具有较强的学术性和专业性、职业性,高校只有根据专业特点和社会需要制订教学计划、选择教材、组织实施教学活动,才能培养出具有创新精神和实践能力的高级专门人才。表明高校的教学自主权是完全自主权。

(4) 科研和社会服务权

《高等教育法》第35条规定:"高等学校根据自身条件,自主开展科学研究、技术开发和社会服务。"高校不仅是教学单位,而且也是研究机构,科学研究历来就是高校的重要任务。社会服务是促使科学技术向现实生产力转化的重要途径,高校社会服务的内涵主要就是指高校将科研成果转化为现实生产力,而不是指通过培养人才为社会服务。本条的两个导向性条款,即"国家鼓励高等学校同企事业组织、社会团体及其他社会组织在科学研究、技术开发和推广等方面进行多种形式的合作。国家支持具备条件的高等学校成为国家科学研究基地",充分说明了高校社会服务所涵盖的主要内容。这条规定表明高校的科学研究、技术开发和社会服务是完全自主权。

(5) 对外交流合作自主权

《高等教育法》第36条规定:"高等学校按照国家有关规定,自主开展与境外高等学校之间的科学技术文化交流与合作。"对外交流合作自主权仅指与"境外高等学校"之间的交流与合作,不适用同境外其他组织、团体和个人之间的交流与合作。同时,对外交流合作的内容也不能超出"科学技术文化"的范围。再者,高校在与境外高校之间的科学技术文化交流与合作时,在程序和有关内容上,还要符合国家有关法律的规定。说明高校对外交流合作自主权是有限自主权。

3. 管理自主权。

(1) 机构设置与人事管理自主权

《高等教育法》第37条规定:"高等学校根据实际需要和精简、效能原则,自主确定教学、科学研究、行政职能部门等内部组织机构的设置和人员配备;按照国家有关规定,评聘教师和其他专业技术人员的职务,调整津贴及工资分配。"说明高校拥有完全的内部机构设置自主权;关于内部人事管理权,本条也规定了高校在评聘教师和其他专业技术人员的职务和调整校内津贴及工资分配时,不能违背国家有关规定,权力的行使有事实上的限制范围。因此,高校人事管理权是有限自主权。

(2) 内部管理具体规章制定权

《高等教育法》第41条规定:"高等学校的校长全面负责本学校的教学、科学研究和其他行政管理工作,行使下列职权:拟订发展规划,制订具体规章制度和制订年度工作计划并组织实施……。虽然从法律上规定了"制定发展规划权、制定具体规章制度权"是校长的权力,但校长是学校的法人代表,实际也是高校一项重要的自主权。制定规划权,高校应根据社会经济发展需要与自身办学条件,自主制定学校阶段性的发展规划,这既符合法律、政策的规定,又符合教育自身发展的规律。因为高校资源的潜力,规模的发展,只有学校自己最清楚,也体现了专家治校的精神。校内具体规章是高校办学的直接规范,是高校管理权的直接依据,因而制定一套符合法律、法规、规章的校内具体规章制度是高校实现依法治校的基础。合法性和合教育规律性是制定校内具体规章的两大原则。同时,高校内部具体规章的制定必须尊重民主管理和具体规章制定的程序。因此,高校内部规章制定权是严格的有限自主权,受国家法律、法规、规章的限制。

(3) 内部管理权

《高等教育法》第11条规定:"高等学校应当面向社会,依法自主办学,实行民主管理"。这一规定从宏观上确立了高校的自主办学原则和民主管理方式。作为权力的高校自主权,其管理对象是教师和学生,其目的是通过维护正常的教学秩序、工作秩序和生活秩序,实现高校的办学目的。在学生管理上,高校管理权主要表现为纪律处分权、毕业证颁发权和学位授予权。教育部最新修订的《普通高等学校学生管理规定》第51条规定,对有违反法律法规、《管理规定》以及学校纪律行为的学生,学校应当给予批评教育,并可以视情节轻重分别给予警告、严重警告、记过、留校察看、开除学籍等5种纪律处分。高校纪律处分行为与学生的前途和受教育权紧密相连,特别是开除学籍的处分,已经影响了公民宪法规定的受教育权的实现,显然具有公法的性质。高校颁发学位证书、毕业证书的权力,主要涉及对学生学习情况的证明和学术水平的评价,虽然它的行使具有强烈的专业性,但其权力形式却是行政权力所赋予的,自然属于公权力。在教师的管理上,高校管理自主权必须遵守《宪法》《劳动法》《教育法》《教师法》《高等教育法》所规定的公民政治权利和劳动权利。所以高校自主管理权应当严格遵守法律规定的程序性权利和实体权利,受严格的法律限制。[1]

（六）高校自主权问题研究

近几年高校自主权的研究视角逐渐向法制化和政府高校关系的方向转移,研究的聚焦点也越来越细致,理论的运用越来越得体,对该问题的研究逐渐深入。法治视角研究说明了我国高校独立法人制度进一步完善的必要性,也是高校自主权问题的制度性基础。政府与高校的关系调整其实就是高校自主权改革要实现的目标。因此,聚焦在这两个问题上的相关研究关注的恰恰是高校自主权最为核心的部分。

1. 法律属性研究视角

大学作为社会中的一种组织形态,需要有其法律属性的定位,这对于明确政府和高校在高等教育事业中的法定义务和责任有着重要的作用。金自宁对大学自主权是国家行政还是社团自治的问题进行了阐述。[2] 大学相对于政府的法律地位,公法界有关大学自主的"授权"说和"自治"说会带来不同的法律后果:我国大学拥有的权力是因为相关规定的"授权",形式上以法律法规为依据,内容上则是国家的行政权力;而在"社团自治权"的框架下,学校权力是其自我管理的本质权利,因此两者存在矛盾冲突。但基于目前对高校自主权达成的共识,以上两种观点的分歧在于如何理解"大学应自主"与大学自主权立法之间的关系。对大学自主权立法,应当定位于自治权并且只有在确有必要时才限制这种权利。[3] 这种法学视角的定位有两层积极的含义:一是政府放权对高校主动性、积极性的调动,能够发挥高校的动力和活力;二是"全能政府"的过分扩张存在极大威胁,而将大学自主权定位为大学权利有利于防范政府权力的过分扩张。[4]

在对法律属性进行辨析的基础上,有学者对我国高校法律地位的变迁进行了梳理。劳凯声对公办学校 1985 年以来在高等教育体制改革过程中发生的变化进行了概述,运用制度变迁理论说明了高等学校的诱致性制度变迁的特征,指出高等学校

---

① 蒋后强.高等学校自主权及其限度[J].高等教育研究,2006(2):57-61.
② 金自宁.大学自主权:国家行政还是社团自治[J].清华法学,2007(7):19-41.
③④ 金自宁.大学自主权:国家行政还是社团自治[J].中国高等教育,2007(10):19-41.

内部开始出现自发性的体制改革。这种改革的动因是由于制度不均衡产生的获利机会,高校的办学自主权已经演变成为一项复合性权利,因此,应当重新设计高等学校的法律地位,确定公权力,承担相应的法律责任,对法人权利做必要的限制,鼓励内部成员的创造性工作,制定高校法人法。①

在院校层面,有些研究者开始关注高校章程的制定。这是由于"大学章程是教育法规的具体化,是大学成为面向社会办学的独立法人实体的首要条件,是现代大学成立的合法性基础,同时也界定了政府、社会和高校的权利和义务的边界,是大学获得办学自主权的重要制度保障。"②杨学义、李茂林将我国大学章程的百年历史分为四个阶段,论述了大学章程对高校自主权的作用,提出了落实大学章程的建议:章程要发挥对政府和社会的约束力,防止其对大学自主办学的直接干预;大学章程要细化高校办学自主权的内容;以章程为依据监督大学办学自主权的落实。

无论是"社团自治权"法律框架的建立,还是对高校复合权利的法治约束,抑或是高校章程建设的有效推进,都是在用法律制度促进我国政府与高校关系的均衡发展。法律制度建设的完善,是理清我国政府与高校关系的基础,是未来实现均衡发展的依据和制度性保障。同时,法律的设定也是权力的体现,上述研究置于权力理论的框架下,反映出高校自主权的层次性特点。第一层是政府与高校的关系,从法律视角讨论高校治理权限的问题,高校自主权的获得首先是通过法律许可的方式,从政府获得权力,过去是采用行政授权的方式进行,目前通过高校法人地位的确立,正在向自主的方向转变,政府逐渐采用行政退出的方式,开始向监督管理为主的方式转变。第二个层级则是高校自身,近年来高等教育领域市场化程度不断增强,加上政府的逐步放权和高教领域立法的不完善,高校有了背离高等教育理念寻求经济利益的内在驱动。这种驱动力不仅表现在教学和科研这些具体的事务中,也表现在高校内部治理机制的变革中,因此明确高校的法人地位,制定高校章程,也是对高校自身的限制,通过法律的效力使管理者不能背离高等教育的理念。

2. 政府与高校关系的研究视角

(1) 我国高校自主权研究实践

现阶段虽然大多数学者对政府分权的路径选择比较认同,但是在理论和实践层面,高等教育的分权是存在悖论的。蒋凯认为,这一问题主要体现在政府仍然保持强势地位,高校普遍没有获得更大的自主权,分权并不必然带来高等教育质量和效率的提高。③

---

① 劳凯声.教育体制改革中的高等学校法律地位变迁[J].北京师范大学学报(社会科学版),2007(2):5-16.
② 陈立荣,严俊俊.大学章程:落实高校办学自主权的制度保障:对大学章程制定主体的思考[J].现代教育科学,2009(5):57-60,71.
③ 蒋凯.高等教育分权的悖论[J].现代大学教育,2004(1):19-25.

以上可以看出,我国高校自主权研究的焦点已经向政校关系转移,理论框架的构建已经逐步完善,在呼吁政府放权的过程中,也对实践中的困难有了较多的认识。

(2)政府与高校关系动态平衡的认识

2000年以后高校自主权领域的研究焦点转移到政府与高校关系的问题上,这两者关系的均衡就是高校自主权建设所要达到的目标。

国际比较研究的视角下,结合国外高等教育改革的经验和启示,我们可以发现,现代大学与政府关系要保持一种必要的张力,以维持两者的动态平衡。① 政府与高校之间平衡关系的生成,要通过利益共生、双重价值融合来实现高校学术发展的双重要求。② 如果我们从历史视角来观察,将高等教育活动中的各个利益主体作为基点,会发现政校关系存在四个历史阶段:无共同利益期(大学产生至14世纪末)、国家利益主导期(15世纪初至18世纪末)、大学利益主导期(19世纪初至20世纪中叶)、利益共生期(20世纪中叶至今)。③ 结合我国的现实状况,国内高校与政府关系存在不对等性,双方基点不一致。④ 这种不一致性的解决需要由政府来主导,达成双方的利益共生机制。近些年通过政府不断放权,我国大学与政府关系正在从"国家控制模式"向"国家监督模式"转变,但是思维定式与制度惯性阻碍了这一转变的进程。⑤ 因此,我国政校关系的动态平衡需要解决的不仅是价值融合的问题,更重要的是要找到政府与高校之间的有效张力,在制度惯性中寻找高校自主权发展的有利因素,从有限政府理论出发,在政府权力与高校权力之间寻找"黄金分割点",通过对政府和高校两方面的"限权"达至平衡发展。⑥

正如前文所提到的,学术权力层次中不仅涉及各层级之间的权力分配问题,也涉及权力的流动状况。例如意大利教授的个人权力在他们进入中央专家委员会之后就得到彰显,形成了意大利顶层和基层权力大,中间层权利缺失的状况,其政校关系的张力是通过中央专家委员会和中央政府之间的博弈来实现的。那么对于中国而言,组织层面的分析还不足以概括出我国政府与高校关系的模式,由于缺乏对权力流动的关注,我们并没有弄清楚高校自主权发展中的张力来源于何处。这也是未来研究需要予以论证的核心问题之一。⑦

---

① 胡建华.必要的张力:构建现代大学与政府关系的基本原则[J].高等教育研究,2004(1):100-104.
② 尹晓敏.寻求政府控制与大学自治的平衡世纪之交政府与大学关系的合理定位[J].高教探索,2007(4):52-55.
③ 韩映雄.政府与大学关系的历史考察及启示[J].现代大学教育,2004(3):32-35.
④ 李泽彧.高等学校与政府关系的两个问题[J].厦门大学学报(哲学社会科学版),2000(4):102-108.
⑤ 胡建华.由"国家控制的模式"向"国家监督的模式"转变:大学与政府关系发展的基本走向[J].民办教育研究,2003(6):47-49,108.
⑥ 郭秦茂.论政府管理权与大学自主权的平衡[J].民办教育研究,2009(9):39-43.
⑦ 于洋.高校自主研究评述[J].教育学术月刊,2015(7):35-42.

二、校长责任制的法律问题

高校校长权利的行使既关系到校长个人权利保护的问题,也关系到高校行政管理有序实施的重要问题,是《教育法》和《高等教育法》在贯彻和落实依法保障高校办学自主权的过程中,亟须解决的法律问题。高校校长在学校行政管理中的权利保护和实现,更多地体现为高校校长责任制。

(一) 校长责任制的概念界定

30多年的理论探索与实践,推动了校长责任制的不断完善。但从高校管理改革的发展情况看,校长负责制的实行还不尽如人意,其原因来自多方面,但对校长责任制的概念理解得不明确、不统一,是其中一个很重要的原因。

教育理论与实践工作者对校长负责制概念的表述,主要有以下几种类型:

1. 从校长的职责、权力角度作出的概括

"什么是校长责任制?如果用一句话来概括,就是学校工作由校长统一领导和全面负责。"持这一观点的有顾明远、谢瑞俊等学者。他们认为,"校长责任制,是校长受政府委托,对学校实行统一管理、全面负责的一种领导制度。书记起保证监督的作用,要求校长实行民主管理,并设立校务委员会,作为审议机构,弥补个人决策的缺陷,充分发挥团体决策的作用。校长责任制的本质是社会主义性质的职责权相统一的工作责任制。"①

2. 从校长责任制的内容角度作出的界定

目前,国内比较认可的提法有两种。

谢瑞俊认为,"校长责任制是指由校长全面负责、党组织保证监督和教职工民主管理三位一体的,完整新颖的、结构式的学校领导制度,它使学校成为独立的办学实体,也是现代学校行政管理的一种岗位责任制。"②

萧宗六认为,"校长责任制是一个以校长责权为核心内容的整体结构概念。校长责任制由四个基本要素组成:上级机关领导、校长全面负责、党支部监督保证和教职工民主参与。"③

3. 运用系统理论作出的概括

从系统理论的角度看,黄兆龙认为"校长负责制是由指挥、执行、反馈、监督等程序组成的一种连续封闭式的科学管理系统;是能级相符,权责对应,校长有职有权有

---

① 顾明远.中小学学校工作实用全书:学校领导工作卷[M].北京:北京师范大学出版社,1996:47-48.
② 谢瑞俊,等.新编学校管理科学[M].贵阳:贵州人民出版社,1993:66-67.
③ 萧宗六.学校管理学[M].北京:人民教育出版社,1994:41-42.

责,能总揽全局、运筹帷幄、统一指挥、加强协调的领导体制。"①

4. 从总结实践经验的角度作出的概括

比较有代表性的学者有翁善乔等,他们认为,"在上级党委和教育行政部门领导下的校长责任制,学校党组织要充分发挥政治核心作用和监督保证作用,校长对教育教学和行政工作全面负责,教职工和学生参与民主管理,三者有机结合,缺一不可。"②

2018年《高等教育法》修订后,党委领导下校长负责制的含义得到了进一步的明确。《高等教育法》第39条明确了普通高校党委会的职责是按照中国共产党章程和有关规定,统一领导学校工作,支持校长独立负责地行使职权,解决了实践中党委会的职权与校长的行政职权划分不清的问题。高等学校校长的职责是全面负责学校的教学、科学研究和其他行政工作。

(二) 落实校长责任制相关的法律问题

当前,贯彻和实施党委领导下的高校校长负责制这一法律规范,进一步完善高校的大学章程建设,明确校长的权利和义务,应做好以下几个方面的理论和实践问题。

1. 高校党委应建设健全的党委工作相关规定

高校党委应该自觉地按照《高等教育法》的规定,在自己相应的职责范围开展各项工作。与校长的职责规定相比,《高等教育法》对学校党委的职责所做出的规定显得笼统、抽象、可操作性弱,学校党委在具体工作中难以做到有章可循。③ 高校应结合学校具体工作的实际,健全党委工作条例和议事决策机制,在坚持民主集中制的基础上,修订和完善诸如《党委常委会议事决策规则》和《校长办公会会议议事规则》等相关规章和制度,确保学校的各项工作合法有序地开展。

2. 明确高校党委书记和校长的工作分工

高校实行党委领导下的校长负责制,党委是学校的领导核心,对学校工作实行统一领导。党委负有对学校发展的战略性、全局性、根本性的问题作出重大决策的职责,研究决定学校改革发展、行政管理、队伍建设等重大问题。按照法律规定,统一领导学校工作,支持校长独立负责地行使职权。

高校书记和校长作为学校党委的一员应共同发挥民主决策的优势,提高决策的科学性。长时间以来校长负责行政工作,书记负责思想政治工作;校长领导行政组

---

① 黄兆龙.校长在学校管理中的地位:实行校长负责制急需解决的三个问题[J].教育科学研究,1996(2):2.
② 翁善乔.坚持和完善中学校长负责制[J].中学教育,1992(7):2.
③ 魏士强.关于党委领导下校长负责制的法律思考[J].中国高等教育,2005(2):20-22.

织,书记领导非行政组织……看似职责分明,实则相互混杂。书记与校长毕竟平级,因此书记也难以起到核心保证作用。① 因此书记和校长应有明确的分工。书记应带领党委为校长依法独立负责地解决各种问题和正确行使自己的职权创造良好的外部环境。校长应在校长办公会议或校务会议的基础上独立负责地开展工作,切实履行法律赋予的权力和义务,做到依法行政、依法治校。

3. 应依法保障对校长职责落实情况的监督

健全校长职责落实情况的监督应从以下几个方面展开:一是健全校务信息公开机制。关于党委会和校长办公会的有关决策,应该定期向全校师生员工公开,使校长的权利行使和义务履行始终处于法律和广大教职工的公开监督之下。二是加强校长责任的党内监督。加强党内监督是马克思主义政党的一贯要求,是党的建设的重要基础工程。高校应加强领导班子的定期考核,"加强民主集中制建设以及学校党委内部的监督机制建设,把党内监督、法律监督和广大教职员工的民主监督有机地结合起来。"②三是应大力开展民主监督机制建设。要积极发挥学校党代会、教职工代表大会、民主党派和离退休老同志群体等的民主监督作用。党代会和教职工代表大会是学校领导和教职工之间的桥梁和纽带,应该充分发挥群策群力的优势,推动学校各项工作开展,同时也要尊重党代会和教职工代表大会的意见和建议,主动接受监督。民主党派和离退休老同志群体是学校事业发展的重要参与者和经历者,高校应就学校发展的重大问题决策主动征询他们的意见,为科学决策提供依据。

案例分析:

田某诉北京 ST 大学拒绝颁发毕业证、学位证行政诉讼案③

一、基本案情

原告田某认为自己符合大学毕业生的法定条件,被告北京 ST 大学拒绝给其颁发毕业证、学位证是违法的,遂向北京海淀区人民法院提起行政诉讼。

北京市海淀区人民法院经审理查明:1994 年 9 月,原告田某考入北京 ST 大学下属的应用科学学院物理化学系,取得本科生学籍。1996 年 2 月 29 日,田某在参加"电磁学"课程补考过程中,随身携带写有电磁学公式的纸条,中途去厕所时,纸条掉出,被监考教师发现。监考教师虽未发现田某有偷看纸条的行为,但还是按照考场纪律,当即停止了田某的考试。北京 ST 大学于同年 3 月 5 日按照学校规定,认为田某存在作弊行为,决定对田某按退学处理,4 月 10 日填发了学籍变动通知。但

---

① 张志峰.校长负责制:发展历程与问题剖析[J].探索与争鸣,2006(10):11-14.
② 魏士强.关于党委领导下校长负责制的法律思考[J].中国高等教育,2005(2):20-22.
③ 卢珺.教育法律纠纷案例与实务[M].清华大学出版社,2018:236.

是，北京 ST 大学没有直接向田某宣布处分决定和送达变更学籍通知，也未给田某办理退学手续。田某继续在该校以在校大学生的身份参加正常学习及学校组织的活动。

1996 年 3 月，原告田某的学生证丢失，未进行 1995—1996 学年第二学期的注册。同年 9 月，被告北京 ST 大学为田某补办了学生证。其后，北京 ST 大学每年均收取田某交纳的教育费，并为田某进行注册、发放大学补助津贴，还安排田某参加了大学生毕业实习设计，并由论文指导教师领取了学校发放的毕业设计结业费。田某还以该校大学生的名义参加考试，先后取得了大学英语四级、计算机应用水平测试、BASIC 语言成绩合格证书。田某在该校学习的 4 年中，成绩全部合格，通过了毕业实习、设计及论文答辩，获得优秀毕业论文及毕业总成绩全班第九名，北京 ST 大学对以上事实没有争议。

被告北京 ST 大学的部分教师曾经为原告田某的学籍一事向当时的国家教委申诉，国家教委高校学生司于 1998 年 5 月 18 日致函北京 ST 大学，认为该校对田某违反考场纪律一事处理过重，建议复查。同年 6 月 5 日，北京 ST 大学复查后，仍然坚持原处理结论。

1998 年 6 月，被告北京 ST 大学的有关部门以原告田某不具有学籍为由，拒绝为其颁发毕业证，进而也未向教育行政部门呈报毕业派遣资格表。田某所在的应用科学学院及物理化学系认为，田某符合大学毕业和授予学士学位的条件，由于学院正在与学校交涉田某的学籍问题，故在向学校报送田某所在班级的授予学士学位表时，暂时未给田某签字，准备等田某的学籍问题解决后再签，学校也因此没有将田某列入授予学士学位资格名单内交本校的学位评定委员会审核。

北京市海淀区人民法院于 1999 年 2 月 14 日判决：

（1）被告北京 ST 大学在本判决生效之日起 30 日内向原告田某颁发大学本科毕业证书。

（2）被告北京 ST 大学在本判决生效之日起 60 日内召集本校的学位评定委员会对原告田某的学士学位资格进行审核。

（3）被告北京 ST 大学于本判决生效之日起 30 日内履行向当地教育行政部门上报原告田某毕业派遣的有关手续的职责。

（4）驳回原告田某的其他诉讼请求。

第一审判决后，北京 ST 大学提出上诉，请求二审撤销原判，驳回田某的诉讼请求。

北京市第一中级人民法院经审理认为，原判认定事实清楚、证据充分，适用法律正确，审判程序合法，应当维持。北京市第一中级人民法院依照《行政诉讼法》第 61 条第（一）项的规定，于 1999 年 4 月 26 日判决：驳回上诉，维持原判。

二、争议焦点

（1）本案中田某考试时夹带小条的行为是否属于违纪。

（2）本案中学校未向田某宣布处分决定和送达变更学籍通知以及办理退学手续，是否合理。

三、本案启示

本案中，被告北京 ST 大学开除学生田某的学籍，在处罚决定上存在明显的程序错误。学校在作出处罚决定前，没有履行行政法上最基本的送达相对人、听取相对人辩解、告知相对人权利救济途径、方法的义务。这些程序都欠缺，则可以认为学校的行为严重地违反了程序正当原则。

关注这个案件的细节，应视为学校自动撤销了对田某作出的退学处理的决定。学校对田某退学处理决定没有实际执行，不发生效力，田某仍然具有学籍，因为行政决定一经做出并送达，就可以具有明确、拘束以及强制执行的效力。

田某案，无疑是教育纠纷案件中的经典。时至今日，看这个案例，仍有许多值得探讨之处。田某案以前，因高校行使处罚的行政权产生的纠纷，通常是通过教育机构进行内部调节，学生不服而提起诉讼，法院往往因为学校不具行政主体资格、案件超出受理范围等理由不予受理。田某案，可以说，开启了学生告学校且胜诉的先河。我国的司法界与理论界开始关注学校的主体地位应该如何认定、教育纠纷案件是否可以寻求行政解决等问题。田某案以后，高校行政侵权诉讼在全国时常见诸报端。高校处罚学生而引起的争端不断增多，而《教育法》和《高等教育法》也没有确定的规则说明高校遇到这种情况具体应该怎么处理、平息纠纷，学生无助中将诉状递到了司法审判席上，高校的行政侵权行为被推入了司法审查范围。田某案的受理、判决在很大程度上对后来法院审判同类案件，具有特别的指导意义。

思考题：

1. 结合"田某诉北京 ST 大学案"，分析高校自主权及其限度包含哪些方面？

2. 结合"田某诉北京 ST 大学案"，说明高校校长责任制在司法实践中面临哪些问题？说明高校如何依法开展学校的内部管理？

第十二章 《中华人民共和国教师法》概览与法律适用

> **内容提要**
>
> 本章对于《中华人民共和国教师法》(以下简称《教师法》)的立法过程和主要内容进行了介绍,并对教师法适用中的主要法律问题、教师教育权和教师权利保护问题进行了分析。

> **学习目标**
>
> 1. 掌握《教师法》的主要内容。
> 2. 掌握受教育权的法律保护措施。

第一节 《教师法》概览

一、《教师法》的立法依据、立法宗旨和立法过程

(一)立法依据

1. 我国社会主义现代化建设事业的需要

社会主义现代化建设事业需要一批又一批既具有坚定、正确的政治方向,又掌握现代科学文化知识的社会主义事业的建设者和接班人。而人才的培养关键在于教师,建设一支具有良好思想品德修养和业务素质队伍,是搞好社会主义事业的关键。"振兴民族的希望在教育,振兴教育的希望在教师"。为此,我们必须制定《教师法》以加强教师队伍的建设。

2. 提高教师队伍素质的需要

长期以来,由于种种因素的影响,我国教师队伍的政治素质和业务素质都比较低。已不能适应培养人才的需要,广大教师急需提高政治素质和业务素质。为了更

有效地完成这一任务,有必要通过立法,制定一整套提高教师素质的措施、制度,对教师的思想品德和业务素质作出明确的规定,以加强教师队伍的建设,提高教师的整体素质。

3. 维护教师合法权益的需要

长期以来,我国教师的地位和待遇偏低,拖欠教师工资、干扰教育教学活动等情况屡有发生。在一定程度上挫伤了教师的积极性,影响了教育事业的发展。为了稳定教师队伍,提高教师的地位和待遇,提高教师的工作积极性,吸引优秀人才从事教育,必须制定《教师法》保障教师群体的合法权益。

4. 教师队伍建设规范化的需要

新中国成立以后,教师队伍的管理主要依靠一些政策和制度。这些政策和制度缺乏法律上的效力,没有强制性,并且缺乏法律所需要的具体、明确的肯定性,缺乏稳定性和连续性。教师队伍的管理随意性很大,许多方面无法可依。通过制定《教师法》,使教师队伍的建设走上规范化、法制化的轨道。

(二) 立法宗旨

《教师法》以教师为立法对象,把国家尊师重教的方针上升为法律,体现了全国人民的共同愿望和意志。总则第 1 条对其立法宗旨做了明确规定:"为了保障教师的合法权益,建设具有良好思想品德修养和业务素质的教师队伍,促进社会主义教育事业的发展,制定本法。"具体包括以下几个方面:

1. 保障教师的合法权益

长期以来,尽管我们一直强调要尊重知识、尊重人才,但由于种种原因,这种尊重教师尊重知识的社会风气始终没有形成,在一些地方仍存在着歧视和不尊重教师的现象,教师的地位和待遇偏低,影响了教师工作的积极性和教师队伍的稳定。因此,国家通过制定《教师法》,通过法律明确确认教师的基本权利,规定教师应享有的社会地位和物质待遇,规定政府、学校,各行各业及公民的职责,规定侵害教师合法权利的法律责任,对运用法律手段有效地保护教师的合法权益具有重要的现实针对性。

2. 提高教师队伍素质

教师队伍素质决定着教育的质量高低。尽管近年来,我国教师的业务素质和思想政治素质有了较大的提高,但从总体上看,教师队伍的素质还不能完全适应教育事业发展的要求。因此,通过制定《教师法》,以法律的形式确定实行教师资格制度,对教师的任用、培养、培训、考核等作出规定,使提高教师队伍素质的工作有章可循,有法可依,严格按照法律规定的措施、标准,优化教师队伍,以尽快在我国建设一支具有良好思想品德修养和业务素质的教师队伍,适应教育事业发展的需要。

3. 促进我国社会主义教育事业的发展

振兴民族的希望在教育,振兴教育的希望在教师。把教育放在优先发展的战略地位是我国实现社会主义现代化建设的根本大计。能否培养出适应社会主义现代化建设事业的接班人,关系到社会主义现代化建设事业的成败。新中国成立以来,我国的教育事业取得了长足的发展,但改革的步伐还落后于经济和社会发展的要求,在教育内容、方法、教育管理体制等各方面都存在着问题。发展我国教育事业还有大量的工作要做。教育能否振兴和健康的发展,关键在于建设一支具有良好思想品德和业务素质的教师队伍。因此,制定《教师法》,依法加强教师队伍的建设,以促进教育事业的发展。

(三) 立法过程

1986年3月,六届全国人大四次会议和六届全国政协四次会议上,许多全国人大代表和全国政协委员,提出了关于尽快制定教师法的提案和建议。此后不久,国家教委成立了《教师法》起草工作领导小组,着手《教师法(草案)》的起草工作。起草过程中,广泛听取和征求了教育界、法学界一些专家和广大教师的意见,经过反复修改形成了《教师法(草案送审稿)》。

1989年4月《教师法(草案送审稿)》报送国务院,经多方征求意见又做了二次修改。1990年6月10日,国务院常务会议两次对《教师法(草案送审稿)》进行讨论。国务院法制局和国家教委又根据国务院常务会议讨论提出的意见对有关问题作了进一步的修改,再次报国务院常务会议讨论,国务院常务会议原则通过,形成《教师法(草案)》,报全国人大常务会议审议。

1991年8月,七届全国人大常委会第二十一次会议对《教师法(草案)》进行审议,会议对教师待遇和推行教师聘任制等有关问题提出了一些意见。1992年10月,国务院将教师法草案撤回,根据常委会的审议意见进一步调查研究、征求意见,并根据《中国教育改革和发展纲要》中关于教师队伍建设的精神对《教师法(草案)》做进一步修改,之后提交八届全国人大常委会第四次会议审议。此次会议对《草案》进行全面审议、修改,并于1993年10月31日通过,历时八年,是在总结新中国成立后40多年特别是改革开放15年来教师队伍建设的成功经验和广泛听取意见的基础上制定、颁行的。至此,我国第一部关于教师的法律《教师法》诞生了。2009年8月27日被《全国人民代表大会常务委员会关于修改部分法律的决定》修正,并于2009年8月27日开始实施。

二、《教师法》的主要内容

《教师法》共九章四十三条,重点对教师的权利和义务、教师的资格和任用、教师的培养和培训、教师的待遇、教师的考核与奖励等方面作出了规定。关于教师的权利和义务,本书第七章"高校教师"部分已经做了专门介绍,本节对其他内容进行解读。

(一) 适用范围

《教师法》总则第 2 条规定适用范围:"本法适用于在各级各类学校和其他教育机构中专门从事教育教学工作的教师。"这里所指的"各级各类学校"是指实施学前教育、普通初中教育、普通高中教育、职业教育、普通高等教育以及特殊教育、成人教育的学校。这里所指的"其他教育机构"是特指与中小学的教育、教学工作紧密联系的少年宫、地方中小学教研室、电化教育馆等教育机构。这里所指的"教师"是指在学校中传递人类文化科学知识和技能、进行思想品德教育,培养受教育者的专业人员。

《教师法》关于适用范围的规定,是教师的形式特征,也是法律意义上教师概念的外延。《教师法》的适用范围仅限于各级各类学校和其他教育机构中的教师,是由教师职业的特殊性决定的,教师直接肩负着培养社会主义接班人的职责,履行的是特殊的具有公职性质的教学职责。适用范围限于教师,便于在权利、义务、资格、任用、培养、培训、考核等方面对教师作出统一的规定,有利于加强教师队伍的建设。

(二) 教师的资格和任用

教师的资格和任用制度是教师管理制度的重要内容。《教师法》在第三章对教师的资格条件、认定办法、职务制度、聘任制度等方面做了规定,构成了符合教育规律、符合教师劳动特点、适应社会主义市场经济发展需要的教师资格制度和任用制度。

1. 教师资格制度

教师资格制度是国家对教师实行的一种特定的职业资格认定制度,是公民获得教师工作应具备的特定条件和身份。《教育法》《教师法》都规定了国家实行教师资格制度。1995 年 12 月 12 日国务院发布的《教师资格条例》、2000 年 9 月 23 日教育部发布的《〈教师资格条例〉实施办法》,规定了教师资格的基本条件,教师资格分类与适用,教师资格考试、认定、罚则等。只有具备教师资格的人才能担任教师,否则不允许从事教师职业。教师资格一经取得,即在全国范围内普遍有效,不受时间、地点的限制,非依法律规定不得丧失。这对于加强教师队伍建设,提高教育教学质量,使我国教师资格与国际惯例接轨,具有十分重要的意义。

(1) 教师资格的构成要件

《教师法》第 10 条第二款规定:"中国公民凡遵守宪法和法律,热爱教育事业,具有良好的思想品德,具备本法规定的学历或者国家教师资格考试合格,有教育教学能力,经认定合格的,可以取得教师资格。"教师资格构成要件包括国籍、品德、业务、学历和认定五个方面,缺一不可。

① 国籍。取得教师资格者,必须是中国公民,是成为教师的先决条件。

② 品德。取得教师资格者必须具有良好的政治思想水平和道德修养,是成为教师的一个重要条件。

③ 学历。学历是一个人受教育的经历,一般表明其具有的文化程度。教师是种专业化的职业,需要从业者具备专门的业务知识和技能才能完成教育教学任务。因此,对取得各级教师专业技术职务有基本的学历要求。

④ 业务。教育教学能力是完成教育教学任务所必备的条件,也是取得教师资格的重要条件之一。只有具有一定的教育教学能力,才能完成教育教学任务,胜任教师工作。

⑤ 认定。教师资格必须经过法律授权的行政机关或其委托的其他机构通过合法的程序认定。

(2) 教师资格的认定程序

具备教师资格的取得要件,并不意味着一定能取得教师资格,必须经过法定机构的认定。根据《教师法》和《教师资格条例》的有关规定,幼儿园、小学、初级中学、高级中学、中等专业学校、高等学校教师资格的认定分别由不同等级的法定机构来认定。例如,幼儿园、小学和初级中学教师资格,由申请人户籍所在地或者申请人任教学校所在地的县级人民政府教育行政部门认定。高级中学教师资格,由申请人户籍所在地或者申请人任教学校所在地的县级人民政府教育行政部门审查后,报上一级教育行政部门认定。民办学校教师资格按照审批权限由相应的审批部门认定。对已具备教师资格条件的公民要求有关部门认定其教师资格的,有关部门应当依照所申请的资格条件及时予以认定,不得推诿、拖延。

教师资格的认定必须遵循一定的操作程序。首先必须有申请人的申请,即按时提交申请表及有关证明材料;然后认定机构对申请人的条件进行审查,在受理期限终止30日内将审查结果通知本人;最后对经认定合格者,颁发由国务院教育行政部门统一制作的相应的教师资格证书。该证终身有效,全国通用。

(3) 教师资格的限制取得和丧失

教师的职业特点决定了对教师的思想品德、道德修养必然有很高的要求。《教师法》第14条明确规定:"受到剥夺政治权利或者故意犯罪受到有期徒刑以上刑事处罚的,不能取得教师资格;已经取得教师资格的,丧失教师资格。"《教师资格条例》第19条也规定:对有弄虚作假、骗取教师资格的,品行不良、侮辱学生,影响恶劣等情形者均由县级以上人民政府教育行政部门撤销其教师资格,由其资格认定机构收回其教师资格证书。

2. 教师职务制度

《教师法》第 16 条规定"国家实行教师职务制度"。教师职务制度是我国教师任用的重要制度,教师职务是专业技术职务。教师任用制度的实施,从法律的高度确定了教师地位及其职业的不可替代性,促使教师队伍建设走上规范化、法制化的轨道,促进教师工资福利等待遇的改善,为优秀教师脱颖而出创造条件。这对于充分调动和发挥广大教师为社会主义教育事业服务的积极性、创造性具有巨大的推动作用。

我国教师职务根据岗位设立,即根据学校教学和科研的实际情况设置职务;教师职务与工资待遇挂钩,并有数额限制;教师职务要经过全面考核,以确定其是否称职;教师职务不适用于离退休教师,教师离退休时职务同时解聘。根据教育部对我国教师职务系列设置:高等学校教师职务设助教、讲师、副教授、教授;中等专业学校设教员、助教、讲师、高级讲师;普通中小学及幼儿园设一、二、三级教师和高级教师;技工学校文化、技术理论课教师职务设高级讲师、讲师、助理讲师、教员;生产实习课教师职务设高级、一级、二级、三级、实习指导教师。

3. 教师聘任制度

《教师法》第 17 条规定:"学校和其他教育机构应当逐步实行教师聘任制。"教师聘任制是学校与教师在遵循双方地位平等的原则下,签订聘任合同,明确规定双方的权利、义务和责任的一种制度,是当前为适应社会主义市场经济发展进行的教师任用制度改革的重要组成部分。

长期以来,教师作为国家正式干部进行计划分配,造成了平均主义、大锅饭、包得过多、管得过死的弊端,远远不能适应社会主义市场经济发展的需要。实行聘任制,有利于打破这种状况,有利于促进人才的合理流动,改变用非所长、用非所学的人才分布和结构不合理的现象,打破教师的任用制,有利于激发教师的工作责任感,调动工作的自主性和积极性,提高教育教学质量。

4. 教师聘任制度的基本原则与内容

《教师法》第 17 条规定:"教师的聘任应遵循双方地位平等的原则,由学校和教师签订聘任合同,明确规定双方的权利、义务和责任。"

(1) 教师聘任制度必须遵循双方地位平等的原则。聘任是双方的法律行为,聘任关系基于独立而结合,基于意见一致或相互同意而成立,并在平等地位上签订聘任合同。

(2) 聘任双方在平等地位上签订的聘任合同具有法律效力,对聘任双方都有约束力,它以聘书的形式明确双方的权利、义务和责任。在聘期内,教师、学校分别承担其义务、责任,行使自己的权利。根据聘任合同领取相应的工资,职务工资应反映教师的工作业绩、教育教学水平,体现按劳取酬的原则。

(3) 教师聘任的基本形式。教师聘任形式依其聘任主体实施行为的不同可分为招聘、续聘、解聘、辞聘等几种形式。

(三) 教师的培养与培训

教师的培养和培训,对于提高教师素质具有重要意义,是体现《教师法》立法宗旨的重要部分。为了保证教师的培养、培训工作正常而有效地进行,本法在第四章专门对教师培养、培训的措施做了规定。

《教师法》第四章第 18 条:"各级人民政府和有关部门应当办好师范教育,并采取措施,鼓励优秀青年进入各级师范学校学习。各级教师进修学校承担培训中小学教师的任务。非师范学校应当承担培养和培训中小学教师的任务。各级师范学校的学生享受专业奖学金。"规定了中小学教师培养和培训的途径。

教师的培养主要通过师范教育渠道进行,中小学教师的培养主要由中等师范学校教育和高等师范学校教育两个正规学历教育承担。其中中等师范学校培养小学和幼儿园师资,高等师范学校负责培养中等师资。同时,国家鼓励综合、理工、农业、林业、政法、艺术等非师范高校的毕业生,根据国家需要,到中小学或职业学校任教。

同时,必须加强中小学教师的培训。教师的培训是加强教师队伍建设的重要方面,教育行政部门和学校均负有重要的责任。培训教师是一项长期的工作,应制定规划,使培训工作具有系统性、规范性、目的性和针对性。为此,《教育法》第 19 条规定:"各级人民政府教育行政部门、学校主管部门和学校应当制定教师培训规划,对教师进行多种形式的思想政治、业务培训。"本法第 20、21 条明确规定,国家机关、企事业单位和其他社会组织应当提供方便,给予协助,不得推诿,更不得阻挠、刁难,这是法定的责任。

(四) 教师的考核与奖励

1. 教师的考核

教师的考核是指各级各类学校及其他教育机构,按照教师考核规章的考核内容、考核原则、考核程序,对教师进行的考察和评价。它具有导向功能,通过考核,能促使教师不断端正教育思想,调动教师的积极性和创造性,促进教师队伍建设管理的规范化。

教师考核的机构:《教师法》第 22 条规定,教师的考核机构是"学校或其他教育机构","教育行政部门对教师的考核工作进行指导、监督"。

教师考核的内容:《教师法》第 22 条规定,考核的内容是"政治思想、业务水平、工作态度、工作成绩"四个方面。

教师考核的原则:《教师法》第 23 条规定,"考核应当客观、公正、准确",即考核要遵循客观性原则、公正性原则、准确性原则,应当坚持全面考核,以工作成绩为主。程序上的基本要求:"充分听取教师本人、其他教师以及学生的意见。"

教师考核的结果:《教师法》第 24 条规定,"教师考核结果是受聘任教、晋升工资、实施奖惩的依据。"通过对教师的考核,给予公正、客观的评价,其结果,一是教师受聘任的重要依据,二是教师晋升工资的重要依据,三是教师奖励的重要依据。

2. 教师的奖励

教师的奖励是按照教师的工作成绩、对教育事业的贡献大小给予的一定精神奖励和物质奖励。这是加强教师队伍建设的一个重要方面,具有很强的现实意义。有利于鼓励教师积极上进,终身从教,提高教师队伍素质;有利于尊师重教良好社会风尚的形成。

教师奖励的内容:《教师法》第 33 条规定,"教师在教育教学、培养人才、科学研究、教学改革、学校建设、社会服务、勤工俭学等方面成绩优异的,由所在学校予以表彰、奖励。国务院和地方各级人民政府及其有关部门对有突出贡献的教师,应当予以表彰、奖励。对有重大贡献的教师,依照国家有关规定授予荣誉称号。"

教师奖励的基本原则:

(1) 奖励的层次性:规定学校、国务院和地方人民政府及其有关部门、国家三个层次的奖励,并就不同层次的受奖对象作"成绩优异""突出贡献""重大贡献"的规定。

(2) 奖励的多样性:主要体现在奖励的项目上,体现物质与精神奖励相结合。

(五) 教师的待遇

教师的待遇是指教师的工资、津贴、住房、医疗、退休等方面的总和。教师的待遇是《教师法》的一个重点问题。长期以来,我国教师的待遇偏低,不适应教育事业发展的需要,因而迫切需要提高教师的待遇。所以,《教师法》第六章专门对教师待遇作了具体规定。

1. 工资

《教师法》第 25 条规定:"教师的平均工资水平应当不低于或者高于国家公务员的平均工资水平,并逐步提高,建立正常的晋级增薪制度。具体办法由国务院规定。"这一规定体现了教师工资应提高的目标。国家以具有较高水平的最稳定的国家公务员工资为参照的依据,可见国家对改善教师工资待遇的决心和行动。建立正常的晋级增薪制度,可以改变长期以来教师晋级增薪的不正常、不定期的状况,为提高教师待遇提供法律保障。此外,国家还规定,教师应享受教龄津贴、班主任津贴、特殊教育津贴等。

2. 住房

《教师法》第 28 条规定:"地方各级人民政府和国务院有关部门,对城市教师住房的建设、租赁、出售实行优先、优惠。县、乡两级人民政府应当为农村中小学教师解决住房提供方便。"长期以来,由于教师属于低薪职业,教师的住房条件较差,而工作特点又需要安静的工作环境,《教师法》《教育法》将解决教师住房问题的政策上升为法律,体现了国家要解决教师住房困难的决心,也为各级政府和主管部门提供了执行教师住房优惠方面的法律依据。

3. 医疗保健

《教师法》第 29 条规定:"教师的医疗同当地国家公务员享受同等的待遇;定期对教师进行身体健康检查,并因地制宜安排教师进行休养。""医疗结构应当对当地教师的医疗提供方便。"医疗保健是教师生命健康的重要保证。法律将教师的医疗保健规定为同当地国家公务员享受同等的待遇,从而使教师的医疗保健得到法律的保障。

4. 养老保险

《教师法》第 30 条规定:"教师退休或退职后,享受国家规定的退休或者退职待遇。""县级以上地方人民政府可以适当提高长期从事教育教学工作的中小学退休教师的退休金比例。"教师在退休离职后,国家给予良好的安置,是社会对教师的尊敬和回报。这对稳定教师队伍、解决教师退休后的生活待遇问题提供了法律保障。

第二节 《教师法》适用中的主要法律问题

一、教师教育权

(一) 教师教育权的法律性质

我国《教师法》第 7 条明确规定教师享有"进行教育教学活动,开展教育教学改革和实验"等六项教育权利,这些实体性权利的法律渊源是国家的授权和家长、社会的委托,其性质与一般的可自由放弃的权利不同,教师的教育权是为了保障学生的受教育权利而被确认的职务上必要的权利。"教师是在学校教育制度的框架内,在和儿童、家长、教师集团、学校设置者等关系中存在的。在这诸种关系中,教师是受到家长的直接委托(私立学校的情况下)或受到家长的间接委托,乃至受到一般公民的抽象的委托,在学校设置者设立的教育机关中教师的'教育权',只是在这种制度的制约下才确立的,因而与其说是权利,不如说是权限"。① 可见,教师的教育权是带有义务性的权利,教师的"教育权利"是等同于"教育权力"和"教育权限"的,这决定了教师在履行权限范围内所规定的职责时,必须注意防止权力滥用。

虽然教师的教育权从其来源上说并非个人的权利,是学校教育机关赋予的权限、职权,但教师的教育权限所具有的权力性与国家权力机关的成员所具有的权力性截然不同。原因在于:一是教师并非国家机关的成员,学校也并非教育权力机构,对其权限行使的相对方——学生并不具有完全强制的支配权,二者之间的关系是非命令与非服从的特殊契约关系;二是教师的教育权限旨在保障学生的受教育权利,在这一范围内,其教育权本身虽然不是教师个人的人权,但却具有保障学生受教育权利的"教育人权上的价值",具有"自治的权限性和人权性并存的复合性质"。② 这种独特性决定了教师的教育活动,即教育权的行使过程并非权力的支配、运作过程,而是主体间以保障学生的受教育权利为目的的活动过程。

教师教育权非权力的人权特性,从教育理论上说,是由教育的主体性决定的,教育活动是通过教师的"人"的活动来培养学生人格的。毋庸置疑,服从于命令与支配的非主体性的教师是不可能培养出具有主体性的人的,这种教育充其量只是造就非主体性人的"教化"而已。③ 因而,教师教育人权性既要求排除教育行政上的不当指挥、命令等权力支配对教育权、教育自由的侵害,也要求教师剔除独断专行的权力观念与行为方式,尊重学生人权。

(二) 教师教育权与学生受教育权的关系

1. 教师教育权与学生受教育权孰先孰后

关于教师教育权与学生受教育权的关系问题,似乎不言自明的是教师教育权优先于学生的受教育权。因为自古以来教师都被认为是知识、能力的化身,在人生经验、思维等方面都远远优于未成熟的学生,是学生的引路人。《教师法》第3条明确规定"教师是履行教育教学职责的专门人员,承担教书育人,培养社会主义建设者和接班人、提高民族素质的使命"。但有必要明确,学校与学生契约成立之目的是为了实现学生的受教育权利。从逻辑上说,学生的受教育权是教师教育权确立的基石,即教师的教育自由是相对的,且应从享有受教育权者的角度考虑。而这一法逻辑本源却常常被现实中教师知识技能上的权威地位掩盖了,颇有本末倒置的意味。因而,我们必须清楚:在法理上,学生的受教育权是优先于教师的教育权而存在的,教师在教育权行使的过程中以不能侵害学生的受教育权为前提,学生受教育权优先的

---

① 奥平康弘.受教育权利[M].东京:有斐阁,1981:417.
② 兼子仁.日本的自由教育法学[M].东京:学阳书馆,1998:33.
③ 兼子仁.教育法(新版)[M].东京:有斐阁,1978:274.

理念既是教师行使教育权、争取教育自由必须明确的观念,也是指导教育教学实践的基本原理。

2. 教师教育权行使不当侵害学生受教育权的行为

如果我们从无差别的意义上理解学生在学校中的受教育权的话,根据《教育法》第 43 条的有关规定和常规教育教学活动所包含的主要内容,可以把学生在学校的实体性权利归纳为:听课权与上课中的发言权,参加科技小组等课外活动的权利,作业并得到教师批改的权利,参加考试获得公正评价的权利,以及正常升学的权利等。这些基本的受教育权利,在教育实践中却常常因教师教育权的不当行使而受到损害。

(1)教师教育评价权与学生受教育权

教师能否恰当地行使教育评价权,使学生的学业成绩和品行获得公正评价,直接影响学生受教育权的实现程度。如果我们把教师的教育评价分为形成性评价和终结性评价两个方面的话,两种评价的适当与否会给学生的学习机会带来不同的影响。其中,形成性评价的合理实施是改善教学过程的重要手段,它能够使教师的教建立在学生实际能学和掌握的基础上,是充分保障每个学生受教育权实现的重要方面。终结性评价通常是在学年末对学生做的总体评价,尤其学年的学业成绩品行评定,涉及学生能否升学以及升何种学的操行评定、优秀称号的评选等常常与推荐制直接相关,在某种程度上决定初中生能上什么样的高中、大学乃至未来的命运。因而,有些教师受个人利益驱动,对某些学生的评定有失公正,使一些学生本应接受与其学习能力相适应的教育机会,却因教师的不公正评定而丧失,这必然对其受教育权的充分实现构成了侵害。

(2)教师指导权与学生受教育权

教师具有指导学生学习和发展的权利,但教师的"指导"必须遵循两个原则。首先,"指导"必须有利于学生的学习和发展,而不是相反。如果我们把"指导"理解为包含引导、建议和劝告等意义的话,在教育活动中教师就学习方法、课外活动、升学问题等对学生所作的劝告、建议自然属于指导的范畴。恰当地、适合学生特点和发展方向的指导无疑有助于学生身心的良好发展。但现实中,有的教师出于各种原因,竟给以学生放弃受教育权的"指导",这不能不说是严重的侵权行为。比如"班主任要求有缺点的学生退学"[①]等事件便属于教师不当行使指导权的案例。

其次,在涉及升学等与学生个人发展重大相关的选择时,教师的指导与劝告必须建立在学生或其家长合意的基础上,尊重学生及其家长的意见。在劝告不被学生接受的情况下,如果教师擅自主张,无疑是一种越权行为。

---

① 褚宏启.学校法律问题分析[M].北京:法律出版社,1998.

(3) 教师惩戒权与学生受教育权

关于教师的惩戒权,虽然教师权利中未做明确规定,但从现行教育法律的某些规定中可以推论出教师是有惩戒权的。例如,《教育法》第 29 条规定学校及其他教育机构有对"受教育者进行学籍管理,实施奖励或处分"的权利。教育实践中教师确实有对学生进行惩戒的情况,轻者言语呵斥、站墙脚、打扫卫生,重者赶出课堂、停学乃至开除等。

出于教育和管理上的考虑,教师应该具有一定的惩戒权。但教师惩戒权的行使不能侵害学生的受教育权。在教育教学过程中,如果教师从保障学生受教育权利的终极目的出发,出于教育上的必要,短期地剥夺学生的受教育权,或者出于为了其他学生更好地接受教育的考虑,认为有必要牺牲被惩戒学生的受教育权时,教师或者学校必须从事实出发、全面考虑,依据法定程序作出适当的决定。但说到此,又不能不承认上述所谓"建议"的无意义。因为,我们的教育法律中根本没有对学生施以停学、开除等处分时应遵循的法定程序方面的规定。这种现有法律条款语言的模糊性及缺乏相应的判定标准,不仅难以对实践提供有效的指导,使教师的惩戒权在合理合法的范围内行使,反而导致损害学生受教育权现象的发生,这不能不说是严重的问题。

在我国当前的教育实践中,因教师的惩戒而导致学生的受教育权受损的典型事例主要有如下几种情况:

① 对学业成绩不好的所谓"差生"受教育权的侵害

学生正是为了学习知识、为了身心发展和更好地社会化才到学校接受教育的。学业成绩差的学生,其成绩差的原因也许正是教师的教育、教学方法不适应学生的认知接受特点。教师本应尽可能地帮助其学习,至少不要让其丧失学习的机会和能力。

普通高校课程考核方式有两种:一是考查,即根据学生平时出勤率、上课状态、课堂测试及课程作业等成绩综合考评学生并评定等级,分为优秀、良好、中等、及格与不及格;二是考试,即主要根据课程结束后的考试成绩,加上小比例的平时成绩综合考评学生成绩,核算出具体的分值,本科阶段的及格分数线是 60 分,硕士阶段的及格分数线是 70 分。无论哪一种考核方式出现"不及格"时,救济方式的第一步是补考,学校会组织相同情况的学生在下一学期初再次参与考试。当补考再次出现"不及格"时,需要在下一学年同下一年级的学生一同重修,即重新学习本门课程并参与考评修得学分。在学生教务系统内获知自己某门课程不及格的时候,大部分学生会主动联系任课教师了解相关情况,但在补考阶段任课教师与相关学生之间的沟通通常并不能得到一个非常好的效果,可能出现学生自暴自弃或者其他情况,最终影响到学位的获得。

② 对"品行有缺点（缺陷）"的学生施以停学等处分

所谓"品行有缺陷"的"缺陷"作为正式的法律用语（见《未成年人保护法》第18条）是否妥当姑且不论，到底什么样的学生算"品行"有"缺陷"，法律同样未作明确规定。如果有的儿童在与同学交往中乐于助人，只是上课时好动，自我控制能力差，所谓的不遵守纪律，甚至好冲动，与同学发生争执，这样的学生能否划归到品行有缺点之列？或者某个学生因某种障碍导致的行为异常，本质并非品行不良，比如某个学生因心理问题需要独立空间，因而会经常占用公共教室中固定的座位而使其他同学不能使用座位听课发生争执等情况，教师施以不许上课等惩戒，导致该学生的受教育权受损，其责任是否在教师？这里面涉及很重要的问题：对学生行为的判定问题，以及由谁、通过怎样的程序实施惩戒的问题。

（三）教师侵权行为反映的问题

教师的侵权行为除了上文谈到的，还有教师滥用管理、指导学生的权限，如：随意占用学生的上课时间，指派学生参加一些与学生自身的学习无关的活动，如让学生停课参加商业庆典等为学校、教师谋利的事件；随意更改教学计划，减少或中止与升学考试无关的、却是国家教学计划中必须开设的课程及其时数等。纵观上述现象，不难发现隐藏在这些行为背后的问题。

1. 观念层面上的问题

教师行使教育权的终极目的何在？教育实践中出现的"把差生赶出教室""出租学生为家具城装饰门面"等行为，反映了教师没有把每个学生作为权利的主体看待，而是当作随意管理使用的物化的对象。这里面既包括教师个人的私利，如追求教学名次等个人荣誉、利益的，追求非教育的简捷便利，也包括经济目的。不从每个学生切身的学习利益出发这一点对于学生的受教育权实现来说无疑是致命的。因此，明确教师教育权的终极目的，为了学生受教育权的实现，同时建立尊重每"个"学生的可选择性的教育制度，在教育教学过程中保障每个学生受教育权的充分实现，是当前学校教育中必须确立的观念。

2. 现实层面的问题

教师侵权行为的发生也与客观存在的、非教师本身能解决的现实问题有关。如政府教育投入不足导致的教师教育条件不能保障教和学要求，甚至出现拖欠教师工资的违法行为；学历社会及与其相关联的追求升学率等，难免不使一些教师为了自身的利益而不择手段，直至损害学生的利益。由此，需要我们的政府及教育管理者思考：如何改善学校教育环境，保障教师的基本教育条件？如何探求更合理的基础教育评估标准和评价方式，改革现有的教育选拔制度？教师如何在尽可能不损害学生利益的前提下，采取合理、合法的手段保障自身的正当利益免受侵害？父母及学生自身如何加强权利、法律意识,使包括受教育权在内的基本人权免受教师的侵害?如何依法使受到侵害的权利得到及时救济?

3. 教育法律法规层面的问题

现有的有关教师权利的法律规定远远不能适应教育实践的要求,不能给予教育实践中出现的问题以合理合法的方式解决。因而,如何结合教育实践中出现的诸多问题,结合"依法治教"的国家政策,从具体明确、具有可操作性的意义上制定或补充、完善相应的教师权利及与其相关的法律法规,以实现既能保障教师的教育权利在合法的范围内行使,又能给不当行使权利、侵害学生受教育权等教师行为依法予以制裁的愿望。

二、教师的权利保护

这里探讨的教师权利,是指教师的特殊教育权利,是教师在履行教师职务过程中,依照法律或合同的规定而享有的某种权益。这种权利表现为教师作为权利主体,有权为一定行为或不为一定行为,以及要求他人为一定行为或不为一定行为。教师的特殊教育权利是由教师的社会地位和职业特点决定的。一般由教育法律规范规定,反映教师专业性职业特点、教师工作的价值取向和教师作为脑力劳动者的特点。从法律角度看,此权利是宪法规定的抽象权利在教师身上的具体体现,是教师事实上应有的权利以法律规范的形式、为教育体系所认同的结果。

然而,在教师道德建设过程中,我们习惯上只强调教师应承担的职责、应完成的义务,而往往忽视或否定教师的权利。实际上,教师的权利和义务是统一的,教师的权利和义务作为一种职业权利和义务,表现出既是权利又是义务的性质,即统一性。从权利角度看,是职业特点决定的权利,不得受到随意干涉,不得被随意剥夺。相应地,社会负有服从或保证其权利实现的义务,否则可能构成侵权。从义务角度看,是教师职业决定的职责,教师不得随意放弃履行,也不得随意让他人代为履行,否则,可能造成失职或玩忽职守。这种权利和义务的一致性是以教师个人从业利益与社会利益的一致性为基础的,体现了教师工作的社会重要性,是教师权利的一个特殊性质。它要求我们在强调教师义务的同时,必须对教师的权利给予充分的尊重和保护。

(一) 现行教师权利保护机制的相关规定

教师在教育教学活动中的合法权利主要体现在《教师法》中。《教师法》在第1条中就申明了为保障教师的合法权益而制定教师法;第4条要求各级人民政府采取措施,改善教师的工作条件和生活条件,保障教师的合法权益,提高教师的社会地位。

（二）努力完善教师权利的保护机制

教师的合法权益,需要国家的强制力量保证实现。加强教育立法,使我国的教育法律日趋完备,是保护教师合法权益的重要方面。同时,加强社会的法制宣传教育,使每一个教师都能知道自己享有哪些权利,承担哪些义务,以便正确地行使教师的权利,自觉地履行教师的义务,这也是保护教师合法权益的重要内容。

一项权益的法律保护,包括法律的事前规则和法律的事后救济。法律的事前规则是指法作为一种行为标准和尺度,判断、衡量人们行为的是与非,从而影响全社会对人的行为的价值判断;法律事后救济的功能是为受害者提供法律上的补偿,使受到损害的权利得到恢复和补救。

在实践中,教师权益的法律保护,主要指当教师的权益受到非法侵犯时的事后救济,即法律对其权益予以恢复和补救的相关法律制度和程序。我国现行教师权利的规定大多停留于实体法的规定,从法律的运行来看,教师权利保障至少应从以下四个机制来完善：

1. 完善教师申诉制度——教师自我保护机制

在法制建设不断完善的今天,教师要充分利用法律法规来实现自身的权利。要熟知权利的救济途径,如申诉形式、受理机关、处理程序等。只有通晓这些救济途径,教师才能更好地运用法律武器来保护自身的合法权益。

教师申诉制度是一项法定的救济制度,不同于一般的申诉制度,教师申诉制度的法定性,使教师申诉程序有了法律的确定性和严肃性。各级人民政府及有关部门必须依法在规定期限内作出处理决定,保障教师合法权益的落实;学校和其他教育机构、有关部门对上级行政机关作出的处理决定必须认真执行。违反申诉制度的规定,即构成违法行为应承担相应的法律责任。

《教师法》对教师可以对学校或其他教育机构提出申诉的范围规定得比较宽,这对维护教师的合法权益是十分有利的。这里的合法权益,主要包括《教师法》规定的教师在职务聘任、教学科研、工作条件、民主管理、培训进修、考核奖惩、工资福利待遇、退休等各方面的合法权益。当然是否存在损害教师合法权益的行为要通过申诉后的查办才能确认。

根据《教师法》第39条的规定,教师在以下情形可以提起申诉：

第一,教师认为学校或其他教育机构侵犯其合法权益的,可以向教育行政部门提出申诉。这里的合法权益包括《教师法》规定的教师在从事教学活动中的一切权利,如科学研究与学术交流、指导学生与评定学生、获取报酬与民主管理等。

第二,教师对学校或其他教育机构的处理不服的,可以向教育行政部门提出申诉。教育行政部门应当在接到申诉30日内,作出处理。

第三,教师认为当地人民政府有关行政部门侵犯其根据《教师法》规定享有的权利的,可以向同级人民政府或者上一级人民政府有关部门提出申诉。

2. 加强《教师法》的落实

当前落实《教师法》的主要是地方政府,地方政府在管理教育、管理教师的过程中居于主体地位。《教师法》规定,有关教师的补贴、住房的优惠政策、教师的定期身体健康检查,退休教师的退休金比例等涉及教师生活权利的办法、措施,都由各级人民政府具体负责落实。同时各级教育行政部门和各类学校的领导要严格依照《教师法》规定,对照检查,总结经验,改进教师管理工作,对已有的有关教师工作的规章制度,凡不与《教师法》相抵触的,都要继续认真执行,与《教师法》相抵触的要停止执行。

3. 加强执法监督

人大常委会对各级教育行政部门执行《教师法》的情况要进行经常性的工作检查和监督。各级教育督导对学校实施《教师法》的状况,也要进行经常性督察。贯彻实施《教育法》《教师法》等教育法律法规是全社会一项长期的重要任务。在短时期内,有法不依、违法难究的现象还会存在。但是,用法律引导、推进和保障各项改革事业的发展是我国新时期法制建设的一个重要指导思想,用法律法规规范教育、教学活动,是依法治教、依法执教的必然要求,我们应当求同存异,用积极的态度,做好《教育法》《教师法》实施的各项建设性工作。

另外,还应当进一步完善人事争议仲裁制度,拓宽教师权利的救济途径,以使教师的权利救济更具有透明性、公正性和可操作性。①

案例分析:

朱某诉云南民族大学服务合同纠纷案②

一、基本案情

原告朱某起诉称:杨利荣于2002年7月到云南民族大学任教。2003年9月,杨利荣与云南民族大学签订了《云南民族大学教师在职攻读博士、硕士研究生培养合同》,根据合同规定"取得博士学位且学校未支付过培养费(含委培费、教育补偿费、论文课题费等)的",云南民族大学一次性给予奖励安家费2万元。2003年9月至2006年6月杨利荣在西南大学攻读博士研究生学位。杨利荣在取得博士学位毕业证后,于2006年7月12日回校任教(在化学与生物学院),直至去世都在云南民族大

---

① 陈静.论教师权利的救济与保护[J].鄂州大学学报,2008(5):21-23.
② 朱某诉云南民族大学服务合同纠纷案[EB/OL].[2019-4-21].http://www.twtls.com/h-nd-21.html.

学担任教师。但是,学校并没有按照合同约定给予杨利荣奖励安家费2万元。故朱某提起诉讼,请求人民法院判决被告依约支付原告2万元,并承担本案诉讼费。

被告云南民族大学答辩称:由于杨利荣不符合支付安家费的条件,故被告不应该支付原告所说的奖励安家费,请求依法驳回原告的诉讼请求。

原告朱某的代理律师云南天外天律师事务所律师杜晓秋、汤光仁发表代理意见:一是被告应支付杨利荣2万元安家费。双方签订的《云南民族大学教师在职攻读博士硕士研究生培养费合同》第3条第三款约定"对取得博士学位且学校未支付过其培养费的教师毕业回校与学校签订服务合同后,按学校[2002]135号文件第九条执行。"而根据[2002]135号文件第九条第一款规定"对取得博士学位且学校未支付过培养费(含委培费、教育补偿费、论文课题费等)的,一次性发给安家费2万元"。该约定真实有效且杨利荣符合合同的约定条件,被告方应该支付2万元安家费。

一审法院经审理查明案件事实认为,本案系服务合同纠纷。杨利荣与被告所签订的《云南民族大学教师在职攻读博士、硕士研究生培养合同》真实,合法有效,双方应当按照合同的约定履行各自的义务。根据双方签订的合同约定,对取得博士学位且未支付过其培养费的教师,毕业回校与学校签订服务合同后,一次性发给安家费2万元。按照此约定,杨利荣获得安家费应当符合以下条件:①取得博士学位;②学校未支付过培养费;③毕业回校与学校签订服务合同。而本案中,杨利荣已于2003年6月23日取得博士学位,因杨利荣系公费考取博士学位,学校就不再支付培养费,杨利荣于2006年7月回校工作,虽未签订书面服务合同,但实际已经服务于被告学校,形成了事实上的服务关系,因此应当认为杨利荣已经符合了培养合同中所约定的支付安家费的条件,而鉴于杨利荣已去世,原告作为杨利荣的母亲,系杨利荣的继承人,有权要求被告支付杨利荣应当得到的安家费。关于被告提出支付过部分培养费的意见,法院认为,本案所涉及的对于培养费的理解,应当根据培养合同进行系统解释,培养合同第3条中的培养费与合同所依据的由被告制定的文件中的培养费概念基本相同,而合同第4条中的培养费是在赔偿事项中规定的,且与文件中的培养费概念存在两种以上解释时,应当作出有利于非合同提供方的解释,故对培养费应当按照培养合同筹备组三条进行适用,被告支付的项目不能视为支付培养费,对被告的意见法院不予采纳。关于被告提出杨利荣没有与被告签订服务合同,不符合支付安家费条件的意见。法院认为,双方未签订书面服务合同的原因是杨利荣的学位证正在办理过程中,而杨利荣已经毕业回校工作,被告也支付了杨利荣工作期间的工资,双方已在事实上形成了服务合同关系,因此对被告的意见法院不予采纳。据此,依照《中华人民共和国合同法》第60条及《中华人民共和国民事诉讼法》第107条之规定,判决如下:云南民族大学于判决生效之日起十日内支付原告朱某奖励安家费人民币20 000元。

二、争议焦点

（1）当事人朱某与云南民族大学之间签订的合同属于什么性质的合同。

（2）当事人朱某是否履行了与学校所签订合同的相关义务。

三、本案启示

高校的教师聘任，应当遵循双方平等自愿的原则，由学校与受聘教师签订聘任合同。聘任制是高校最基本的劳动制度，在教师的聘任制度方面，高校与教师之间是平等的民事主体之间的关系，即二者的地位是平等的。高校对符合条件的教师可以聘任，也可以不聘任；教师可以接受高校的聘任，也可以拒绝聘任。双方以平等自愿和相互协商为原则，以签订聘任合同的方式明确规定双方的权利、义务和责任。

思考题：

1. 结合"朱某诉云南民族大学案"，说明高校教师如何在司法实践中利用法律维护自身的合法权利。

2. 结合"朱某诉云南民族大学案"，说明高校教师与学校之间形成的是哪些法律关系。

第十三章 《中华人民共和国学位条例》概览与法律适用

> **内容提要**
>
> 本章对于《中华人民共和国学位条例》(以下简称《学位条例》)的立法过程和主要内容进行了介绍,并对学位条例适用中的主要法律问题、由于学术不端引发的学位授予法律问题及其他原因引起的学位授予法律问题进行了分析。

> **学习目标**
>
> 1. 掌握《学位条例》的主要内容。
> 2. 掌握由于学术不端引发的学位授予纠纷的救济方法。

第一节 《学位条例》概览

一、《学位条例》的立法过程

学位制度的建立和发展总是同当时当地的教育、科技和社会发展紧密相连的,是社会经济发展到一定时期的产物。在《学位条例》实施之前,我国多次进行过建立学位制度的尝试,却因各种历史原因未能实现。

早在20世纪30年代,当时的民国政府曾颁布《学位授予法》。但由于政府腐败,民不聊生,教育的境遇十分凄惨,从1935年到1949年,旧中国只授过232个硕士学位,学位制度形同虚设。

新中国成立后,党和政府对发展教育高度重视。1954年3月8日,中共中央在给中国科学院党组的指示中指出,在我国建立学位制度是必要的,并"责成科学院和高等教育部提出逐步建立这种制度的办法"。1955年9月,根据中共中央和国务院的指示,由林枫等13人组成的委员会开始我国学位制度的拟定工作,经多次讨论和修改,于1956年6月拟定了《中华人民共和国学位条例(草案)》。该条例草案规定,我国学位分硕士、博士两级,学位管理和授予由国务院学位与学衔委员会负责。遗憾的是,由于1957年开始的"反右派运动",这一条例还没有正式通过就夭折了。

20世纪60年代初,试行"科学工作十四条",科学技术人员的积极性空前高涨,有一批干部和科技人员提出了实行学位、学衔制的意见。为此,时任国务院副总理兼国家科委主任的聂荣臻同志向党中央提出了"关于建立学位、学衔、工程技术称号等制度的建议"。中央采纳了这个建议。1962年1月开始,由中宣部、教育部、中科院、国家经委、国务院文教办、文化部共同起草制定有关条例。1963年10月29日,经聂荣臻同志主持讨论定稿的《中华人民共和国学位授予条例(草案)》上报中央。该学位授予条例草案将学位分为博士、副博士两级,并规定学位申请由高等学校和科研机构受理,受理单位由国务院学位委员会提名,报国务院批准。在进一步的审议中,由于受当时"左倾"思想的影响,学位被归入"资产阶级法权"范畴,该法律草案未能完成法律程序而被搁置。

1965年7月,周恩来总理指示高教部,对在中国毕业的外国留学生要发给学位证书,以利他们回国后能得到社会承认。据此,高教部于1966年1月拟订了《关于授予外国留学生学位试行办法》并上报国务院,该"办法"将学位规定为学士、硕士、博士三级,并由有关高校或科研院所负责授予。此"办法"由于"文化大革命"的开始而不了了之。

1978年党的十一届三中全会以后,国家开始全面把工作重点转移到社会主义建设上来。这一期间,邓小平同志多次提出要建立学位制度。1979年3月22日,根据党中央关于建立学位制度的指示,教育部、国务院科技干部管理局联合组成"学位小组",再次开始研究在我国建立学位制度的问题。1979年12月,"学位小组"拟订了《中华人民共和国学位条例(草案)》。在该草案拟订过程中,广泛征求了国务院有关部委和省、市科委以及高等学校、科研机构的意见,由多名著名科学家和学者参加了讨论。1979年12月24日,人大常委会法制委员会全体会议讨论了条例草案,对条例又做了进一步的修改。1980年2月1日,国务院常务会议讨论通过了《中华人民共和国学位条例(草案)》,并经第五届全国人大常委会第十三次会议审议通过,1981年1月1日起正式施行。[①] 颁布《学位条例》,通过立法的方式构建中国特色现代高等教育制度,充分体现了以邓小平同志为核心的党的第二代中央领导集体对于培养高层次人才和立足国情发展教育的远见卓识,反映了解放思想、改革开放的时代特征和根本要求,标志着新中国学位制度从此诞生,标志着新中国高等教育开始走上

---

① 赵沁平.继往开来续新篇:纪念《中华人民共和国学位条例》实施20周年[J].学位与研究生教育,2001(1):1-5.

法制化轨道,极大地推动了"尊重知识、尊重人才"社会风气的形成,开启了中国独立培养高层次人才的辉煌征程。

党的十三届四中全会以后,国家全面实施素质教育,启动了高水平大学和重点学科建设,学位和研究生教育进入了加快发展时期。2004年8月28日第十届全国人民代表大会常务委员会第十一次会议作出《关于修改〈中华人民共和国学位条例〉的决定》。党的十六大以来,提出建设创新型国家和人力资源强国的战略目标,把提高质量作为高等教育的核心任务,学位与研究生教育在增强综合国力和国际竞争力中的战略地位更加凸显。施行近40年来,《学位条例》为学位制度的不断完善和研究生教育事业的持续发展,为培养改革开放和现代化建设所急需的高层次人才提供了坚强的保障,起到了不可替代的作用①。

二、《学位条例》的主要内容

《学位条例》共二十条,对学士、硕士、博士三级学位的获得条件、授予单位及职责、获得方式、特殊情况和学位授予决议出现争议的后续程序等方面作出了规定。本节对其主要内容进行解读。

(一) 获得学位条件

1. 学士学位

第4条:高等学校本科毕业生,成绩优良,达到下述学术水平者,授予学士学位:① 较好地掌握本门学科的基础理论、专门知识和基本技能;② 具有从事科学研究工作或担负专门技术工作的初步能力。

2. 硕士学位

第5条:高等学校和科学研究机构的研究生,或具有研究生毕业同等学力的人员,通过硕士学位的课程考试和论文答辩,成绩合格,达到下述学术水平者,授予硕士学位:① 在本门学科上掌握坚实的基础理论和系统的专门知识;② 具有从事科学研究工作或独立担负专门技术工作的能力。

3. 博士学位

第6条:高等学校和科学研究机构的研究生,或具有研究生毕业同等学力的人员,通过博士学位的课程考试和论文答辩,成绩合格,达到下述学术水平者,授予博士学位:① 在本门学科上掌握坚实宽广的基础理论和系统深入的专门知

---

① 刘延东.在纪念《中华人民共和国学位条例》实施三十周年纪念大会上的讲话[J].学位与研究生教育.2011(3):1-6.

识；② 具有独立从事科学研究工作的能力；③ 在科学或专门技术上做出创造性的成果。

针对不同层级的学位，获得学位的基本要件是逐级递增的。除却掌握本门学科的基础理论、专业知识和基本技能，以及从事相关工作的能力以外，三级学位均需达到成绩合格以上，只有学士学位没有明确规定"论文答辩"这一要求。虽然在实际情况中，大学本科毕业条件之一是撰写论文并通过答辩，但其论文的内容设置、具体要求和难易程度还是较硕士与博士学位更容易的。在硕士学位和博士学位获得条件的法条中明确写有"通过硕士（博士）学位的课程考试和论文答辩"，有两层内涵：一是目前我国硕士（博士）研究生学位答辩方式只有论文答辩一种选择；二是我国硕士（博士）研究生无论何种学位类别，也无论何种专业，其学位获得必须经过论文答辩程序。研究生学位答辩是研究生教育非常重要的环节，为保障硕士（博士）研究生论文答辩的严谨公正，《学位条例》也对通过答辩的方式以及审查要求进行了明确规定。[①]

（二）授予单位及职责

第 7 条：国务院设立学位委员会，负责领导全国学位授予工作。学位委员会设主任委员一人，副主任委员和委员若干人。主任委员、副主任委员和委员由国务院任免。

第 8 条：学士学位，由国务院授权的高等学校授予；硕士学位、博士学位，由国务院授权的高等学校和科学研究机构授予。

授予学位的高等学校和科学研究机构（以下简称学位授予单位）及其可以授予学位的学科名单，由国务院学位委员会提出，经国务院批准公布。

《学位条例》明确规定全国学位授予工作均由国务院设立的学位委员会领导，但不同层级学位的授予单位不同。国务院授权的高等学校可以授予符合授予条件学生以学士学位、硕士学位、博士学位。其中硕士学位和博士学位还可以由相关科学研究机构授予，如各级社科院、各学科科学研究机构等。

（三）获得方式

第 9 条：学位授予单位，应当设立学位评定委员会，并组织有关学科的学位论文答辩委员会。

学位论文答辩委员会必须有外单位的有关专家参加，其组成人员由学位授予单

[①] 周苏湘,董笑梦.高校硕士研究生答辩制度的现代转向：兼谈《虚伪条例》第 5 条的修改[J].河北农业大学学报（农林教育版）,2018(5):32-40.

位遴选决定。学位评定委员会组成人员名单由学位授予单位确定,报国务院有关部门和国务院学位委员会备案。

第 10 条:学位论文答辩委员会负责审查硕士和博士学位论文、组织答辩,就是否授予硕士学位或博士学位作出决议。决议以不记名投票方式,经全体成员三分之二以上通过,报学位评定委员会。

学位评定委员会负责审查通过学士学位获得者的名单;负责对学位论文答辩委员会报请授予硕士学位或博士学位的决议,作出是否批准的决定。决定以不记名投票方式,经全体成员过半数通过。决定授予硕士学位或博士学位的名单,报国务院学位委员会备案。

第 11 条:学位授予单位,在学位评定委员会作出授予学位的决议后,发给学位获得者相应的学位证书。

各级学位的授予均应当设立学位委员会,并组织有关学科的学位论文答辩委员会。对于学位论文答辩委员会的委员也有客观、公平的组成要求,比如必须有外单位的有关专家参加,避免单位内不必要的或易出现的错误,其组成人员要通过遴选的方式决定,也是更科学合理的方式。

为保障论文答辩严谨公正,对于硕士研究生论文和博士研究生论文有更详细的要求,比如第 10 条明确规定学位论文答辩委员会负责对硕士研究生论文和博士研究生论文进行审查的同时还需经过答辩小组全体成员三分之二以上通过决议。此外,为确保研究生论文质量,高校在论文答辩程序上设置了一系列环节,如研究生欲通过论文答辩首先应当通过开题答辩程序,毕业论文撰写需修改三次以上经导师同意后再进入外审环节,外审专家通过后才能进入最后的论文答辩环节,有些高校还设置了预答辩环节。

(四) 特殊情况

第 12 条:非学位授予单位应届毕业的研究生,由原单位推荐,可以就近向学位授予单位申请学位。经学位授予单位审查同意,通过论文答辩,达到本条例规定的学术水平者,授予相应的学位。

第 13 条:对于在科学或专门技术上有重要的著作、发明、发现或发展者,经有关专家推荐,学位授予单位同意,可以免除考试,直接参加博士学位论文答辩。对于通过论文答辩者,授予博士学位。

第 14 条:对于国内外卓越的学者或著名的社会活动家,经学位授予单位提名,国务院学位委员会批准,可以授予名誉博士学位。

第 15 条:在我国学习的外国留学生和从事研究工作的外国学者,可以向学位授予单位申请学位。对于具有本条例规定的学术水平者,授予相应的学位。

这里所说的"特殊情况"是指非通过普遍、正规、全国统一考试入学的学生、学者获得学位的相关规定，分以下四种情况：一是对于应届毕业的研究生所在单位没有学位授予资格的，可以遵守就近原则，经单位推荐到有学位授予资格的单位申请学位。经学位授予单位审查同意，并通过论文答辩、达到相关条件后方可由学位授予单位授予其学位，包括硕士研究生和博士研究生。二是对于有相关专家推荐，并在相关领域有重要著作、发明、发现或发展者，在学位授予单位同意的前提下可以免除考试，三个条件缺一不可。即使如此，仍然不能免除论文答辩环节，且此规定只针对博士学位的获得。三是名誉博士学位与博士学位不同，是世界多数国家通行授予的一种名誉性学术称号。我国从1983年起，开始授予名誉博士学位，其目的在于表彰国内外卓越的学者、科学家或著名的政治家、社会活动家在学术、经济、教育、科学、文化和卫生等领域，以及社会发展和人类进步事业中的突出贡献。在授予的对象和条件上，各国要求不一，我国的授予条件是经学位授予单位提名和国务院学位委员会批准即可。四是针对外国留学生和从事研究工作的外国学者也有相关规定，但仅局限在我国学习的，且需自行向授予单位进行申请。

（五）对学位授予决议有争议的程序

第16条：非学位授予单位和学术团体对于授予学位的决议和决定持有不同意见时，可以向学位授予单位或国务院学位委员会提出异议。学位授予单位和国务院学位委员会应当对提出的异议进行研究和处理。

第17条：学位授予单位对于已经授予的学位，如发现有舞弊作伪等严重违反本条例规定的情况，经学位评定委员会复议，可以撤销。

第18条：国务院对于已经批准授予学位的单位，在确认其不能保证所授学位的学术水平时，可以停止或撤销其授予学位的资格。

在《学位条例》最后部分针对学位授予决议完成后的有争议的情况作出了相关规定，具体分为三种情况。一是学位授予单位之外主体对授予学位的决议和决定有异议的情况下，可以向学位授予单位或国务院学位委员会提出异议，但异议主体只能是非学位授予单位或学术团体。二是对于已经授予的学位，学位授予单位发现有舞弊作伪等严重违反条例规定的情况，可以进行撤销，但必须经过学位评定委员会复议。三是对于曾有学位授予资格的单位在被国务院确认现已达不到学位授予的资格，即其不能保证所授学位的学术水平时，可以停止授予学位的资格，或撤销其授予学位的资格。

第二节 《学位条例》适用中的主要法律问题

一、学术不端引发的学位授予法律问题

(一) 学术不端行为的认定

1. 学术不端行为的规范界定

学术不端行为是一个集合性概念,包含了诸多学术不规范、不道德,甚至是违法的行为。当前我国不同位阶的规范并未对学术不端行为进行统一界定。随着教育法治的不断发展,我国对学术不端行为内涵与外延的认识呈现出逐步明晰化的过程。1981年实施的《学位条例》第17条将"舞弊作伪"列为学术不端行为。2004年教育部出台的《高等学校哲学社会科学研究学术规范(试行)》规定:伪注、伪造、篡改文献和数据;抄袭、剽窃或侵吞他人学术成果;粗制滥造、低水平重复;重复发表等,均属于学术不端行为。2009年出台的《教育部关于严肃处理高等学校学术不端行为的通知》列举了七种学术不端行为。2016年实施的《高等学校预防与处理学术不端行为办法》以部门规章的形式明确了学术不端行为的定义:高等学校及其教学科研人员、管理人员和学生,在科学研究及相关活动中发生的违反公认的学术准则、违背学术诚信的行为。该文件详细列举了学术不端的表现形式:① 剽窃、抄袭、侵占他人学术成果;② 篡改他人研究成果;③ 伪造科研数据、资料、文献、注释,或者捏造事实、编造虚假研究成果;④ 未参加研究或创作而在研究成果、学术论文上署名,未经他人许可而不当使用他人署名,虚构合作者共同署名,或者多人共同完成研究而在成果中未注明他人工作、贡献;⑤ 在申报课题、成果、奖励和职务评审评定、申请学位等过程中提供虚假学术信息;⑥ 买卖论文、由他人代写或者为他人代写论文;⑦ 其他根据高等学校或者有关学术组织、相关科研管理机构制定的规则,属于学术不端的行为。

2. 学术不端行为的具体认定

《高等学校哲学社会科学研究学术规范(试行)》规定,各高校可以根据该项规范,结合具体情况,制订相应的学术规范及其实施办法,并对侵犯知识产权或违反学术道德的学术不端行为加以监督和惩处。2009年发布的《教育部关于严肃处理高等学校学术不端行为的通知》对于查处学术不端行为的工作机构、查处原则与依据、查处程序与结果以及学术不端行为的预防等进行了笼统规定。其后,《国务院学位委员会关于在学位授予工作中加强学术道德和学术规范建设的意见》进一步明确了学位授予单位对舞弊作伪行为的认定与处理规则。《高等学校预防与处理学术不端行

为办法》详细规定了高等学校受理、调查、认定、处理学术不端行为的主体、程序以及复核、监督等内容。在具体认定与处理学术不端行为时,该办法规定高等学校应当结合学校实际和学科特点,具体制定本校查处与处理学术不端行为的规则,并由学校学术委员会和教职工代表大会讨论通过。

在于艳茹案①中,国际新闻界杂志社在接到读者举报后进行了调查与核实,认定于艳茹的论文构成严重抄袭,做出了相应的处理决定,并将论文抄袭情况通报了作者相关单位。北京大学在收到国际新闻界杂志社的通报后,立即组织包括法国史、法语专家在内的专家调查小组对该涉嫌抄袭的论文进行专业审查。审查小组认为该文属于严重抄袭,北京大学学位评定委员会继而做出撤销于艳茹博士学位的决定。就学术不端行为的认定而言,北京大学的做法属于职责范围内的事项,是符合相关规章的要求的。

(二) 学术不端行为司法审查的实际运作

1. 司法权力介入的原则

为了充分尊重大学自治与高校自主管理权,有效化解专业领域的行政纠纷,司法权力介入高校行政管理关系时,应当坚持穷尽行政救济原则和有限审查原则。穷尽行政救济原则,是指行政相对人应当首先将行政争议诉诸行政系统内部的纠纷解决机制,如提起复核申请、行政申诉等。只有在穷尽行政系统内部的救济手段仍不能得到救济时,方能请求司法权力介入。设置该项原则的初衷在于,充分发挥行政系统内部纠纷解决机制的专业性、便捷性优势,减轻法院的审判负担。一般来说,行政申诉的事项范围远远超过司法审查的受案范围,能够最大限度地保障学生的各项权益。尤其是当涉及学术领域的专业性问题时,高校或者教育行政系统内部的申诉机构拥有更多专业性的人力物力资源和较为丰富的学术纠纷解决经验,可以实现自我纠错的目标。有限审查原则,是指当教育行政纠纷涉及学术领域的事实认定问题时,司法权应当保持克制,为学术组织做出专业性判断留出必要空间。以学术不端行为的认定为例,现阶段前述教育领域的规范性文件、学术共同体对于学术不端的范围边界、程度判断还存在着比较大的模糊性和差异性,法官就更难依凭自身有限的知识进行专业判断,所以法院及法官应当充分尊重学术组织做出的专业性结论,

---

① 于艳茹案。2014年8月17日,中国人民大学学术期刊《国际新闻界》刊登了一则《关于于艳茹论文抄袭的公告》,当时于艳茹已从北京大学毕业。次年1月9日北京大学调查后决定撤销于艳茹博士学位,于艳茹向北大提出申诉。3月17日北京大学申诉处理委员会通报维持原处理决定。3月18日于艳茹请求北京市教委撤销北京大学的决定。5月22日北京市教委的申诉答复意见书对其请求未予支持。7月17日于艳茹将北京大学起诉到北京市海淀区人民法院。2017年该案由北京市第一中级人民法院做出终审判决,认定北京大学作出的撤销于艳茹博士学位决定程序违法,亦缺乏明确法律依据,撤销之前北京大学作出的撤销学位的决定。

不能任意决定学术性、专业性的事实认定问题。

就于艳茹案来说,于艳茹先后向北京大学学生申诉处理委员会和北京市教育委员会提交了申诉材料,在申诉均维持原处理决定的情况下,才向北京市海淀区人民法院提起行政诉讼。于艳茹穷尽了行政系统内部的救济途径,为教育系统内部纠错提供了充分的机会,在仍不能维护自己的合法权利的情况下向人民法院起诉,这符合法律的规定。在法院的一审和二审判决中,法官也遵循了有限审查原则,没有对于艳茹的论文是否构成严重抄袭这一学术性的事实问题进行评判,而是将审查的重点放在北京大学做出学位撤销决定的法律依据与程序是否合法的问题上。

2. 司法权力介入的强度

司法审查的强度实质上是司法权对于行政权的干预程度。根据《全面推进依法行政实施纲要》的规定,行政机关在行使公权力时应当满足合法行政、合理行政、程序正当、高效便民、诚实守信、权责统一的基本要求。在行政诉讼中,法院应当从实体上和程序上分别审查行政行为的合法性与合理性,正确把握学校干预行政权力行使的限度。就行政行为的合法性审查而言,法院应当查找法律法规的相关规定,检视行政主体是否享有相应的行政管理权限,是否在法律法规的授权范围内行使权力。就行政行为的合理性审查而言,法院应当按照比例原则的要求,考虑相关因素,判断行政行为所采取的措施是否做到目的正当、手段必要、对当事人的权益损害最小。就做出行政行为的程序而言,法院应当依据程序正当原则的普遍要求,判断行政主体是否给予行政相对人相应的知情权、参与权等必要权利。

在"于艳茹案"中,一审法院和二审法院充分尊重了高校及教育行政机关对学术问题的专业性判断,没有对北京大学认定于艳茹所发表的论文构成严重抄袭进行司法审查,而是将审查的重点集中于北京大学是否享有撤销已授予博士学位的行政职权,北京大学做出学位撤销决定时是否说明了理由、是否符合正当程序原则等。根据《学位条例》的相关规定,北京大学作为法律法规授权的组织,依法享有撤销学位的行政权力。但是,北京大学在做出学位撤销决定的过程中,没有切实遵守自然正义要求的正当程序原则,未能保障于艳茹的程序参与权,赋予其陈述与申辩的权利。在学位撤销决定书中亦未载明该决定所依照的法律条款。因此,法院依法撤销了北京大学的《关于撤销于艳茹博士学位的决定》。在于艳茹案的两审法院判决公布后,理论界和实务界对法官从正当程序这一基本原则角度审查高校行政行为的合法性持赞赏态度。客观上讲,法院对于高校行政行为的程序性审查为高校健全与完善自身制度建设提供了外在激励。

不过,在北京大学举行的"学位授予与学位撤销中的法律问题"研讨会上,众多法学领域、教育学领域的专家认为,于艳茹的论文是否构成抄袭、涉嫌论文与博士学位授予之间是否具有关联性仍旧存疑,即使于艳茹的论文构成了抄袭,撤销其博士学位的决定也存在处罚过重的嫌疑①,并且违背了预防为主、教育与惩戒相结合等处理学术不端行为的基本原则。高校在处理学术不端行为时如何践行教育与惩戒相结合原则是一个存在极大自由裁量权的问题,既需要通过教育行政系统内的监督机制进行规范,必要时也应当通过司法审查途径进行规范。其中,司法审查需要侧重于对高校行政行为进行合理性审查,特别是在高校享有较大自由裁量权且行政行为对行政相对人的权利产生较大影响的情况下。对行政行为实施合理性审查,适用比例原则进行衡量与判断,可以最大限度地确保行政行为目的正当、手段适合、对行政相对人的损害最小,实现实质法治的更高目标。② 当然,司法对高校行政行为的合理性审查,不能单凭法官的个人素养做出判断,而是应当借助社会学术力量做出公允、公正的裁判。

近年来,我国学术失范、学术不端、学术腐败的现象频频出现,扰乱了学术共同体的良好秩序,败坏了学术风气和学术道德,甚至严重损害了我国学术界的国际声誉。在我国建设法治国家、法治社会的进程中,对于学术不端行为的治理不仅要依靠学术自律和道德领域的外在制约,更要从法治的、规范的角度进行遏制与约束。从行政法规制角度对学术不端行为进行治理,有利于净化学术环境,塑造良好学术氛围,有效规范高校及教育行政系统的行政权力,切实保障学生等弱势群体的合法权益。虽然于艳茹案终审判决尘埃落定,但是由该案引申出来的理论问题还有很多,如有关学术不端行为的预防、认定及处理问题等,急需更加明确的规范标准。该案的落幕不应是一个终点,而应是构建公允的学术认定与评价体系、高校有序管理机制、司法权与高校自主权和谐关系的起点。③

二、考试作弊引起的学位授予法律问题

(一)考试作弊与学位授予挂钩的法律分析

针对大学生考试作弊与学位授予挂钩,理论学界会有一些不同的观点,但大多数学者支持此种做法的合法性,也就是挂钩合法说。

挂钩合法说是主张大学生作弊与学位授予挂钩合法有效的观点侧重从高校自治的角度进行论证。概言之,挂钩与现行法律不相冲突,属于高校办学自主权的体现。

《学位条例暂行实施办法》第25条授权学位授予单位制定学位授予的工作细

---

① 刘素楠,吴铭.北大女博士"抄袭门"争议[J].南方都市报,2015-4-9(A16).
② 李仁艳.高校内部行政法律关系论[M].北京:中国政法大学出版社,2009:19-21.
③ 刘一玮.学术不端行为的认定及其司法审查[J].河南教育学院学报,2018(5):53-56.

则。因而法院认为,高校"将学士学位的授予条件、评审程序具体细化,将包括考试舞弊、违反校规、校纪等品德方面的内容列入审核范围,规定不授予考试舞弊者学士学位,并未与上述规定相抵触"。① 所谓细化的依据则来源于《学位条例》第 2 条,即凡是拥护中国共产党的领导、拥护社会主义制度,具有一定学术水平的公民,都可以按照本条例的规定申请相应的学位。依据此种主张,我国学位授予的条件不仅包含学术水平标准,还融入了道德品行要素。这能从国务院学位委员会《关于对〈中华人民共和国学位条例〉等有关法规、规定解释的复函》中得到佐证,即"申请学位的公民要拥护中国共产党领导、拥护社会主义制度,其本身内涵是相当丰富的,涵盖了对授予学位人员的遵纪守法、道德品行的要求"。法院在判决中乐此不疲地引以为据,意图在高校校规与国家立法之间架构合法性的桥梁。②

不仅如此,"高校自主办学权"还成为考试作弊与学位授予挂钩的正当性基础,从而避免道德品行考量的法律依据的纠缠。在"刘琪诉中山大学不授予学位纠纷案"中,法院认为"被告制定的《中山大学授予学士学位工作细则》关于'在校期间受过留校察看或以上处分者,不授予学士学位'的规定属学校行使学位授予权的自主范围"③,"对在校学生学习成绩的评价标准,高等学校有权自主决定。这种自主权在不违背法律原则的前提下应当受到司法的尊重。"④

在合法性探究之外,考试作弊与学位授予挂钩的合理性在个别裁判中得以强调。在"杨昆与吉林师范大学履行颁发学位证法定职责上诉案"中,法院主张"虽然就上诉人个体而言考场违纪代价沉重,但就该学校而言是维护社会公平竞争,提升教学质量,纠正不良学风,其社会价值的正能量理应得到依法支持"⑤。这种观点试图在大学生权利与公共利益之间进行衡量,进而论证挂钩的正当性。"对考试作弊者不授予学位,管理目的正当、处理手段适当,有利于实现教育法、高等教育法等法律法规确定的立法目的和教育目标,有利于各学位授予单位依法自主办学、提高教学质量和学术水平,同时也有利于从整体上保护受教育者的合法权益。"⑥

(二) 考试作弊与学位授予挂钩如何跨越合法之门

学界对司法实践进行了积极回应,但在观点上呈现出了两极分化的态势。一方面是对考试作弊与学位授予挂钩的合法性进行辩护,理由主要是"既符合中国国情,

---

① 江西省高级人民法院[2004]赣行终字第 10 号行政判决书。
② 山东省济南市中级人民法院(2016)鲁 01 行终 6 号行政判决书、江西省高级人民法院(2015)赣行终字第 16 号行政判决书等。
③ 广州市珠海区人民法院(2015)穗海法行初字第 173 号行政判决书。
④ 天津市高级人民法院(2004)高行终字第(44)号行政判决书。
⑤ 吉林省四平市中级人民法院(2015)四行终字第 12 号行政判决书。
⑥ 江苏省苏州市中级人民法院(2008)苏中行再终字第 0001 号行政判决书。

也顺应世界潮流"。① 国务院学位委员会有关《学位条例》的解释包含了道德品行评价要求,②"考试作弊导致不良学术评价并无不妥,不授予学位属于学术评价范围,并不违反学位法律"。③ 另一方面,挂钩违法说则主张国务院有关《学位条例》的解释将"拥护中国共产党的领导、拥护社会主义制度"条款的内涵"降格为考试作弊、打架违纪等一般事项",与法律相抵触。④ 两方面的观点与法院的立场呈现出相当程度的谙合,只有从法规范的意义上澄清我国学位授予立法的法律意涵,方能对考试作弊与学位授予挂钩的合法性展开体系化的法释义学阐释,并为法院对相关案件的处理提供融贯性的操作准则。

1. 我国学位授予道德化的规范意涵

《学位条例》是学位授予的基本法,该法第4条有关学位授予的条件:"较好地掌握本门学科的基础理论、专门知识和基本技能"与"具有从事科学研究工作或担负专门技术工作的初步能力",都可归结为"学术水平"的范畴。除此之外,该法第2条规定了学位授予的基本原则,从而在学术水平之外增加了"拥护中国共产党的领导、拥护社会主义制度"的要求。《普通高等学校学生管理规定》第33条规定符合学位授予条件者,学位授予单位应当颁发学位证书。但何谓"学位授予的条件",法律对之隐晦不明。最大的争议在于,国家法律除了规定学术标准外是否涵盖道德品行标准。

(1) 其他规范性文件作为学位授予道德化依据的误区

在2003年"周某某诉浙江大学不授予学士学位案"的审理过程中,国务院学位委员会针对浙江大学的复函中指出,《学位条例》第2条"涵盖了对授予学位人员的遵纪守法、道德品行的要求",实际上对国务院学位委员会和教育部联合于1981年发布的《关于做好应届本科毕业生授予学士学位准备工作的通知》([81]学位字022号文件)的相关内容予以重申。⑤ 依据此文件,在授予学士学位工作中,必须坚持社会主义方向。应届本科毕业生必须拥护中国共产党的领导,拥护社会主义制度,愿意为社会主义建设事业服务,遵守纪律和社会主义法制,品行端正,方可授予学位。⑥

《学位条例》乃全国人民代表大会常务委员会通过的法律,无论是国务院学位委员会还是教育部,皆非有权的法律解释主体。追溯学位条例制定当时的立法资料,

---

① 许为民,杨行昌.学位授予与道德素质考察三种观点的辨析[J].学位与研究生教育,2005(8):40-43.
② 张军.学生处分影响学位授予现象之再解读[J].学位与研究生教育,2011(10):56-59.
③ 田鹏慧.学生处分影响学位授予现象之法律解读[J].学位与研究生教育.2007(6):47-51.
④ 郑磊.论学术自治尊让原则的具体化:基于最高人民法院指导案例39号之展开[J].郑州大学学报(哲学社会科学版),2016(3):39-43.
⑤ 《关于对〈中华人民共和国学位条例〉等有关法规、规定解释的复函》,国务院学位委员会2003.11.21发布。
⑥ 《关于做好应届本科毕业生授予学士学位准备工作的通知》,国务院学位委员会和教育部1981年联合发布。

我们可以获知《学位条例》第2条的出台的初衷在于"对学位获得者应该有政治条件的规定,以鼓励他们坚持又红又专的方向"。① 无论如何,政治条件无法涵盖遵纪守法的要件。从法律文义解释出发,两者不可同日而语。且从常理上而言,不能将考试作弊视为违反"拥护中国共产党的领导、拥护社会主义制度"的要求。将国务院学位委员会的复函作为道德品行标准的依据,既背离了《学位条例》的立法意图,也存在严重的解释逻辑缺陷。② 依照行政诉讼法,法院在裁判中对违反上位法的其他规范性文件有权不予适用。

(2)学位授予道德化的另一种规范解读

我国学位授予道德化的依据不应简单地以相关的政策与文件为基础,而应追溯学位授予的规范体系,进而挖掘学位授予的法律意涵。《教育法》第43条规定,受教育者"享有在学业成绩和品行上获得公正评价,完成规定的学业后获得相应的学业证书学位证书"的权利。换言之,学位证书的颁发须同时满足学术水平与道德品行的双重要件。即便学位条例未明确规定道德品行要件,《教育法》作为法律对学位条例有关学术授予的要件进一步明确,根据新法优于旧法的原理,应认可其法律约束力。依据《高等学校学生管理规定》第31条,只有在学校规定年限内,修完教育教学计划规定内容,德、智、体达到毕业要求,方能准予毕业,学位的授予以毕业证书的获得为前提,因而道德品行成绩属于学位授予的要件之一。《学位条例暂行实施办法》第4条要求高等学校在授予学位前"应当由系逐个审核本科毕业生的成绩和毕业鉴定等材料",亦表明了学位授予须考察道德品行要素。

而且《教育法》与《高等教育法》赋予教育的目的为"使受教育者成为德、智、体等方面全面发展的社会主义事业的建设者和接班人",意味着无论是学业证书还是学位证书的授予,除了学术水平的要求外,还蕴含着道德品行评价的规范意涵。依据《高等教育法》第5条,高等教育的任务是培养"养具有社会责任感、创新精神和实践能力的高级专门人才",社会责任感的形成离不开道德品行的培养,因而个人的操行表现在修业年限结束时也须接受考核。在司法实践中,这已得到一定范围的承认。③ 行政机关亦将"实行德智体美全面发展、理论与实践相结合的学位授予标准"④贯彻于具体实践。如果对《学位条例》第4条、第5条、第6条中"成绩合格"的"成绩"作

---

① 蒋南翔.在第五届人大常委会第十三次会议全体会议上关于《中华人民共和国学位条例(草案)的说明》[R],1980-2.

② 于志刚.学位授予的学术标准与品行标准:以因违纪处分剥夺学位资格的诉讼纷争为切入点[J].政法论坛,2016(5):83-96.

③ 湖北省武汉市中级人民法院(2010)武行终字第184号行政判决书.

④ 刘延东.在纪念《中华人民共和国学位条例》实施三十周年纪念大会上的讲话[J].学位与研究生教育.2011(3):1-6.

扩大解释,其完全可以涵括学业成绩与操行成绩两个方面的要求。①

然则,即便学术授予的法定条件中包含了道德品行要件,却无法得出因考试作弊或受到纪律处分不授予学位具有合法性。这是因为道德品行属于不确定法律概念,在法律层面上缺乏清晰的界定。国家立法仅设定了学位授予的一般原则与框架,依据《学位条例暂行实施办法》第 25 条,高校具有制定学位授予细则的自主空间。在国家立法之下,高校是否可以随意设定学位授予的条件,并将考试作弊、纪律处分与学位授予挂钩,对此问题进行回答须澄清高校自治的边界。

2. 学位授予之高校自主空间

(1) 学位授予属于学术自治的范围

在一些国家,学位授予中的高校与学生的法律关系因公立或私立性质而有所差异,后者体现为私人之间的契约关系。如在美国,约翰·霍普金斯大学在 1997 年因该校的一名学生犯有谋杀罪而拒绝授予其学位,尽管其修完了所要求的课程。法院主张学生与私立高校之间的关系相当程度上体现为契约关系,因而学位授予的条件可在学校的相关文件中获得依据,进而主张高校的决定不存在"悠意与专断"。② 亦即,只要高校不授予学位的依据源于双方明示或隐含的契约,便具有正当性。至于是否存在悠意与专断,则考察高校是否保障了学生陈述与申辩的权利。在另一类似案件中,拒绝授予学位的决定则被法院认定为违法,该高校校规并未禁止同性恋。③

在我国,学位授予乃《高等教育法》《学位条例》赋予的一项公权力,不管是公立还是私立高校,其授予条件与程序在一定程度上受到国家立法的约束。因而在学位授予上,高校与学生之间并非契约关系。《高等教育法》第 11 条规定:"高等学校应当面向社会,依法自主办学,实行民主管理。"高等学校享有办学自主权,学位授予属于学术性事项,当然属于学术自治的范围。《学位条例暂行实施办法》第 25 条"学位授予单位可根据本暂行实施办法,制定本单位授予学位的工作细则"在国家立法层面上再次确认学位授予条件的细化权。开放的法律结构蕴含着高校在学位授予上的自主空间,学位授予条件的设定与大学培养人才的目标息息相关,影响大学的学术发展与经营特性,属学术自治的范围。在最高人民法院指导案例第 39 号中,法院即承认高校"在学术自治范围内制定学士学位授予标准的权力和职责",这在司法实践中业已成为共识。

依据《高等学校学生管理规定》第 53 条,对大学生的纪律处分包括警告、严重警告、记过、留校察看与开除学籍五种类型。同时依照该法第 52 条,高校作出相应处分

---

① 如台湾《台湾大学学则》第 23 条将学生成绩分为学业与操行两种,采取百分制的考核方式。同时该学则第 52、80 条将"各学期操行成绩均及格"作为学位授予的必要条件。

② Harwood v. Johns Hopkins University. 130 Md. App. 476.

③ Harwood v. Lincoln Christian College. 150 Ⅲ. App. 3d 733.

应与学生违法、违规、违纪行为的性质和过错的严重程度相适应,不得违反比例原则。对考试作弊的普通纪律处分,对学生的权益可能形成侵害,自当遵循法律保留原则,只有国家立法具有明确依据时,高校方可进行不利处分。与此不同,学位授予事项属于高校学术自治的范围,无须严格地遵循法律保留,既然国家立法在学位授予上已设定基本的框架,高校在学位授予上便具有自主的空间。学术标准与道德品行标准在法律外延上的不明确,恰恰构成高校通过校规予以填补的基础。道德品行标准关涉人才培养的风格与质量,属于教学自由的范畴,当其与学位授予挂钩时,已落入学术自治的领域,因而"对学术自治范围的界定,必须秉持是否包含学术判断这一核心标准",①显然误解了学术自治的内涵。纠缠于考试作弊与学位授予挂钩的更为具体的依据,无异于将高校、学位授予权等同于行政机关与行政权。

(2) 学位授予的法律界限

如前所述,针对考试作弊与学位授予挂钩,较为普遍的观点主张借助高校自治赋予其合法性。然而,一味地抬高高校自治的价值,无形之中忽略了其界限。就学位授予而言,国家立法设定了高校自治的基本框架,但高校自治亦有自身的边界。最高人民法院指导案例第39号在肯定"学术自治"的同时,强调高校应"根据自身的教学水平和实际情况在法定的基本原则范围内确定各自学士学位授予的学术水平衡量标准"。②亦即高校确定学位授予的具体细则,不能与国家立法相冲突,且不得违反法定的基本原则。能否取得学位,对宪法上受教育权的享有具有重大影响,此外,由于就业、继续深造等与学位获得息息相关,学位授予条件的设定,尚涉及就业权与财产权。将"不能作弊"视为"一种社会公知的学术评价标准",③进而放弃国家立法的约束,将无限扩大学术自治的范围。

因此,高校在学位授予上享有自主空间的同时,还应避免学生的基本权利受到不当侵害。我国宪法第47条"科学研究、文学艺术创作和其他文化活动的自由"是学术自由保障的根本规范,构成了学术自治的正当性基础。在内部界限上,高校对学位条件的设定应当围绕学术自由的保障展开。在外部界限上,这种设定应遵循法定的基本原则,如正当法律程序原则、比例原则与平等原则等。我国台湾地区释字第563号解释即指出:"有关章则之订定及执行自应遵守正当程序,其内容并应合理妥适,乃属当然。"至于法定基本原则的检验,则须将考试作弊与学位授予挂钩置于整个行政法体系下进行考察。

---

① 郑磊.论学术自治尊让原则的具体化:基于最高人民法院指导案例39号之展开[J].郑州大学学报(哲学社会科学版),2016(3):39-43.

② 指导案例第39号"何小强诉华中科技大学拒绝授予学位案",最高人民法院审判委员会讨论通过,2014年12月25日发布.

③ 天津市高级人民法院(2004)高行终字第(44)号行政判决书.

(三) 法院应当作为学位授予合法性约束的保障者

我国法律在学位授予上蕴含了道德品行评价的法律意涵。尽管高校在学位授予的要件设定上享有自主空间,但将考试作弊与学位授予挂钩不能逃逸于合法性约束之外。法院在具体的个案中,亦不能消极地以"大学自治"的名义逃避司法审查的责任。

1. 考试作弊与学位授予挂钩的类型化

(1) 将作弊视为学位授予的消极要件

该模式将考试作弊确定为学位授予的否定要件。如《中山大学学位授予工作细则》第4条规定:"凡因考试作弊或违反学术规范而受到处分的不得授予学位。"[①] 还有的直截了当地规定"考试违纪舞弊者"不授予学士学位,如吉林师范大学学位授予管理规定。[②]

(2) 将纪律处分作为学位授予的要件

该模式未直接将考试作弊与学位授予挂钩,而是规定受到特定纪律处分的,不得授予学位。如《华中农业大学学位授予工作实施细则》第24条第1款第4项规定"第三学年(含第三学年)后,因考试作弊受到警告(含警告)以上处分,不得授予学士学位"[③]《上海大学学士学位授予工作细则》将"就读期间无处分记录或仅有严重警告及严重警告以下处分"作为授予学士学位的条件。[④]

(3) 将考试作弊与学位授予有条件地挂钩

针对考试作弊,该模式未绝对地排除学位的授予,而是设定了限制条件。如《西安建筑科技大学授予学士学位实施细则》第3条第4项规定:"在校期间,曾受留校察看处分者,但对1至3年级(城市规划、景观学专业1至4年级)受过留校察看处分,毕业前经考察,确已改正错误,表现良好,且在校学习期间平均学分绩点大于等于3或毕业设计(论文)成绩优秀、在校期间获得省级以上科技竞赛奖、具有省级以上科学技术创新成果、获得省级以上文体单项奖者,平均学分绩点大于等于2.5;均可考虑授予学士学位。"[⑤] 这种模式针对考试作弊受到处分规定了若干补救的措施,满足了这些要件,即便学生作弊受到处分,高校仍应授予其学位。

2. 考试作弊与学位授予挂钩的合法性约束

以上三种挂钩模式都面临着合法性的质疑。此种合法性要求既根植于学术自

---

① 广州市珠海区人民法院(2013)穗海法行初字第82号行政判决书。
② 吉林省四平市中级人民法院(2015)四行终字第12号行政判决书。
③ 湖北省武汉市中级人民法院(2010)武行终字第184号行政判决书。
④ 上海市第二中级人民法院(2011)沪二中行终字第34号行政判决书。
⑤ 西安市碑林区人民法院(2015)碑行初字第00215号行政裁决书。

治的宪法基础,也来自国家立法及其基本原则的限制。法院在个案中,应从学术自治、法律规范与比例原则三个维度对高校校规进行审查,进而决定是否适用相关的校规。

(1) 学术自治的约束

学位授予涉及对人才培养质量的认定,高校在此事项上具有学术自治的空间。学术自治的基础源于学术自由,涵括了教学自由、研究自由与学习自由。只有当学位授予服务于学术自由的保障时,方能免除法律保留的严格限制。换言之,学位的授予条件无须具备明确的法律依据。不同于契约性质的学位授予关系,我国的学位具有较强的国家学位属性,须受到国家立法的约束。《教育法》《高等教育法》及《学位条例》从不同角度确立了学业成绩标准与道德品行标准。高等教育具有多元性,德育与智育并重是我国立法确立的教育方针,"促进学生在品德、智力、体质等方面全面发展"[①]既是教育的重要目标,也是对德育的强调,更是教学自由的重要体现。

因而,不宜以考试作弊属于高校行政管理的事项,进而否定其与学位授予挂钩的可能性。对此种校规进行合法性审查之前,应确定"该校规是否系有实现教育理念、保障学术自由之目的"。[②] 对考试作弊进行纪律处分,无疑对作弊者的受教育权具有重大影响,须受到法律保留原则的约束。未有法律上的明确依据,高校的处分不得逾越纪律处分的类型。但将考试作弊作为道德品行标准评价的因素,与学位授予挂钩,则已落入法定的学位授予标准范围,意在贯彻法律确立的全面发展的教育理念,因而毋须具备直接的法定依据。就此而言,最高人民法院指导案例第39号提及的"各高等学校根据自身的教学水平和实际情况在法定的基本原则范围内确定各自学士学位授予的学术水平衡量标准"[③]将学术自治局限于"学术水平衡量标准"。

(2) 法律规范的约束

将考试作弊与学位授予直接挂钩,违背了法律规范的目的,不符合培养人才的正当性。全面培养人才的原则从多处国家立法中可见一斑。《高等教育法》第4条强调"高等教育"应当"使受教育者成为德、智、体等方面全面发展的社会主义事业的建设者和接班人"、第31条明确"高等学校应当以培养人才为中心",以及《普通高等学校学生管理规定》(1990年版)第64条规定"对犯错误的学生,要热情帮助,严格要求,处理时要持慎重态度,坚持调查研究,实事求是,处分要适当。"依据

---

① 参见《中华人民共和国教师法》第8条第4款:"关心、爱护全体学生,尊重学生人格,促进学生在品德、智力、体质等方面全面发展。"

② 伏创宇.高校校规合法性审查的逻辑与路径[J].法学家,2015(6):127-142.

③ 指导案例第39号"何小强诉华中科技大学拒绝授予学位案",最高人民法院审判委员会讨论通过,2014年12月25日发布。

《普通高等学校学生管理规定》第6条,道德与纪律教育属于高等教育的内容之一。高等教育的精神在于培养人才,除了知识与能力的教育外,尚包括道德品行的培育。古今中外,考试作弊屡见不鲜,若因学生在纪律上犯错误即一律剥夺学生的受教育权,甚至影响其就业权的享有,已属"不教而诛谓之虐",违反了国家法律确立的教育目的。

司法实践中,有的法院将考试作弊与诚实信用联系起来,主张大学生考试作弊"违背诚信原则"[1],实为"不当联结"。尽管高校在学位授予上享有自主空间,但不能逾越法定的裁量范围,并应符合国家立法授权的目的。一次考试作弊与道德品行不合格之间无法画等号,对道德品行的评价应当具有可预见性与公正性。如我国台湾大学便制定了《学生奖惩纪录暨操行成绩实施要点》,明确了奖惩事项及具体的评价规则。依据该办法,即便是通常的考试作弊,也只是记大过、扣除7.5分,不至于受到道德品行不及格的评价。[2] 一旦考试作弊,直接将之视为道德品质缺陷而"课以极刑","只论过不论功",忽视高等教育本身的人才培养功能,有违《高等教育法》与学位授予的立法目的,显属恣意。

(3) 比例原则的约束

比例原则包含了适当性原则、必要性原则与均衡性原则。

首先,适当性原则要求手段应有助于目的之实现。将考试作弊与学位授予挂钩,对作弊者课以最严厉的不利处分,从而对作弊形成"寒蝉效应",似乎有利于减少作弊现象。事实上,这种极端的处理方式致使监考老师在监考过程中多有所顾忌,对于作弊行为常不忍心记录在案,并怠于上报学校处理。这可能进一步助长学生的侥幸心理,防范作弊的效果也大打折扣。

其次,必要性原则要求作弊治理效果等同的情形下,应当选择对学生权利侵害最小的手段。对作弊行为的处分除了不授予学位外,还包括批评教育、警告、记过、留校察看等各种手段。必要性原则在《普通高等学校学生管理规定》第16条,第52条,第55条中都有体现,"学生严重违反考核纪律或者作弊的,由学校视其违纪或者作弊情节,给予批评教育和相应的纪律处分",这充分表明学校对给学生的处分要适当,处罚与违纪情节要适应,教育与惩罚手段要相结合。

大学以培养人才为中心,对待犯错误的学生应当坚持教育优先原则。针对考试作弊给予纪律处分或保留不授予学位的权力,一些高校根据学生的后续表现采取了弹性化的处理方式,如《清华大学学生违纪处分管理规定》第9条、《西安建筑科技大

---

[1] 刘曼.最高人民法院公布10起弘扬社会主义核心价值观典型案例[N].人民法院报,2016.3.10(3).

[2] 根据该办法,学生如有应受奖惩事项,其加减操行分数之规定如下:1)记嘉奖一次加一分,记小功一次加二点五分,记大功一次加七点五分;2)记申诫一次减一分,记小过一次减二点五分,记大过一次减七点五分。操行成绩基本分数为八十分,六十分不及格。

学授予学士学位实施细则》第3条等。① 2015年修订的《中国政法大学普通本科生学士学位授予办法》中,就取消了将"在校期间未受过留校察看(含)以上处分"作为授予学士学位的条件。

最后是均衡性原则的检验,考试作弊与学位授予挂钩所欲达成的目的与侵害的权益之间应当成比例。挂钩的初衷无非是减少与预防考试作弊,形成良好的学习风气,但实施效果差强人意,甚至有放纵作弊之嫌。与之相应的是,拒绝授予学位将对学生的受教育权、就业权、继续深造等权益造成重大影响,所导致的损害远大于冀望实现的作弊治理目的,难谓符合均衡性原则。

基于以上分析,无论是将考试作弊直接确定为学位授予的消极要件,还是将某种纪律处分作为学位授予的要件,都背离了国家立法的初衷。将考试作弊与学位授予有条件地挂钩与国家立法的意图更为接近,但仅通过学业成绩来弥补操行成绩之不足,亦与学位授予法定标准的二元背道而驰。针对考试作弊与学位授予挂钩,法院在个案中不应消极保守,而应审查相关校规是否遵循了国家立法的目的,是否符合比例原则的要求。如果高校在道德品行的评价上具有较为全面且公允的规则可供依循,则司法审查应当保持节制。

(四) 维护学术自治的合法性约束

大学生考试作弊与学位授予挂钩的争论,映射出了高校自治与学生基本权利保护的紧张关系,如何平衡两者的冲突是公法学须谨慎对待的重要课题。高校的学术自治固然值得弘扬,但并非毫无界限。一味地推崇高校自治与司法尊让,不仅会侵害学生的基本权利,还将对国家立法的意图与精神形成扭曲。

依据我国现行法律的体系解释,学位授予的标准包含了政治条件、学术标准与道德品行要素。高校在国家立法设定的学位授予标准框架下,有权根据人才培养的风格,实现特定的教育理念,维系大学品质,自主制定学位授予的条件及细则。将考试作弊与学位挂钩,无须受到法律保留原则的严格限制,但不能脱离国家立法及其基本原则的合法性约束。

大学生考试作弊不能作为评判道德品行的直接依据。学位的授予乃对大学生培养水平与质量的肯认,若直接将考试作弊与学位授予挂钩,违反了《教育法》《高等教育法》确立的全方位培养人才的立法目的,难以脱离"不教而诛"的指摘,亦违反了公法上的比例原则。换言之,对考试作弊者直接剥夺学位授予资格的处分规定过于严厉,高校对待考试作弊者应综合考虑当事人态度、改正的表现和受奖励情况给予

---

① 参见《北京航空航天大学学位授予暂行实施细则》第10条、《中央财经大学全日制本科毕业生学士学位授予工作实施细则》第3条、《北京科技大学学位授予工作细则》第27条、《北京交通大学学位授予工作实施细则》第33条、《中山大学新华学院学士学位授予工作细则(试行)》第4条。

操行成绩评价,不可对作弊的学生一律撤销学位授予资格。这要求高校在道德品行标准的设定上贯彻教育与处罚相结合的法定原则,采用更为弹性化的考试作弊与学位授予挂钩的模式。①

案例分析:

翟某某"抄袭门"事件②

一、基本案情

2019年初,新闻爆出翟天临北京电影学院博士研究生在读期间,发表的一篇学术性质文章有疑似抄袭行为。北京电影学院已经对这一事件成立调查组。有网友针对翟天临曾经的《谈电视剧〈白鹿原〉中"白孝文"的表演创作》一文进行查重,文章查重检测报告显示相似度超过50%、知网上文字重复比为40.4%,总字数2 783的文章中重复字数多达1 125个。与此文有超高相似度的文献是发表于2006年《黄山学院学报》的《一个有灵魂深度的人物——〈白鹿原〉之白孝文论》。因此众多网友对他取得的博士学位提出质疑,并进一步对他被北京大学光华管理学院聘为博士后研究人员提出质疑。

2月11日,北京大学官方微博就"翟天临涉嫌学术不端"发文回应:对近日媒体与公众关注的"翟天临涉嫌学术不端"一事,我院高度重视。我们将根据其博士学位授予单位的调查结论按规定做出处理。

2月14日北京电影学院通过官方微博表示,目前北京市委教育工委、市教委组成专项工作组进驻学校督促指导开展工作,北京市纪委市监委对相关问题的调查工作进行督导。目前已进入正式调查阶段。对于网友反映的其他问题,学校相关部门已启动调查,相关问题一经查实,将严肃处理,绝不姑息。

翟天临本人14日也在个人微博发布致歉信,表示愿意配合学院的一切调查,将接受北京电影学院作出的一切决定;同时申请退出北京大学博士后科研流动站的相关工作。

2019年2月15日,教育部新闻发言人续梅回应"翟天临涉嫌学术不端事件"称,教育部对此高度重视,第一时间要求有关方面迅速进行核查,北京市有关方面在督促和指导北京电影学院组织开展调查,北京大学也开展了相关核查工作。调查不仅涉及本人是否涉嫌学术不端,也涉及工作的其他各个环节是否存在问题。教育部再次重申一贯的鲜明态度——零容忍。绝对不能允许出现无视学术规矩,破坏学术规

---

① 伏创宇.大学生考试作弊与学位授予挂钩的合法性反思[J].类案研,2017(12):84-90.
② 据搜狐网。

范,损害教育公平的行为。

二、争议焦点

(1) 学位撤销的性质。

(2) 何谓"学术不端"。

三、本案启示

学位撤销,涉及学生的前程等一系列问题,是学生的重大利益。学位撤销是一种行政行为。具体而言,学位撤销是一种行政许可行为。我国属大陆法系国家,有着较为明显的成文法的特点。在宪法的指引下,相关法律、法规自上而下的法律效力指导着立法、司法等领域的工作。据以处理翟某某案的权威性较高的法律文件有国务院2015年修订的《学位条例》《学位条例暂行办法》。2016年9月1日教育部第40号令颁布的《高等学校预防与处理学术不端行为办法》,对如何认定学术不端,学术不端行为的种类、程序、救济途径均做了详细具体的规定。

我国《学位条例(2004修正)》第6条关于博士学位申请和取得的规定:"高等学校和科学研究机构的研究生,或具有研究生毕业同等学力的人员,通过博士学位的课程考试和论文答辩,成绩合格,达到下述学术水平者,授予博士学位:①在本门学科上掌握坚实宽广的基础理论和系统深入的专门知识;②具有独立从事科学研究工作的能力;③在科学或专门技术上做出创造性的成果。"

根据法规的规定,申请博士学位应当主要满足三个方面的实质性条件:第一,知识的掌握;第二,从事科学研究的能力;第三,具有创造性成果。并且,各高校根据《学位条例》关于取得博士学位的实质性条件规定,大多会将其具体规定为博士学位申请者必须达到的论文发表的数量。例如,《北京电影学院学位授予细则》第19条规定:"博士学位申请条件,凡我校录取的博士生,在学校规定的学习年限内完成本专业培养计划的全部课程和科研任务,考核合格;在校期间个人独立或与指导教师联合(本人担任第一或第二作者)在国内外学术期刊上正式公开发表与本学科相关的学术论文至少2篇,其中应至少有1篇在中文核心期刊发表;完成具有博士水平的学位论文,经指导教师、二级学院(系)同意推荐,可以提出博士学位申请。"从北京电影学院的规定可以看出,学校将公开发表与本学科相关学术论文2篇作为申请博士学位的前提性条件。

《学位条例》第17条规定:"学位授予单位对于已经授予的学位,如发现有舞弊作伪等严重违反本条例规定的情况,经学位评定委员会复议,可以撤销。"在校期间论文存在抄袭这一严重作弊行为,符合《学位条例》第17条规定。因此在2019年2月19日,北京电影学院发布关于"翟天临涉嫌学术不端"等问题的调查进展情况说明,宣布撤销翟天临博士学位,取消陈浥博导资格。

思考题:

1. 结合翟某某"抄袭门"事件,说明《学位条例》规范学术不端行为具有哪些现实意义?
2. 司法实践中如何认定学术不端行为?

郑重声明

高等教育出版社依法对本书享有专有出版权。任何未经许可的复制、销售行为均违反《中华人民共和国著作权法》，其行为人将承担相应的民事责任和行政责任；构成犯罪的，将被依法追究刑事责任。为了维护市场秩序，保护读者的合法权益，避免读者误用盗版书造成不良后果，我社将配合行政执法部门和司法机关对违法犯罪的单位和个人进行严厉打击。社会各界人士如发现上述侵权行为，希望及时举报，本社将奖励举报有功人员。

反盗版举报电话　（010）58581999　58582371　58582488
反盗版举报传真　（010）82086060
反盗版举报邮箱　dd@hep.com.cn
通信地址　　　　北京市西城区德外大街4号　高等教育出版社法律事务
　　　　　　　　与版权管理部
邮政编码　　　　100120